일상생활 속에서 체험한

100세의 유산

이경환 지음

건강한 사람들은 정의사회를 키워 나가고
사람들을 사랑으로 감동시킨다.

Experienced In The Trivial Lives
Legacy of The 100 Ages

21세기사

하늘에서 내린 비는 산과 들에서 자라고 있는 풀과 나무에게 영양분을 공급하여서 잘 자라고 번성하게 한다. 인간도 삶의 자양분을 많이 받으면, 몸이 건강하고, 마음이 바르게 성장할 수 있게 된다. 자양분을 풍부하게 받고 사는 삶은 사랑이 충만한 정의사회 속에서 누릴 수 있다. 사랑으로 성장할 수 있는 가정과 사회 안에서 살아가게 된다. 한결같은 성실함과 부지런함으로 살아온 인생체험을 창조적인 약속의 기업으로 이룩하여 후손들에게 물려줄 수 있다. 후손 대대로 복이 되고, 은혜가 되는 가치자산을 축적해 나갈 수 있다. 정신유산, 문화유산, 사회적 유산을 남겨서 후손들이 정의사회를 구현하고, 서로 사랑하면서 건강하게 살 수 있는 가치자산을 만들어 가기를 기대한다. SNS 서비스를 통해서 경제적 가치를 창출하게 되면 더 큰 유산이 될 수 있을 것이다.

창조섭리, 자연법칙, 수학논리 체계의 일관성과 대응성을 만들어 가는 가치자산이 된다. 창조섭리를 믿고, 자연법칙과 소통하며, 휴먼요인 중심으로 공감함으로써 일상생활 중에 실행하는 사소한 일에 관한 체험논리를 체계적으로 전개하는 것이 가치 있는 이슈를 쌓아가는 것이다.

창조섭리를 믿음은 하나님께서 말씀하신 언약을 믿는 것이요, 자연법칙과 소통함은, 자연현상을 관찰하여 그 변환법칙을 깨달아 휴먼요인과 일관성 있게 대응 시켜서 몸과 마음의 신체적, 행동적, 인지적, 감정적 상태변환을 추적할 수 있다.

이와 같은 논리체계로 설명하는 본서는 수미 상관법을 자주 사용한다. 본서의 제목과 각 장의 제목으로 주어진 핵심 내용을 장의 첫 머리에 제시하고, 그 내용을 상세하게 설명하면서 장의 말미에 다시 한번 강조한다. 장의 목적은 본서의 세분된 목표를 달성하기 위해서 사소한 일을 선하게 실행할 수 있는 체험 방법을 제시 한다.

이와 같은 목표를 향하여, 목적에 도달할 수 있는 논리적 전개를 회복훈련이라 칭하고, 이를 실현하기 위한 @요약문을 클립과 스피커로 나누어서 기술한다.

클립, 📌는 체험한 상태변환의 핵심내용을 이슈로 작성하고, 격언을 만들기 위해서 기술한다. "100세 유산"의 이슈를 작성할 때, 체험할 수 있는 핵심 내용이다. 핵심 요약문은 본문의 내용과 대응성 있게 작성하고, 후손을 위한 격언의 가치를 발휘하게 될 것이다.

스피커, 🔊는 클립의 요약문에 관해서 상세하게 설명하는 내용으로, 클립의 일관성을 강조하고 본문의 효과를 높일 수 있는 수사법의 핵심이 된다. 수사법은 격언의 가치를 높여 줄 수 있는 사례를 포함하거나, 많은 사람들이 사소한 일을 선하게 행할 수 있고, 편하게 체험할 수 있는 사실을 중심으로 하고, 아름다운 이야기를 동원하여 다정하게 꾸미고자 노력했다.

클립의 핵심 요약문과 스피커의 상세한 설명을 이해하면 본서를 읽은 효과가 나타날 것이다. LW.GQM의 응답지에 따라서 자신이 체험한 건강의 상태변환 이슈를 작성할 수 있으며, 어렵게 생각되는 수학용어도 @요약문을 통해서 편하게 이해할 수 있을 것이다.

이슈는 체험한 교훈을 분기집합의 네 가지 요인 중심으로 설명한 격언이다. 이슈작성을 통해서 수학적인 논리전개에 익숙해지면, 사소한 일의 체험을 가치 있게 전달할 수 있는 능력이 높아질 것이다. 일상생활 중에 체험한 사소한 일에 관해서 진술하게, 다정하게, 후손들을 위해서 넘겨줄 수 있을 것이다.

"100세 유산"의 가치 있는 이슈제작을 위해서 클립의 핵심 요약문과 보다 많은 사람들에게 알리기 위한 스피커의 상세 내용을 @요약문으로 통합해서 공감하고 소통할 수 있게 된다.

건강한 사람들은 정의사회를 키워 나가고 사랑하는 사람을 감동시킬 수 있는 이야기를 만들어 가게 된다. 각 장의 핵심 요약을 모아서 클립과 스피커가 되고, 이들을 모아서 사랑함으로 감동할 수 있는 체험담을 @요약문으로 모아 두면 이슈를 작성하는 리소스가 될 것이다.

건강관리를 위한 신체적, 행동적, 인지적, 그리고 휴먼요인 중심의 감정요소를 상태변환 노드로 정하고, 노드를 원인으로 하는 상태변환의 원리를 설명함으로서 이슈의 신뢰성을 높일 수 있다.

창조섭리를 믿고 이해함으로써, 자연현상의 변환법칙을 관찰하면, 그 법칙을 이해하여 분석할 수 있고, 자연법칙을 추상화 시켜서 수학논리로 전개하면, 휴먼요인 중심의 건강관리 요소에 대한 상태변환 논리로 체계화 시킬 수 있게 된다. 이러한 논리전개를 클립이나 스피커로 작성한다.

상태의 노드 간에 상호작용하는 역할을 그래프로 그려서 연결시키면, 상호 작용하는 원리를 이해하기 쉽고, 노드 옆에 있는 촉매나 끌개를 찾기 쉽다. 노드 간에 발생하는 상호작용과, 회복 또는 장애증상으로 끌려가는 원인을 조기 발견하여 예방하기 쉬워 진다.

상태변환의 요소들은 수동적이어서 스스로 회복하기가 어렵다. 가까이 있는 요소끼리 긍정적인 상호작용을 왕성하게 할 수 있는 촉매나 끌개 옆으로 이끌어 줄 수 있는 회복모델이 필요하다. 이슈와 댓글을 작성하는 SNS 활동을 통해서 긍정적인 상호작용과 회복상태로 끌고 가는 촉매와 끌개의 활동을 활발하게 지원할 수 있다.

창조섭리, 자연법칙, 수학논리에 맞추어서 컴퓨터상에서 구현시킨 결과를 기반으로 하여 설명하였다. 후손을 위한 교훈 보다는 바라고 원했던 삶을 살지 못했던 일상생활을 참회하면서 권면하는 마음으로 기록하였다.

이 책의 독자들이 SNS서비스를 만들어 상태변환 이슈를 경제적 가치자산으로 만들어 갈 수 있기를 기대하면서 저술하였다. 정체성, 생활환경, 인생의 목표와 삶의 목적이 유사한 사람들이 모여서 블록을 만들고, 그룹 별로 체험한 건강정보를 상호 교환할 수 있는 서비스를 할 수 있으면 사랑을 주고 받을 수 있는 정의사회를 만들어 갈 수 있을 것이다.

"100세 유산"은 일상생활 중에 체험한 사소한 일 중심으로 상태변환을 추적하는 이슈를 제안하여 신뢰성을 검증하고 몸과 마음의 건강관리를 위해서 활용할 수 있도록 가치를 평가하여 자산으로 축적하게 되는 가정의 자산이고, 사회적, 국가적 자산이다.

이슈제안은 사소한 일의 상태변환 체험을 중심으로 하고, 일상생활의 문답지 LW.GQM 이나 분기집합 모델을 기반으로 몸과 마음의 일체화로 행한 사소한 일의 상태변환을 설명한다. 제안된 이슈는 구별된 그룹별로 설정한 윈윈 조정조건에 맞추어서 평가하고 가치를 검증한다.

검증된 이슈의 가치는 제안자의 자산으로 축적하고, 모든 회원들이 활용할 수 있는 100세 유산으로 쌓아가게 된다.

본서, "100세 유산"은 생활체험 중심의 가치자산을 생산하고 사용하는 방법을 다음과 같이 8개장으로 나누어 설명한다.

1장은, 일상생활의 사소한 일을 정의하고, 선하게 실천함으로써 마음속에 사랑의 에너지를 축적하게 되는 이야기이다. 박완서 씨의 "사소한 일"과 이어령 박사의 "나에게 이야기하기" 의 시 중에서, 몸과 마음의 일체화로 사소한 일을 사랑으로 행하면서 건강을 관리하는 감성적인 방법을 소개한다.

표 2.1 LW.GQM 문답지에 응답할 수 있는 사소한 일을 설명하고 있다. 라이브웨어 (LW.GQM) 문답지는 일상생활 중에 나타나는 신체적, 행동적, 인지적, 감정적 증상 요소별로 증상수준을 백분율로 기록한다.

2장은, 항공관련의 산업표준, SHEL을 구성하는 네 가지의 휴먼요인, 소프트웨어, 하드웨어, 환경, 그리고 라이브웨어 중에서 라이브웨어, 즉 삶의 가치자산을 확대하고, 사소한 일의 네 단계 까지 세분하여 이해하는 분석 방법을 소개한다. SHEL표준은, 휴먼요인의 네 가지 요소를 중심으로 하여 선한 삶을 살아가는 지표이고, 일상의 사소한 일을 선하게 행할 수 있는 지침이다. SHEL 표준을 확장하여 xSHEL 모델을 개발하고, 이를 활용하여 설계한 LW.GQM 문답지를 활용하여 건강 모니터링을 위해서 사용하는 방법을 소개한다. 저자의 연구실에서 개발한 치매관련 도구를 병원과 공동으로 임상 시험한 보고서를 중심으로 하고, 일반인에게 확대 적용한 결과의 데이터를 중심으로 하여 LW.GQM 문답지를 설계하는 기반이 된 xSHEL 모델을 활용하는 방법 위주로 설명한다. 확장된 LW.GQM 문답지의 작성시에는 상태변환의 이슈작성 사례를 별책으로 제작하여 인터넷으로 배포할 것이다.

3장은, 가벼운 치매상태인 경도인지 장애증상의 수준을 측정하고, 회복하는 방법을 소개한다. 측정과 회복 도구, 디. 트리비(D.Trivy)의 개발과정과 활용방법을 LW.GQM 문답지와 연결하여 설명한다. 디. 트리비는 저자의 연구실에서 정부기관의 지원을 받아서 상품화한 치매 관련 도구로서 병원과 같이 임상 시험한 데이터를 중심으로 하여 설명한다.

4장은, 스트레스 관리를 위한 방법을 상태변환 그래프와 표를 사용하고, LW.GQM과 디. 트리비를 연결하여 활용하는 방법을 설명한다. 그래프를 중심으로 한 수학 모델을 사용함으로 신뢰성의 검증이 쉬워진다. 스트레스 관리를 위해서 이진트리를 사용하고, 스트레스가 다른 증상으로 확산되는 상태변환의 원인과 과정 및 그 결과를 설명하고, 이슈작성의 사례를 작성할 때 스트레스에 대응방법을 가장 많이 사용한다.

LW.GQM과 EQ.GQM의 응답지 작성과 활용방법을 스트레스 증상 중심으로 설명한다.

5장은, 감성지수를 측정하고 높이는 훈련모델을 소개한다. EQ.GQM 문답지를 사용하여 감성지수를 측정하고, 감성역량을 발휘하여 감정통제 능력을 높이는 회복기법을 소개한다. LW.GQM 및 디. 트리비의 문답지와 결합하여 사용하는 방법과 함께 임상 시험한 데이터를 중심으로 설명한다.

일상생활 중에 사소한 일을 선하게 행하기 어려워 짜증이 날 때, EQ.GQM 의 문답지를 활용하여 현재 상태의 감성지수를 측정하고 어떤 요인이 부족한가를 분별하여 회복시킬 수 있다.

IT 개발자를 대상으로 하여 IT와 EQ의 융합모델을 기반으로 한 소프트웨어 개발 방법과 운영 전략을 소개한다. EQ.GQM문답지를 사용하여 감성지수를 측정하고, 개발과 운영 과정에서 감성역량을 높일 수 있는 회복 모델에 관해서 설명한다. IT개발자와 운영자 및 운영자의 고객의 감정까지 소프트웨어 시스템의 요구사항으로 포함시킬 수 있는 IT개발자를 위한 훈련 모델, ACER 를 소개한다. 소프트웨어 개발에 추가될 수 있는 업무로드는 NASA/TLX를 기반으로 평가하여 조절할 수 있도록 설명하고, 컴퓨터 관련 전공자들의 훈련 과정에 적용한 결과의 데이터를 분석하여 검증하였다. 큐 관리나 신 스틸러를 활용한 앱이나 콘텐츠를 기획하고, 감성 IT시스템을 개발하여 스택홀더들이 감동할 수 있는 IT시스템을 구축하는 프로세스를 설명한다. ACER는 휴먼요인들이 뿌리 깊게 연결된 파트너십을 도모하기 위한 훈련도구이다.

6장은, 일상생활 중에 발생한 사소한 일의 상태변환을 추적하기 위해서 분기집합 모델을 적용하여 설명한다. 분기집합 모델은 고등수학의 이론을 적용하여 연구하지만, 활용하는 방법을 일상생활의 사소한 일에 대응하여 설명하면 쉽게 이해할 수 있다. 상태변환의 요인을 정상, 갈래, 편향, 나비 상태의 네 가지의 요인과 대응하여 해석한다. 특히 수학모델인 끌개를 적용하면, 사소한 일의 증상을 장애, 또는 회복상태로 끌고 가는 끌개를 식별하여 상태변환된 결과를 조기에 예측할 수 있다. 분기집합의 요소로 정의한 휴먼요인들은 삶의 가치자산을 정의하는 요소로 활용하기 편하다. 분기집합의 네 가지 요인은 LW.GQM의 네 가지 증상수준에 대응해서 설명할 수 있다.

삶의 가치자산을 쌓아가기 위해서 사소한 일의 상태변환 추적에 관한 이슈를 제안하고 여러 사람들이 활용할 수 있도록 선정하기 위해서 원윈 게임을 사용하여 이슈로 선정하고, 그 가치를 평가하는 방법을 8.5절에서 설명한다.

7장은, 상태변환의 추적에 집합의 개념을 도입함으로써 증상의 상태변환 추적을 간편하게 하는 방법을 소개한다. 퍼지 집합에 의한 인공지능의 도입이 쉬워지고, 디지털 사고의 결함을 보완할 수 있는 아날로그의 사고 개념을 도입할 수 있다. 사용자가 좋아하는 영상매체를 중심으로 하여 콘텐츠, 기사, 또는 상태변환 이슈와 유사한 매체의 정보를 실시간으로 스트림 서비스를 제공하기 쉬워진다. 이러한 모델을 적용하면 2.3절에서 소개한 자율주행 자동차를 위한 디지로그 설계 방법을 이해하기 쉽다. 상태변환의 추적을 활용하는 예를 저자의 국제특허로 등록한 상태변환 추적기 (STTD)를 사례로 하여 설명한다.

8장은, 일상생활에서 체험한 건강상태의 변환을 삶의 가치자산으로 만드는 방법에 관해서 설명한다. 일상생활의 사소한 일을 체험 중심으로 한 상태변환 과정을 이슈로 작성하면, 삶의 가치자산으로 축적하는 방법을 쉽게 이해할 수 있다. 누구든지 일상생활 중에 체험한 건강상태의 변환을 이슈로 제안하면, 이슈의 영역과 참여자들의 관심 영역별로 구분한 그룹별로 관련된 참여자들의 찬성과 동의를 받고, 그 이슈를 전문가들이 체계화 시키고 제안자의 가치자산으로 등재하여 널리 사용할 수 있다. 이슈 제안서를 작성하는 방법은 LW.GQM과 분기집합 요인을 기반으로 한 방법을 소개하고 그 예를 들어 설명한다. 분기집합 요인, 스트레스, 감성역량, 그리고 업무와 일상생활 중에 발생한 증상과 그 회복방법을 연계하여 이슈제작 사례를 소개한다. 체계화는 상태변환 하는 패턴, 수학적, 그리고 아인슈타인의 상대성 이론 등을 기반으로 하여 해석하고 검증하는 일이다. 누구든지 자신이 체험한 사소한 일에 관한 상태변환 사례를 LW.GQM 문답지에 기재하여 이슈를 작성할 수 있다. 인증과정을 거쳐서 전문가 패턴과 법칙, 모델에 맞추어서 해석하고, 정리하면 여러 사람들이 사용할 수 있는 상태변환 이슈로 제작할 수 있다.

본서의 출판에 맞추어 8장의 이슈작성 사례를 토대로 해서 여러 가지 상태변환 이슈를 작성하여 SNS 서비스와 인터넷으로 공개할 것이다. 클럽과 스피커에서 소개한 이슈를 작성하는 사례는 모든 독자들이 "100세 유산"을 쌓아가는 안내서가 될 것이다. 이슈와 댓글을 작성하는 과정이 건강상태를 정상요인으로 유지할 수 있는 회복훈련이 될 것이며, 건강의 상태변환 이슈를 작성하는 전문가로 성장할 수 있을 것이다. 참여자들의 그룹별로 뿌리 깊이 연결하여 상호작용하면서 "100세 유산"을 쌓아가고, SNS 활동을 지속하면서 공감하고 소통하게 될 것이다.

저자

| 차례 |

I

일상생활의 사소한 일

1.1
박완서 씨의 '우리들 이야기'

"일상의 기적"

덜컥 탈이 났다.

유쾌하게
저녁식사를 마치고 귀가했는데
갑자기 허리가 뻐근했다.

자고 일어나면 낫겠거니
대수롭지 않게 여겼는데
웬걸,
아침에는 침대에서
일어나기조차 힘들었다.

그러자
하룻밤 사이에 사소한 일들이
굉장한 일로 바뀌어 버렸다.

세면대에서
허리를 굽혀 세수하기,
바닥에 떨어진 물건을 줍거나
양말을 신는 일,
기침을 하는 일,
앉았다가 일어나는 일이

내게는 더 이상 쉬운 일이 아니었다.

〈 중략 〉

언제나
내 마음대로 될 줄 알았던 나의 몸이, 이렇게 기습적으로
반란을 일으킬 줄은
예상조차 못 했던 터라
어쩔 줄 몰라 쩔쩔 매는 중이다.

〈 중략 〉

우리는 하늘을 날고
물 위를 걷는 기적을 이루고 싶어
안달하며 무리를 한다.

땅 위를 걷는 것쯤은
당연한 일인 줄 알고 말이다.

사나흘
노인네처럼 파스도 붙여보고
물리치료를 받아보니 알겠다.

타인에게 일어나는 일은
나 에게도
일어날 수 있는 일이라는 것을

크게 걱정하지 말라는 진단이지만

아침에
벌떡 일어나는 일이
감사한 일임을
이번에 또 배웠다.
건강하면 다 가진 것이다.

오늘도
일상에 감사하며 살자!

〈 중략 〉

도로 한 가운데를 질주하는
어떤 자동차 보다 비싸고
훌륭한 두 발로,
자가용을 가지고
세상을 활보하고 있다는 기쁨을
우리는 잊지 말아야겠습니다.

〈 중략 〉

감사하는 사람만이
행복을 움켜 쥘 수 있고,
감사하는
사람은
행복이라는 정상에
이미 올라가 있다고 생각합니다.

세 잎 클로버는 행복

네 잎 클로버는 행운

행복하면 되지
행운을 바란다면 욕심 이지요

오늘부터
지금부터

숨 쉴 때 마다
감사기도 드리겠습니다.

　작가 박완서 씨의 시, "일상의 기적"에서 우리들의 노년관에 관한 이야기는 감사하면서 살아가야 한다는 뜻을 전하고 있다. 날마다 반복되는 일상생활의 사소한 일을 중요하게 여기고 살면서 숨 쉴 때 마다 감사하라고 노래하고 있다. 소설가 박경리 씨의 노년관도 일상에 감사하면서 살자. 일상생활 속에서 위대한 인격이 자란다. 다만, 그런 소소한 일상이 기적이라는 것을 깨달았을 때는 너무 늦은 때라고 말했다.

　캐나다의 정신건강 학자 한스 셀리 교수는 1958년 노벨 의학상을 수상한 기념 강연회를 하버드 대학에서 하게 되었다. 강연이 끝난 후 한 학생이 질문을 하였다. 우리가 지금 스트레스의 홍수 속에서 살고 있는데 이러한 삶의 환경 속에서 스트레스를 회복할 수 있는 방법이 무엇인가 하고 질문하였다.
　셀리 교수는, "Appreciation! 감사하는 생활을 하는 것입니다." 라고 간단하게 대답 하였다. 감사에는 미움도, 시기도, 질투도 없으며 몸과 마음을 건강하게 지킬 수 있는 첫 번째 비결이 숨겨져 있다.

　철학자 김형석 교수는 100세 까지 살면서 쌓아온 인생의 체험을 후세에게 전하는 것이 가장 가치 있는 일이고, 삶이라고 말하였다. 많은 사람들이 감동하고 감사할 수 있는 가치자산을 후세에게 넘겨주는 사람은 감사한 생활을 하고 있는 것이며, 훌륭한 인격자의 삶을 살아가고 있다. 삶의 가치자산은 일상생활의 사소한 일의 체험을 다른 사람들이 활용할 수 있도록 만들어 놓은 유산이다. 이와 같은 가치자산은 후손들에게 상속할 수 있는 "100세 유산"이다. 100년 동안의 인생체험에 관해서 건강한 삶 중심으로 상태변환 이슈를 작성하면 가치 있는 자산이 된다.

이러한 유산 만드는 방법을 휴먼요인의 SHEL표준을 토대로 하여, 분기집합 모델 중심으로 설명하고자 본서를 집필하였다.

본서는 일상생활 중에서 체험한 사소한 일을 여러 사람의 건강관리에 활용할 수 있도록 객관성 있고, 일관성 있게 축적하는 방법을 소개할 목적으로 집필하였다. SHEL표준 기반으로 설계한 LW.GQM 문답지를 사용하여 일상생활 중에 체험한 응답 중심으로 이슈를 기술하거나, 응답한 데이터를 사용하여 분기집합 모델 기반으로 건강의 상태변환을 기술하면 이슈에 대한 객관성과 일관성을 유지할 수 있다. 삶의 가치자산을 협력하여 축적하는 과정에서 감사할 일들이 많이 발생할 수 있으며, 그 결과 역시 감사의 결실이 될 수 있을 것이다.

병실에서 환자들의 마음을 관찰하고 살펴온 의사들이 사람의 일상생활을 들여다보면서 자존감을 회복시킬 수 있는 인생 처방전을 책으로 출판하여 많은 사람들에게 감동을 주고 있다.

누구든지 한 평생을 살아 온 생활체험에 관해서는 전하고 싶은 이야기가 많을 것이다. 철없이 뛰어 놀았던 어린 시절에 하늘을 처다 보면서, 넓고 푸른 바다를 바라보면서, 그리고 푸른 들녘과 산들을 뛰어 다니면서 가진 꿈들도 많을 것이다. 그 꿈이 어떻게 이루어 졌는가는 중요하지 않다. 다만 아름다운 꿈을 가졌던 어린 시절이 중요할 뿐이다. 그 꿈을 이루기 위해서 땀 흘려 일했던 젊은 시절의 체험은 나의 가치자산이 될 뿐만 아니라, 다른 모든 사람들에게도 중요하다. 이러한 체험이 후세에 전할 수 있는 값진 삶의 자산이 된다면 얼마나 감사할 수 있는 일이 되겠는가?

박완서 씨는 그의 시, "일상의 기적"에서 일상생활 중에 기적같이 일어나는 사소한 일에 감사하면서 살라고 권면하고 있다. 일상생활 중에 일어나는 사소한 일을 소홀하게 생각하여 심각한 신체적 증상과 행동적 증상이 발생하고, 이로 인해서 자기기분을 통제하기 어렵게 되면 정상적인 판단을 할 수 없는 상태가 된다.

몸이 아프면 마음이 강팍해 지고, 몸으로 행하는 일상의 사소한 일에도 짜증이 난다. 새로운 일을 시작할 때마다 근심과 걱정이 앞서고, 잘못될까 불안해 지며 매사에 의욕을 상실하여 행동으로 실천하기가 어려워진다. "일상의 기적" 에 기록된 일상생활 중에서 발생한 사소한 증상을 다음과 같이 신체적, 행동적, 인지적, 감정적 증상의 네 가지 영역으로 나누어 생각해 보자.

첫째로, 신체적 증상은 허리가 뻐근하고, 목이 결리며, 손목이 아프고, 허리가 아파서 정상적인 일상생활에 지장을 주고 있다는 걱정이다. 몸에 아픈 증상이 나타나면 정상적인 행동을 하기 어려워진다. 걷기가 힘들고, 아침에 침대에서 일어나기가 힘들어지며, 허리를 굽혀서 세수하기도 어려운 일이 되고, 앉아서 양말 신기도 어렵다. 땅에 떨어진 물건을 엎드려 줍기 어렵고, 반듯하고 짱짱하게 걷지도 못 한다. 이렇게 나타난 몸의 아픈 증상은 두 번째의 행동적 증상이다. 세 번째 인지적 증상은, 머리가 띵하게 아프고, 미열이 느껴지고, 눈이 피로하고 아프면 주의력이 떨어지고 판단력도 흐려진다. 몸의 근육과 마음의 이완력이 낮아져서 마음이 조급해지고 주변에 있는 사물의 인지력도 떨어진다. 건망증도 심해지고 경도인지 장애 수준으로 변환될 수도 있다.

네 번째 감정적 증상이 나타나면, 몸이 아프고 행동하기가 어려워지며, 마음이 불평을 쏟아낸다. 불평은 원망이 되고, 불평과 원망은 감사를 못하게 하고 기쁨을 억누르며, 기회의 앞을 막아선다. 자신의 정체성이 흐려지고 자존감이 낮아진다. 일생에 부여된 동기와 일상적인 삶에 부여된 동기가 희미해진다. 웃음이 작아지고 근심과 걱정이 늘어 불안한 생각을 자주 하게 된다. 삶의 자신감이 작아져서 사소하지만 새로운 일을 시작하기가 두려워 진다.

박완서 씨의 시, "일상의 기적" 은 지금과 같은 정도로 정상적인 일상생활을 유지할 수 있는 삶에 감사하면서 살라고 권면하고 있다. 오늘부터, 지금 이 시각부터, 숨 쉴 때마다 감사를 드리면서 살라고 권한다.

사소한 신체적 아픔이 있더라도, 이 정도 수준의 작은 아픔에 감사하고, 사소한 일을 사랑으로 행하면 행동적 증상을 예방할 수 있고, 마음의 기분을 다스려서 더 심해질 수 있는 스트레스를 예방함으로써 감정을 통제하고, 이완력을 회복시켜서 주의력을 높이고, 뇌의 판단력을 유지하도록 충고하고 있다.

감사하면, 나의 정체성을 깨닫게 되고, 나 자신을 정의로운 사람이라고 인식함으로써, 자존감을 높여서 감정을 통제하고, 주의집중력을 높여서 정의롭고 의욕적인 일상생활을 할 수 있다.

마음속에 사랑의 에너지를 축적하여 몸으로 실천함으로써 삶의 가치자산을 더 많이 축적하고 거룩한 인생의 결실을 거둘 수 있다. 정의사회 안에서 살아가는 사람들은 마음을 다하여 사랑할 수 있는 자양분을 충분하게 공급받을 수 있게 된다.

일상생활 중에 수행하는 사소한 일을 체험하면서 사랑하고, 감사함을 배우면서 사랑의 에너지를 쌓아가게 된다.

🔊 사소한 일?

허리 굽혀 세수하기가 힘들고, 허리를 굽혀 물건 줍기도 어렵다. 기침하기도 힘들고, 침대에서 일어나기도 불편하다. 머리가 뻐근하면서 몸이 마음의 말을 잘 듣지 않는다. 목이 결리고, 손목이 시근거리며, 어깨도 자유롭게 움직일 수 없다. 고개를 좌우로 돌리기도 불편하고, 눈도 피곤하다.

몸의 지체들이 불평을 해대고, 아프다고 목청을 높여간다. 일상생활 중에 신체적으로, 행동적으로 나타나는 사소한 불평이 많아진다.

마음이 몸에게 다정하지 못하다. 몸이 불편함을 헤아리지 못하고, 마음만 의욕이 넘쳐서 앞서간다. 마음속에 욕구가 넘쳐서, "일상의 기적"이 추정한 51억 원의 가치를 가진 몸에게 불평한다. 이러다가는 몸이 지쳐서 누어버리는 반란이 일어나고 만다.

마음이 몸을 달래야 한다. 슬픔도 아픔도 참으라 하고, 욕심을 내지 않겠다고 다정하게 달래야 한다. 몸의 불편 때문에 마음이 짜증을 내기 시작하면, 마음이 불편해지고 걱정이 커진다. 작은 스트레스에도 짜증으로 대응하게 되어 더 큰 화를 키우게 된다.

일상생활 중에 나타나는 사소한 기분 상태를 조심스럽게 관찰하고, 다정하게 달래야 한다. 기분을 달랠 수 없는 사소한 일을 잠재우기 위해서는 사소한 일의 현상에 감사하고, 이웃과 함께 감동 이벤트를 만들어 가야한다.

몸의 반란을 잠재우는 것은, 신체적으로 행동적으로 일어나는 사소한 일이 어떤 상태이든지 고맙게 생각하고, 감사해야 한다.

언제나 내 마음대로 움직일 줄 알았던 몸이 기습적으로 반란을 일으키기 전에, 마음이 몸을 달래야 한다. 몸이 건강하면 다 가진 것이다. 욕심을 내지 말자. 일상의 기적같은 사소한 일의 결실에 감사하면서 살자.

몸과 마음이 서로 사랑하면서 감동하는 이웃을 만들어 가자.

1.2
이어령 박사의 '나에게 이야기하기'

"나에게 이야기하기"

너무 잘 하려 하지 말라 하내
이미 알고 있음이
이긴 것 이므로~

너무 슬퍼하지 말라 하내
삶은 슬픔도 아름다움도
기억으로 돌려주므로~

너무 고집 부리지 말라 하내
사람의 마음과 생각은
늘 변하는 것이므로~

너무 욕심 부리지 말라 하내
사람이 살아가는데
그다지 많은 것이 필요치 않으므로~

〈 중략 〉

너무 조급해 하지 말라 하내
천천히 가도 얼마든지
목적지에 도착할 수 있으므로~
죽도록 모든 존재를

사랑하라 하내~

우리가 세상에 나온 이유는
사랑하기 위함이므로~

향나무는 자기를 찍은
도끼에도 향을 묻힌 답니다.

　이어령 박사는 "나에게 이야기하기"의 시에서, 우리가 세상에 태어나 살면서 사소한 일을 하는 중에 사랑을 실천해야 되는 이유를 노래하고 있다. 사소한 일을 사랑으로 실천할 때, 인생에 부여된 동기와 삶의 동기를 이룰 수 있는 내 인생의 목표에 도달할 수 있다고 노래하고 있다.

　사랑하는 마음으로 일상생활의 사소한 일을 행하면 마음이 즐거워지고 마음속에 정의로운 정신 에너지가 쌓이게 된다. 정의로운 정신 에너지를 가진 사람들이 함께 살아가는 사회는 정의로운 세상을 만든다. 정의로운 세상에서는 사랑이 싹트고 성장할 수 있는 영양분이 풍부하다. 정의사회는 사랑의 온상이다. 많은 사람들이 편하고 쉽게 사랑할 수 있다. 사소한 일을 사랑으로 행하면서 선한 일을 만들고, 마음속에 사랑을 쌓아가게 된다. 이와 같은 삶의 상태는 내가 이 세상에 태어나게 된 창조적인 사건과 공감하게 되며, 나의 인생에 부여된 동기와 삶에 부여된 동기를 실현시킬 수 있게 한다.

　숨 쉴 때 마다 감사 기도를 드리라는 권면과, 우리가 세상에 태어난 이유는 사랑하기 위함이라고, 자신에게 항상 이야기 하라는 권면은, 우리 마음속에 사랑의 에너지를 쌓아갈 수 있는 정의사회를 만들어 가자는 교훈이다.

사소한 일을 선하게 행할 수 있는 정의사회에서는,
마음속에 사랑의 에너지를 풍성하게 쌓아갈 수 있는 일상생활을 유지시켜 준다.

인간은 마음으로 느끼고 생각한 것을 뇌로 판단하여 몸으로 행동한다. 뇌에서 이해하고 판단하면 마음이 몸과 협력하여 행동한다고 생각할 수 있다. 뇌에서 정상적으로 판단하기 위해서는 몸이 정상적인 건강상태를 유지해야 한다. 마음속에 사랑의 에너지를 쌓아가기 위해서는 정상적인 몸의 건강상태를 유지하여 몸이 뇌를 도와줄 수 있는 일상생활 방법에 익숙해야 한다. 마음이 몸을 위하고, 몸이 뇌를 위해서 노력해야 한다. 감성역량을 통해서 마음의 감정을 다스릴 수 있도록, 부여된 동기에 맞추어서 몸과 마음이 하나되어 동행해야 한다. 출생할 때부터 창조섭리로 예정된 인생과 삶의 동기에 도달할 수 있도록, 다음과 같이 자신의 자유의지를 감성으로 다스려 나가야 한다. 이것이 창조주의 형상을 닮은 인간의 자율의지이다. 자율의지는 창조주의 속성을 닮았으므로, 창조섭리에 대응한 자연법칙에 따라서 마음으로 이해하고 뇌로 판단하여 몸으로 행동하게 한다.

첫째로, 마음속에서 기뻐할 수 있도록 몸을 기운차게 한다.
- 긍정적인 생각을 함으로써 마음속으로 기뻐하자.
- 내 생각과 계획대로 이루어지지 않고 실패한 일 중에서도 소망을 가질 수 있는 일을 찾아서 긍정적인 마음으로 이해하고 판단하여 실행하자.
- 느긋하게 생각하고 상대방에게 배려할 수 있도록 노력하고, 몸을 기운차게 할 수 있는 일을 찾아서 실행하자.

둘째로, 뇌가 모르지만 몸이 알고 있는 일을 식별한다.
- 신체적인 아픔
- 뇌를 건강하게 하는 몸의 운동
- 행동으로 옮기기 거북한 일

- 예상치 못한 공격에 즉각적으로 대응하는 감정표출
- 깊은 생각과 이해를 하지 않고 나타낸 감각적인 대응을 잠간 멈추어 보자.
- 깊은 사려 없이 감정을 표출할 때에도 반성하고 배려하는 힘을 발휘하면, 기쁜 일은 긍정적인 스트레스를 받게 하지만, 슬프거나 싫어하면 부정적인 스트레스를 주게 된다.

셋째로, 조건과 환경을 이해하고 판단하기 위해서, 사소한 일을 사랑으로 행할 수 있도록 몸과 마음을 달래준다.

- 모든 일을 시작할 때, 나의 몸과 마음이 찬성하여 협동할 수 있느냐?
  마음으로 기뻐하고 몸으로 실행 가능한 일이냐?
  를 생각하여 판단한 다음에 천천히 행동하자.
- 정해진 시간 안에 업무를 끝낼 수 있느냐?
  를 생각하면서 일을 하자.
- 이러한 생활상태를 유지하기 위해서는 다음과 같은 일상생활을 지속시킬 수 있느냐?
  를 확인하자.
  ‣ 계획을 세웠으면 이룰 수 있다고 믿고 실행하자.
  ‣ 나의 몸이 좋아하는 음식을 먹자.
  ‣ 마음이 좋아하는 휴식을 하자.
  ‣ 타인 또는 환경과 조건에 관해서 공감적으로 이해하고 소통하면서 다정한 관계를 유지하자.
  ‣ 집중할 수 있도록 마음을 이완시켜서 여유로운 생활상태를 유지하자.
  ‣ 사소한 일을 사랑으로 연결시켜서 실천하자.
  ‣ 생각은 수시로 변하므로 고집 부리지 말고 기다리는 습관을 기르자.
  ‣ 양보하면서, 주면서, 기뻐하면서 사소한 일을 실행하자.

사랑의 에너지는 몸과 마음을 일체화 시켜서 사소한 일을 사랑으로 행함으로서 쌓아갈 수 있다.

마음으로 결단하여 기분을 통제하면 감성을 발휘하게 되고, 감성으로 감정을 통제할 수 있으면 선한 영과 동행하면서 사소한 일을 행하게 된다.

마음이 몸에게 이야기 하면서, 향나무의 원수 사랑하는 방법을 배우면서 살아가자.

최후의 만찬

1.3
삶의 가치자산을 만드는 사소한 일들

박완서 씨의 시, "일상의 기적" 은 일상생활 중에 발생한 사소한 일에 대해서 감사함으로 살면서 숨 쉴 때 마다, 한 발자국 씩 움직일 때 마다 감사하면서 살아가자고 노래한다. 의학자, 과학자, 철학자, 신앙인들 모두가 한결같이 감사하는 삶이 일상의 사소한 일을 감동할 수 있게 하고 마음속에 사랑의 에너지를 축적해 준다고 말하고 있다.

이어령 박사의 시, "나에게 이야기하기" 는 사소한 일을 하면서 사랑으로 실천하기를 권면하고 있다. 인간이 세상에 태어난 목적은 세상을 사랑하기 위함이다. 향나무는 자기를 찍은 도끼에도 향을 묻혀주는 사랑을 베푸는데, 향나무를 기르면서 아름다운 향을 맡으면서 더불어 살아가는 인간은 그 이상의 사랑을 베풀면서 살아가야 하지 않을까?
하는 생각을 하게한다.

사랑으로 실천하는 일상생활의 사소한 일은, 자신의 마음속을 사랑의 에너지로 채워 나가는 인생의 목표이고, 삶의 목적이 되어야 한다.

일상생활 중에서 사랑으로 실천하는 사소한 일의 라이브웨어(Liveware)는 삶의 가치자산이 된다. 일상생활의 사소한 일을 휴먼요인의 산업표준으로 지정하여 항공우주 산업분야에서 활용하고 있다. 휴먼요인을, 하드웨어, 소프트웨어, 라이브웨어, 그리고 환경의 네 가지로 나누어서 표준을 만들어 사용하고 있다. 이 표준에 준해서 라이브웨어를 또 다시 세분하여, 신체적, 행동적, 인지적, 감정적인 네 가지 요소로 나누어서 활용할 수 있다.

건강 모니터링을 위한 삶의 목적을 달성하기 위해서 건강상태를 신체적, 행동적, 인지적, 감정적인 증상으로 나누어서 관리한다. 여기에서는 라이브웨어 삶의 가치자산을 인생의 목표와 삶의 목적에 맞추고, 축적해 나가기 위하여 네 가지 건강요인으로 나누어서 설명한다. 시간의 변화에 종속되어 변해 나가는 동적 시스템으로 이해할 수 있는 건강 시스템의 모니터링을 하기 위해서는 네 가지 요인의 상태변환을 추적한다. 휴먼요인의 산업 표준인 SHEL, Software, Hardware, Environment, Liveware, 모델을 적용하기 위해서는 라이브웨어 요인을 다시 세분하여, 신체적 증상, 행동적 증상, 인지적 증상, 그리고 감정적 증상의 상태로 구분하고, 각 증상별 상태의 수준을 일시적인 초기수준, 다발적 발생, 지속적인 발생, 지속적인 발생의 네 가지의 수준으로 나누어서 건강상태를 체크한다. 이러한 건강 모니터링은 병원의 진료나 임상심리에서 전문가 들이 사용하고 있는 일상적인 방법이다. 네 가지 상태수준에 대응해서 정상요인, 갈래요인, 편향요인, 나비요인의 네 가지 분기집합 요인으로 나누면 수학논리에 의해서 상태변환을 추적할 수 있다.

건강상태를 체크하는 방법은 LW.GQM 문답지를 체크하여 선행검사의 데이터를 수집하고 축적하여 의학적, 또는 임상심리에서 사용한다. 문답지는 일상생활 중에 발생하는 사소한 일을 신체적, 행동적, 인지적, 감정적인 상태의 증상으로 나누고, 증상의 수준을 네 단계로 구분하여 건강상태를 측정한다. 증상의 상태와 수준은 환자에 따라서 추가 보완할 수 있다.

◀)) 신체적 증상

박완서 씨의 시, "일상의 기적"에서 우리 몸의 건강이 유지될 때, 51억 원이 넘는 의료상의 가치를 지니고 있다고 말하고 있다. 갑작스러운 사고 없이 건강한 일상생활을 유지하고 있다면 하루에 860만원 씩 소비를 절감시킬 수 있는 가치자산을 확보하고 있다고 말한다. 건강한 일상생활을 하고 있는 사람은 몸의 가치 51억 원과, 건강한 일상생활을 유지하는 생활비용을 매일 860만원 씩 절감하는 삶의 가치자산을 확보하게 되는 셈이다. 나 한 사람의 건강을 유지하는 가치자산과, 이와 같은 가치를 생산하고 유지할 수 있는 건강 모니터링에 대한 삶의 지혜, 즉 8장에서 설명하게 될 건강의 상태변환 이슈를 확인하고 검증받아, 후세에 상속한다면 후손들이 생산하고 유지하게 될 가치자산은 훨씬 더 많아지게 된다. 상태변환 이슈의 검증은 표준에 의한

과학적인 방법으로 수행할 수 있고, 공인 받는 방법은 건강 모니터링의 참여자들이 윈윈 게임에 참여하여 투표로 동의함으로써 모든 사람들이 일상생활에 활용할 수 있는 가치로 확보할 수 있다. 이렇게 엄청난 가치를 생산하고 유지하기 위해서는 몸과 마음이 일체화되어 건강을 유지해야 된다.

신체적인 건강상태를 유지하기 위해서는 신체적 증상에 대한 수준을 일시적인 아픔, 다발적으로 일어나는 아픔, 지속적인 아픔, 그리고 장기적으로 지속되는 아픔으로 구분하여 건강 데이터를 측정하고 수집하여 관리한다. 이러한 데이터는 LW.GQM 문답지를 사용하여 수집하고, 다음과 같은 증상을 추가해서 응답지를 작성하고 건강상태를 체크한다.

- 몸이 쑤시고, 마비되는 느낌이 들며, 손발이 저리고, 자주 넘어지고, 다리를 쓰기 어렵고, 걷기가 불편하다. 다리가 불편하면 일상생활 모두가 무너질 수 있다. 사소하게 생각했던 운동부족 때문에 자신을 원망하게 된다. 날마다 계속하는 사소한 일의 운동이 생명을 살리는 생활비법이 된다.
- 이명, 두통, 식욕부진, 소화불량, 변비의 상태가 나타나고, 현기증이 나서 질식할 것 같고, 몸이 곤하여 피곤을 자주 느끼며, 근육통과 경직된 몸 상태가 된다.
- 몸이 메말라가는 느낌이 든다. 입과 식도가 메마르고 안면 건조와 홍조, 중이염과 비염 증상이 발생하고, 기침을 하는 증상이 나타나며, 피부가 건조해진다.

이와 같은 신체적 증상은 빛과 전자파, 먼지 등의 원인으로 발생할 수 있고, 피로, 과로, 스트레스와 같은 마음의 증상 때문에 나타나거나, 화기 있는 음식을 섭취 하거나 약품의 오남용 때문에 발생한다. 발생 원인이 여러 가지이므로 나타나는 증상도 더 많아진다. 더 많이 나타나는 증상항목은 표 2.1의 문답지에서 항목 수를 추가하여 체크할 수 있다.

손과 발, 그리고 팔과 다리의 사소한 상처가 커다란 신체적 증상으로 커질 수 있는 사소한 증상을 추가할 수 있다.

◀)) 행동적 증상

신체적 증상이나 감정통제의 부족, 인지능력의 부족 때문에 정상적인 행동을 할 수 없는 생활장애 상태를 행동적 증상이라고 말 한다.

- 일상생활에 지장을 주는 증상 : 약물복용, 흡연과 음주, 폭음과 폭식 등의 원인으로 사소하게 탈이 나는 증상, 행동으로 나타나는 감정표현의 사소한 일은 행동조절을 잘 못해서 더 심한 증상으로 변환된다.
- 걷기 어려운 증상 : 조금만 걸어도 지쳐서 피곤해 지고, 노화, 비만, 요통, 고혈압, 당뇨, 금연 등의 원인으로 걷기가 싫어진 상태발생, 관절염, 골다공증, 족저 근막염, 만성화된 통증으로 걷기가 불편한 증상이 행동증상이다.
- 과잉행동 증상 : 인지능력의 부족으로 나타난 증상으로 과잉행동이나, 기분조절이 어려워서 발생하는 생활증상이 일상생활 중에 나타난다.

우리 몸의 지체를 써서 행동할 때, 주의집중을 소홀하게 하면 몸에 불편한 증상이 나타나고 일상생활 중에 사소한 실수가 몸의 아픈 증상으로 나타난다.

정상적인 일상생활을 위해서 가장 중요한 것은 몸에 맞는 음식 섭취와 걷기를 포함하여 적당한 운동을 규칙적으로 지속하는 생활태도이다.

자신의 신체적 조건과 환경에 맞추어 걷는 자세와 생활 근육을 단련시키는 운동은 매우 중요하다. 규칙적으로 신체적 특징에 맞추어서 걸으면 뇌를 자극하여 인지력이 높아지고 건망증을 예방할 수 있으며, 젊음을 유지하기 위한 걷기 운동은 삶의 의욕을 높여 준다. 비만, 요통, 고혈압, 금연, 스트레스 등을 극복하고 자신감을 가지게 한다. 규칙적으로 몸 컨디션에 맞추어 걷는 것은 찌뿌듯한 몸 상태를 회복시켜주고 상쾌한 마음을 가지고 근심과 걱정, 분노를 해소시켜 준다. 밝고 명랑한 성격은 인간관계를 개선해 주고 생활의 활력을 높여 준다.

🔊 인지적 증상

인지기능은 의식의 명료함, 기억력, 지각력, 실행능력, 집중력 등의 기능으로 이루어진다.

의식의 명료함은 외부 자극에 대한 반응의식이 뚜렷하게 나타내는 능력이다. 전기자극, 시각자극, 약물자극 등에 관해서 많은 시험을 하고 있으나 인지능력의 개선을 위해서 명료하게 측정하고 활용하기에는 아직도 어려운 문제들이 많다.

기억력은 청각적인 것과 시각적인 것으로 나눌 수 있으며, 정보를 받아들이고(acquisition), 저장하여(concretion), 필요한 정보를 찾아내는(recalling) 과정을 통해서 기억능력을 발휘한다. 짧은 순간의 자극을 기억하는 감각기억과 작업에 관련된 작업 기억으로 나눌 수 있다.

지각력(perception)은 시각, 청각, 신체감각을 통해서 제공된 정보를 3차원으로 받아들이는 시공간 지각력과 이러한 정보를 재조합할 수 있는 지각력 등으로 나눌 수 있으며, 시공간 지각력은 시각, 청각, 촉각의 감각을 통해서 3차원의 공간적인 범위를 감지할 수 있는 지각력이다.

실행기능(executive function)은 문제를 해결하고, 추상화하는 능력과 목적을 달성하기 위해서 행동을 계획하고, 조직화하여, 통제하는 능력으로 구분할 수 있다.

집중력은 외부 자극에 의해서 산만해지지 않고 목표에 도달할 때 까지 삶에 집중할 수 있는 능력이다. 여러 가지 자극 중에서 원하는 목표에만 집중할 수 있는 선택적 집중력과 여러 가지 업무에 분산해서 집중할 수 있는 분할 집중력으로 나눌 수 있다. 집중력은 주어진 시간 안에 과제의 목적에 도달할 수 있도록 의식을 모우는 능력이고, 선택적으로 반응할 수 있는 능력이다. 정보처리능력, 의지 및 주의력이 부족하면 인지력이 낮아질 수 있다.

인지력은 사물을 인식하고, 이해하여 판단하며, 판단한 결과대로 행동하는 능력이다.

오늘은 김장하는 아내를 도와야 한다. 내가 하는 일은 무거운 것을 들어서 옮기는 일이나, 잔 심부름을 하는 단순한 일 뿐이다. 그러나 김장하는 아내에게 말동무를 하는 것도 사소하지만 중요한 내 일이다. 김장을 끝내고 냉장고에 보관하기 위해서 김치 통에 넣어 뚜껑을 덮고, 차곡차곡 쌓아 놓고 하루 동안 숙성시키기 위해서 뒷 베란다에 차례로 옮겨 놓았다. 그런데 김치통 한 개의 뚜껑이 보이지 않는다. 어디로 갔을까? 아내와 머리를 맞대고 찾았으나 보이지 않는다. 다행히 하루 밤 숙성할 동안에는 다른 덮개를 사용할 수 있어서 김장은 무사히 마무리할 수 있었다. 다음 날 아침에 일어나서 아침 먹을 간편식을 준비하다가 씻어 놓은 그릇을 챙기면서 그릇 사이에 놓여 있는 김치통 뚜껑을 보았다. 큰 것이라도 발견한 것처럼 아내에게 뚜껑을 찾았다고 말했다. 아내는 그제서야 어제 아침, 김치 담구는 일 시작하기 전에 그 뚜껑을 씻어서 말리려고 엎어 놓았던 것을 깜빡 망각했다고 말했다. 김치 담구는 일이 여러 가지를 생각하고 고려해서 판단하여 기억해야 되는 분할 집중력과 뚜껑을 놓아둔 위치를 기억하는 시공간 기억력을 발휘해야 되는데, 주의집중을 소홀히 한 것뿐이다. 우리는 일상생활 중에 발생하는 사소한 일에 소홀할 수 있다. 망각은 자연스러운 사소한 일이다. 그러나 모든 사소한 일에 관해서 주의 깊게 관찰하고, 생각하면서 살아가는 것은 중요한 삶의 태도이다.

기억장애의 초기 증상은 건망증이다. 건망증을 일상생활의 사소한 일로 가볍게 생각하고 행동하는 것은 옳지 않다. 적당한 운동을 하면서 뇌를 자극할 수 있는 습관이 중요하다. 건망증은 주의 집중력이 부족하여 망각의 상태가 삶 속에서 자주 발생하는 경우이다. 건망증의 자가 진단 체크 리스트를 사용하여, "정상", "위험", "심각" 등의 증상을 수시로 체크하는 건강관리는 건망증이 장애로 상태변환 하는 것을 예방할 수 있다.

결국, 주의 집중력은 지능, 언어발달, 학습을 통해서 인지하는 정보처리 능력과, 마음속에서 정서로 만들어지는 안정감, 자신감, 신뢰감으로 실행될 수 있는 자기통제력, 그리고 생활습관, 학습습관, 학습환경에 따라서 몸으로 행동하는 주의력의 세 가지로 볼 수 있다. 주의 집중력이 부족할 때 사소한 건망증이 경도 인지장애와 같은 인지증상으로 변환 된다.

🔊 감정적 증상

"졸업하고 어떻게 할 것인가?" 새로 입학한 신입생에게 총장이 물었다.

"저는 우스리스크로 돌아 갈 것입니다." 학생이 대답하였다.

시베리아 블라디보스크에서 자동자로 한 두 시간 더 가면 작은 도시 우스리스크가 있다. 학생의 아버지 김창식 선교사는 그 곳에 전도사로 파견되어 선교 중에 현지인의 칼에 찔려 세상을 떠났다. 그 후에는 그의 아내가 그 선교지를 지키다가 중병에 걸려 한국에서 수술한 후에 다시 그곳에 돌아가 선교활동을 계속하였다. 그러다가 몇 해 전에 세상을 떠났다. 자녀가 둘 이었는데 큰 아들이 지금 신학대학에 입학한 것이다. 아버지가 쓰러진 그 곳에서, 어머니가 병을 얻어 세상을 떠난 그 곳에서 원망하지 않고, 낙심하지 않고, 신학대학을 졸업한 후에 그 분들의 아들이, 그 곳으로 가서 아버지와 어머니가 하시던 선교활동을 하겠다고 결심한 것이다.

하나님께서 그리 하실 지라도, 대를 이어 선교활동을 하겠다고 결심하고 신학대학에 입학하게 된 것이다. 세계선교를 위한 가정의 정체성과 자존감을 지키기로 결심한 의지를 보여 주고 있다.

마음에 복 받혀 오른 슬픔, 서운함, 원망, 미움, 실망의 감정을 억누르고 사랑으로 복음을 전하려는 청년의 의지는 높고 고귀하다.

"그리 하실지라도!"

평범한 사람들에게는 사소한 일 일 수도 있지만 그 청년 선교사에게는 온 생애를 건, 영원한 생명을 향한 거룩한 도전이다.

대를 이은 선교사는 오늘도 복음 송을 부르고 있을 것이다. 마음속으로 부터 복받혀 오르는 감정을 노래하고 있을 것이다.

주님 다시 오실 때 까지
나는 이 길을 가리라
좁은 문, 좁은 길일 찌라도
굳건하게 따라 가리라
영광의 그 날, 내 주님께서
나를 맞아 주실 거니까.

감정은 어떤 사건이나 현상에 접했을 때, 일어나는 마음이나 느끼는 기분이다. 그러나 마음대로 조정할 수 없는 것이 감정이다. 외부자극 때문에 발생하는 사건에 대해서 즉각적으로 반응하는 말과 행동으로 나타난다. 곰곰이 관찰하고 생각하면 즉각적인 반응 보다는 대처할 수 있는 생각이 나고 자존감을 앞 세워 깊이 생각하면서, 시간을 두고 천천히 마음을 진정 시키면서 떠오르는 생각을 정리해 보면 대처할 수 있는 좋은 방법이 생각난다. 즉각적으로 표출되는 감정을 조정하고 참으면서 버틸 수 있는 방법이 생각난다.

버티는 것이 소망이다. 참고 인내하면 흘러가는 시간이 소망을 불러온다. 버티어서 이루어진 소망 보다는 인내하면서 지나가는 시간이 소망의 결실로 상태변환 된다. 인내하는 시간이 흐르면 어느 틈엔가 소망이 내 앞에 와 있다.

자기인식을 하는 마음으로 기분을 통제하면 자존감이 들어나고, 인생의 목표, 삶의 목적으로 향하는 지혜가 생긴다. 부닥친 사건이나 현상 보다는 더 큰 비전이 보인다. 감정표출을 억제할 수 있는 힘이 생기고 능력이 발동한다. 연관된 사람들의 마음을 연결하고, 그 마음들을 뿌리 깊게 연결할 수 있는 길이 보인다. 모두가 감동할 수 있는 공감능력이 회복되고 소통의 결실을 맺게 된다.

인간의 감정인식은, 기쁨, 슬픔, 화남, 놀람, 공포, 그리고 혐오의 여섯 가지 감정으로부터 시작한다. 음성으로부터 인식하고, 얼굴표정으로부터 인식하며, 생체신호로 인식한 감정을 조절하기 위해서는 감성역량을 발휘해서 감정을 통제할 수 있고, 신앙인의 자존감으로 조정할 수도 있다. 말없이 흐르는 시간이 마음을 안정시켜 주고 감정을 통제할 수 있는 회복력을 내 마음속으로 불러온다.

살아오면서 받았던 사랑의 감동적인 자산을 살아갈 날을 위하여 베풀어주는 사랑의 가치자산으로 만들어가는 사람들이 수없이 많다. 천부적인 자유의지에 감성을 부여하여 가정과 사회에서 사랑의 가치자산으로 쌓아 가신 분들이다.

날마다 행하는 사소한 일을 선하게 행하면, 사랑의 가치자산을 쌓게 된다. 선하게 행함은, 정의롭게, 다정하게, 배려 심을 가지고 행함을 의미한다. 이러한 행동은 선과 악을 분별할 수 있는 능력을 길러준다. 사소한 일을 선하게 행할 수 있는 공동체는 정의사회의 필수요소이다. 사소한 일을 선하게 행하면 선한 영과 동행하는 삶을 지속하는 것이고, 삶의 가치자산을 쌓아가기 편한 세상이 될 수 있다.

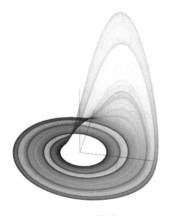

끌개

1.4
몸과 마음의 일체감으로 감동 만들기

대한 예수교 장로회는 3.1운동 100주년 기념예배 예식서 및 말씀 묵상집을 발간하고, 교단에 속한 모든 교회가 3월 4일부터 9일까지 일주일 동안, "독립 통고문"에 따른 기도를 국가와 민족을 위하여 실시하도록 하였다. 3.1운동 당시 작성하여 발표되었던 통고문은 평화적, 비폭력적 저항운동을 실행하기 위해서 다음과 같은 세 가지 강령으로 구성되어 있었다.

첫째, 일본 사람을 모욕하지 말 것,
둘째, 일본 사람들에게 돌을 던지거나 주먹으로 때리지 말 것,
셋째, 매일 세 번씩 기도와 성경을 읽을 것.

독립 통고문에 준해서 실행된 소망교회의 새벽기도 모임의 마지막 날에 선포한 말씀을 듣고 많은 은혜를 받았다.

선한 마음으로 일상생활을 실행하면 그 삶은 예수와 함께 살아가게 된다. 예수 안에 살면, 사랑의 법에 의해서 거룩한 인격체로 성장한다. 그러나 육신의 연약함 때문에 사소한 일을 선하게만 행할 수 없게 되어 고민이 많아지게 된다. 정의가 부족한 사회 안에서는 근심걱정이 많아지게 되면, 마음속에 있는 사랑의 에너지를 발동하여 강력한 힘과 능력을 발휘하고 정의사회를 일으켜 세워 나가야 한다. 하나님과 연결, 이웃과의 연결은 자신의 자존감을 높여서 사람들을 단합시키고, 민족을 통합 시킬 수 있는 감동을 주게 되며, 자유의 영광, 번영의 영광을 이루게 된다.

감정을 추스릴 수 있는 마음을 회복시켜서 실천하고, 각 자의 마음속에 사랑의 에너지를 축적할 수 있는 평화적인 저항 운동이다.

우리 선배들이 만들었던 또 하나의 기적, 감동적인 이야기를 해 보자.

국가 과학기술 유공자, 현신규 박사(1911~1986), 서울대학교 명예교수는 수원 고등 농림학교(현, 서울 농대)를 졸업하고 일본의 규슈 대학에서 수목의 혈청학적 유전관계를 연구하여 1949년에 박사 학위를 받았다. 1951년에는 미국이 지원하는 한국재건계획의 일환으로 미국의 캘리포니아 대학 산림유전 연구소에 유학하여 한국 땅의 토질에 맞는 수목을 연구하였다. 1952년에 수목을 개발하고, 그 이듬해부터 경사진 땅에서 잘 자라고 병충해에 강한 나무, "은 사시나무" 의 육종에 성공하였다. 서울 농대 안에 육종 연구소를 설립하고, 식목육종에 성공한 니기테다 소나무는 굵고 곧으면서, 빨리 자랄 수 있는 소나무로 추위에 강하고, 척박한 땅에서도 잘 자라났다.

　1962년, 미국 의회에 다음과 같은 안건이 올라왔다. "한국은 정치상황도 불안하고 경제발전도 못하니 도와줄 가치가 없다." 고하여 원조 예산을 삭감하자는 의견이 대다수이었다. 이 때, 알렉산더 상원 의원은,

　"한국에 기적의 소나무가 만들어졌다. 중요한 것은 미국의 소나무와 달리 추위에 강하다." 라고 주장하여 원조 예산을 승인하였다.

　세계에서 세 번째로 성공한 "교잡종" 으로 평가 받은 한국의 니기테다 소나무는 지금도 가로수 종으로 인기가 높다. 호주와 뉴질랜드에 수출하여 호평을 받고 있다.

　1982년, 식량농업 기구(FAO)는 한국을, 2차 세계대전 이후 14년 만에 이루어 낸 기적의 나라로 평가하였고, 오늘날 3만 불 시대의 선진국으로 진입하는 원동력이 되었다.

　"산 푸르고 못 사는 나라가 없다."

는 격언은 지금도 풍요로운 국가를 만드는 교훈이 되었다. 현 박사는, 숲과 공감적인 이해를 하고 그 숲에 살고 있는 사람들과 소통하는 가치자산을 후손들에게 남겼다.

　"평생을 나무하고만 살았다. 그러다 보니 나무는 내 삶의 큰 부분이 되었

고, 내가 나무속에 있는지 나무가 내 속에 있는지 조차 모른 느낌이 들 때가 많았다. 나무와의 대화 속에서 나무의 중요성을 실감하게 되었다."

라는 "나무와의 대화" 의 글을 남겼다.

우리는 1962년부터 시작하여 30년 만에 민둥산을 푸른 숲으로 가꾼 금수 강산을 만들었고, 국민소득 3만 불이 넘는 선진국 대열에 들어섰다. 일상의 사소한 일을 개선하고 발전 시켜서 잘 사는 나라로 만들었다.

그러나 지금, 우리는 서로 간에 공감하는 이해력이 부족하고 소통이 어려워진 사회로 치닫고 있다. 기분조절이 안 되고, 감정표출이 심해져 서로 간에 마음을 상하고, 분쟁하는 일이 일상화 되었다. 우리들의 일상생활 어디에서나 쉽게 볼 수 있는 모습들이다.

푸른 강산을 만드는 데는 30년이 걸렸지만, 수년 내에 민둥산을 만들어 나라를 망쳐 버릴 수도 있다. 우리들 모두가 각 자의 마음을 다스려서 서로 간에 존중하고 의지하면서, 배려하는 사회를 만들어 가야한다. 반세기 전에 우리가 받았던 원조의 손길을 이제 부터는 이웃 나라에게 되돌려 주어야 한다.

지금 부터는, 우리 모두의 마음속에 기적의 소나무를 심어 나가야 한다. 기적의 소나무는 우리 모두의 마음속에서 사랑의 에너지로 성장해 나갈 것이다. 반세기 전에 심혈을 쏟았던 현 박사께서 이루었던 식목육종의 마음속에 감성육종을 심어서 우리 모두가 공감하고, 소통하는 사회를 만들어 가야 한다.

공감하고 소통하면서 행하는 일상생활의 사소한 일은 우리 자신을 거룩한 인격체로 성장 시켜줄 것이다.

사회 구성원 모두의 거룩한 인격체는 감동을 주는 나라, 은혜를 주는 나라를 만들게 된다. 현 박사께서 우리들에게 남긴 삶의 가치자산을 유산으로 받아, 마음속에 사랑의 에너지를 축적해 나가야 한다.

🔊 몸과 마음의 일체감으로 삶의 감동을 만들자!

　영국 맨체스터 대학의 생물학 교수, 로빈 베이커 박사와 마크 벨리 박사는 사람이 출생할 때부터 협동하여 팀워크를 이루어서 태어났다는 보고서를 발표하였다. 많은 정자들이 동료 정자가 성공을 거둘 수 있도록 자기를 희생시키는 특공작전으로 고도의 팀워크를 이루어서 난자에 수정된 정자를 안착시켜서 생명을 탄생시킨다. 인간의 생명이 우연히 태어난 것이 아니고 치밀한 계획에 의한 창조적 협동작전으로 태어났고 그 주관자는 창조주이시다. 정자들의 일체감으로 인간이 출생하였다.

　이 세상에 존재한 모든 물질은 입자를 최소 단위로 하여 조직되어 있다. 물질은 분자로, 분자는 원자로, 원자는 핵과 전자로, 그리고 원자핵은 중성자와 양성자의 소립자로 구성 되어있다. 모든 창조물은 시간. 공간. 입자로 구성되어있고, 시공간으로 창조된 환경 하에서 입자가 존재하고 활동한다. 입자가 활동한다는 것은 공간상에 주어진 시간 안에서 입자 간에 서로 잡아당기는 중력이 작용하는 것으로 만유인력의 법칙이 작용하고 있음을 말한다. 공간 안에서 입자 간에 발생하는 중력장은 일정한 방정식에 따라서 움직이고 물결치면서 파장을 만든다. 이러한 원리를 이용해서 개발한 기능적 자기공명영상(fMRI)는 뇌 활동을 측정하는 장치로 치매와 같은 뇌의 장애증상을 검사하는 의료장치이다. 입자들이 상호작용하는 만유인력의 법칙을 이용하여 첨단 의료장치를 만든 것이다.

　근면, 자조, 자립의 정신으로 협동한 새마을운동을 하면서 국민들이 협동하여 나라를 부강하게 하였다. 여러 사람들의 마음을 연결하고 협동하여 감성역량을 발휘한 결과이다. 뼈대를 세우고, 뼈대를 따라 신경과 혈관을 연결하신 창조적 능력으로 태어난 인간은 매일 먹고 운동하여 살과 근육을 붙여서 신체를 튼튼히 한다. 건강한 몸은 마음으로 하여금 건전한 생각을 하게하고 뇌가 정의롭게 판단하도록 도와준다. 정자들의 협동으로 생명을 탄생시키고, 입자들의 상호작용으로 물질을 구성한 것과 같이 국민들의 자존감으로 협동하여 나라를 부강하게 만들 수 있다.

협동, 상호작용, 자존감은 각자 몸과 마음의 일체감으로 감동을 만들고 사랑의 에너지를 쌓아가게 한다.

🔊 몸과 마음의 일체감으로 사랑의 에너지를 축적하자!

일상생활 중에 사소한 일을 할 때, 손과 발, 그리고 몸으로 일을 할 때는 몸의 중심을 잡기 전에 마음의 중심을 잡아야 한다. 손과 발, 몸으로 행하게 되는 사소한 일은 그 목적, 방법, 그리고 내용에 관해서 구체적인 계획을 세우고 실행해야 된다. 마음속에 굳건한 의지를 세우고 도중에 흔들리지 않도록 단단한 각오를 한 후에 실행할 일을 시작해야 한다.

주변에서 일어날 수 있는 잡음을 방지하고, 마음을 다 하여 최선을 다 할 것을 결심하고 다짐해야 한다. 몸이 실증내고 어렵다고 중도에 포기하지 않도록 결단하면서 실행해야 한다. 내 몸으로 감당하기 어려운 일은 목표수준을 낮추거나 시간적인 여유를 주고, 몸을 달래면서 실행해야 한다. 함께 할 협력자가 누구인지, 적당한 도구가 있는지를 살펴보아야 한다. 공감할 수 있고 소통할 수 있는 동행자를 찾아야 한다.

마음이 몸을 사랑하면서 부탁하면, 몸은 힘을 다하여 마음의 뜻을 따르게 되고, 사랑의 에너지를 축적하기 위해서 몸과 마음이 하나가 될 수 있다.

마음속에 사랑의 에너지를 축적하기 위해서는, 첫째로, 사람을 연결하고, 주변에 있는 사물을 연결해야 한다. 두 번째, 사람을 연결하기 위해서는 몸과 마음, 그리고 뇌의 일체감을 이룩해야 한다.

사물의 연결은 IoT를 사용한 IT기술이 해결할 것이다. 특히 인공지능이 IT의 디지털 연결기술을 아날로그로 보완시켜 주는 역할을 다 할 것이다. 사람 간의 연결은 사람들의 마음속을 연결 시켜야 한다. IT시스템을 개발할 때, 지금까지는 시스템의 사용자 요구만 정확하게 정의하여 설계하였다. 추가해야 될 요구사항은 개발자와 IT사용자, 그리고 IT의 서비스를 받고 상품을 구매할 고객들의 몸과 마음을 연결하는 요구사항을 추가해야 감성역량을 발휘할 수 있는 시스템이 될 수 있고, 서비스할 수 있는 상품을 생산할 수 있다.

"아이를 키우는 7가지 퍼즐", 팜 레오 저작, 신선해 옮김, 는 첫 번째 퍼즐로 자녀교육을 위한 사소한 일의 연결을 제안했다. 연결교육이란, 부모와 자녀 간에 건강하고 강한 유대감을 형성하고, 그릿(GRIT)을 유지하는 방법이라고 말한다. 그릿은 자녀의 잠재력을 실력으로 나타낼 수 있는 회복의 탄력성이다. 지구력을 가지고 역경을 이겨낼 수 있는 주의 집중력을 발휘할 수 있는 능력이다. 강한 유대관계를 유지하기 위해서는 사랑으로 가득한 관심과 관찰이 필요하다. 부모와 자식 간에 일상생활의 사소한 일을 연결하여 관심을 가지고 관찰하면서 이해하고 판단하여 의사결정을 한 후에 행동하는 것이다. 부모의 사소한 일과 자녀의 사소한 일을 다정하게 연결하여 최상의 환경에서 사랑으로 자녀를 키울 때, 더 좋은 가정의 정체성을 만들 수 있고, 부모는 자녀의 장래 소망을 가질 수 있으며, 자녀는 자신의 삶의 동기화에 대한 자존감을 가질 수 있다.

음은 단순하게 높고, 낮고, 길고, 짧은 소리에 불과 하지만 사소하고 단순한 음을 모아서 연결해 놓으면, 음악이 되어 듣는 자에게 감동을 준다. 슬픔, 기쁨, 고요함, 쓸쓸함, 행복함, 그리고 새로운 힘을 용솟음치게 하는 감정을 일으킨다. 단순하고 사소한 일상생활이 지속적으로 반복되면 그 사소한 일들이 선하게, 혹은 악하게 실행되었느냐에 따라서 회복 또는 악화된 증상으로 상태변환 된다.

기도와 명상, 음악과 미술을 통해서 건강을 회복시킬 수 있는 활력의 촉매를 만들고 주도적인 감정조절, 마음과 생각의 조절, 행동의 조절을 통해서 일상생활을 선하게 살아갈 수 있도록 몸과 마음의 일체화를 유지할 수 있다.

점과 선이 만나서 그림이 되고 그 위에 색깔을 입히면 아름다운 그림이 된다. 부모와 자녀의 일상생활에서 사소한 일들을 서로 연결시켜서 조화를 이루면 아름다운 가정, 행복한 삶의 그림이 된다. 부모가 모범을 보이고 훈육하면, 자녀의 선한 영을 키우는 촉매가 된다.

사람이 출생하여 활동하는 창조적 원리는 신체기관들의 연결과 상호 연결된 반응, 그리고 구성원들과의 협동에 의한 팀워크에 의해서 업무를 수행하고, 일상생활을 유지해 나간다.

이와 같은 정상적인 일상생활을 유지하기 위해서는 몸과 마음을 일체화시켜서 감정을 통제할 수 있는 감성역량을 발휘함으로써, 다양한 환경과 조화를 이루면서 역경을 빠져나갈 수 있다. 몸과 마음의 일체화는 건강한 몸과 마음에서 비롯되고, 일상생활의 사소한 일을 선하게 수행하는 사랑의 에너지에 의해서 유지된다.

감동받고 감동을 주는 삶은,
대를 이어 가면서 가정과 사회를, 그리고 온 세계를 감동시킨다.

1906년 2월, 미국에서 한국으로 파견되었던 선교사 부부는, 논산 지방에서 부흥집회를 인도하고 돌아오던 길에 갑자기 쏟아진 비를 피하려고 상여를 보관했던 헛간에 들어갔다. 그 헛간에는 전날 장티푸스로 사망한 자의 장례용품이 보관되어 있었다. 선교사는 장티푸스에 감염되어 세상을 떠나게 되었다. 선교사께서는 공주지역에서 큰 교회를 세우고 47년간 선교사역을 계속하고 있었다. 두 딸도 풍토병으로 사망하여 공주 땅에 묻고 말았다. 선교사의 아들 우광복은 중학교를 졸업하고 미국으로 가서 대학을 졸업한 후에 다시 한국으로 돌아와서 아버지의 사역을 이어 받았다.

1945년 해방이 되고, 미국의 하지 장군이 한국의 군정관으로 부임하자 우광복이 군정관의 참모가 되어 한국의 정부 수립에 기여하게 되었다. 한국 정부를 이끌어 갈 인재를 추천하라는 하지 장군의 요청을 받고, 어머님께 부탁하여 50명을 추천하였다. 이 때 48명의 기독교인을 추천하여 자유 대한민국의 건설을 돕게 하였다.

제헌국회의 개원을 위해서 기도를 한 이윤영 의원이 이들 중에 한사람이었다. 우광복은 1994년 87세를 일기로 소천 하셨고, 공주의 영면동산에 동생들과 함께 잠들고 있다. 몸과 마음을 다하여 생면부지의 한국인을 사랑하고, 우리들을 감동시키고 있다. 이렇게 감동받은 우리들 중에 한 사람, 김창식 선교사와 그의 아들이 감동을 받고 감동을 주기 위해서, 지금도 우스리스크에서 러시아 사람들을 감동 시키고 있다.

몸이 마음속에 갇혀 있으면, 마음은 밖에서 일하는 몸을 이해하지 못한다. 마음 밖에서 일하는 것은 마음에 없는 일을 몸이 한다는 것이다. 몸이 행하는 대로 마음이 따라만 다니면, 몸 밖에서 일어나는 일을 알 수 없다. 몸으로 행하는 일이 옳은 일인가를 판단하지 못한다. 자연 질서에 어긋나는 일을 몸이 하더라도 마음이 억제할 수 없다.

그래서 몸과 마음의 일체화가 필요하다. 몸이 마음먹는 대로 행하고, 마음이 몸에게 다정하게 말하면 몸과 마음의 일체화가 이루어진다.

몸과 마음이 일체화되면, 마음이 좋아하고 몸에게 적당한 일을 하게 된다. 마음이 좋아하고 몸에게 적당한 일은 선한 결실을 맺게 된다.

몸과 마음을 일체화시키면 몸이 행한 사소한 일의 결실이 마음속에 사랑의 에너지로 쌓이게 된다. 사랑의 에너지는 우리들의 가정과 직장, 사회를, 그리고 온 세계를 감동시킨다.

1.5
삶의 가치자산

"몸과 마음이 서로 감사하고 사랑하라 하내"

마음이 몸에게 너무 잘 하지 말라 하내
서두르지 말고 쉬면서
즐기면서 일 하라고 하내

몸이 마음에게 너무 아파하지 말라 하내
안타까워하지 말고 감사하면서
즐겁게 생각하라 하내

뿌리 깊은 나무가 억센 바람에도 흔들리지 아니 하듯
몸과 마음이 사랑으로 깊은 뿌리를 내리면
어떠한 질병도 도망간다고 하내.

"일상의 기적"이 가르쳐 준 감사와, "나에게 이야기하기"가 가르쳐 준 사랑을 생각하면 몸과 마음이 서로 감사하고 사랑하도록 독려하면서 감동을 준다. 몸과 마음이 주고받는 감동과 사랑으로 삶 속에서 사랑을 실천하면 몸과 마음이 건강하고, 삶의 가치자산을 축적해 나갈 수 있다. 100세 유산을 후손에게 상속할 수 있다.

삶이란, 가정생활, 학교생활, 사회생활, 직장생활의 사소한 일들로 연결하여 살아가는 상태이다. 가치자산은 삶의 대가로 얻은 결실을 경제적인 자산 가치로 평가한다. 몸과 마음이 감동하여 사랑을 실천하면서 일상생활 속에 뿌리를 깊게 내리면 뇌를 감동 시킨다. 뇌를 구성하는 물질은 시공간의 제약을 받기 때문에 시간의 흐름에 따라서 일정한 공간상에서 끊임없이 상태변환 된다. 뇌의 상태변환은 뇌의 외부로부터 받는 신체적, 행동적, 인지적, 그리고 감정적 자극이 촉매가 되어 일상생활을 정상적으로 이해하고 판단하도록 끌고 간다. 이러한 끌개는 몸과 마음이 서로 얼마나 감동하고 사랑하느냐에 따라서 달라질 수도 있다. 감동과 사랑이 크면, 모든 질병이 도망가고 건강상태를 유지하지만, 작거나 없으면, 아픈 증상이 나타나고 장애가 될 수도 있다.

뇌는 인간의 행동, 사고, 감정, 기억을 통제하는 기관이다. 신경세포 500만 개가 연결되어 있고 그 하나하나 마다 6만개의 다른 세포들과 연결되어 있다. 연결된 세포는 자극을 받았을 때 연결된 결과로 반응하게 되고 그 반응 결과는 마음으로 나타난다. 몸과 마음의 일체감의 결과로 볼 수 있고, 그 결과는, 감정상태와 인지능력에 의해서 뇌로 판단하여 신체적 동작과 행동으로 나타난다.

만성 통증을 일으키는 신체적 생활 장애는 우울증과 상호작용한다. 둘 중에 하나는 원인이 되고, 다른 하나는 결과가 되는 것이 아니고, 동일한 생리학적인 원인 때문에 나타나는 병행현상이다. 마음속에서 울어 나오는 비관,

"나의 통증은 일생동안 반복될 거야, 의사도 치료할 수 없어!"

라고 생각하면서 슬퍼하고 좌절하고 불안해하면서 절망하면, 억제할 수 없이 실망스러운 감정이 복 받혀 올라온다. 사람 만나기가 싫어지고 신체적인 활동이 줄어들어 조그마한 스트레스에도 부정적인 과잉반응을 함으로써 두뇌가 비관적인 판단을 하고, 면역기능이 낮아져서 통증조절이 어려워진다. 통증조절 능력이 낮아지면 신체상의 작은 통증 발생이 많아지고 피로와 불면증이 동반될 수가 있다. 주의집중력이 저하되고 이 완력이 낮아져서 인지능력이 낮아지고, 회복능력이 낮아져서 스트레스와 불안 증세가 심해지는 반복상태가 된다.

마음이 편안하여 감정을 잘 다스리면 마음속에 기분이 좋아져서 신체적인

아픔 증상도 없어진다. 뇌 속의 신경 물질이 증가하여 공감적인 이해와 소통을 잘할 수 있는 행동, 즉 일상생활 상태를 안정되게 유지할 수 있다. 몸과 마음의 연결성에 관한 자기인식이 뚜렷해져서 뇌의 긍정적인 판단이 많아진다.

　미국 프린 스톤 공대의 로버트 잔 교수는, 마음은 아주 미세한 입자로 구성되어 있으며, 이것은 물리적인 입자와 동일함으로 입자로 존재할 때는 일정한 공간상에 한정되어 있지만 마음의 상태가 변환되는 파동으로 그 성질이 변하면 시공간을 초월하여 이동할 수 있다고 발표하였다. 이것은 일반적인 물질의 입자특성이나 파동의 특성과 같다. 외부의 자극을 받았을 때 복셀로 나타나고 그 복셀이 그래프로 연결되어 나타난 것과 같은 이치이다. 다시 말해서 사람의 마음은 에너지의 성질을 띠고 있어서 다른 물질에 영향을 미친다. 다른 사람의 마음, 또는 내 마음의 다른 요소에 영향을 미친다.
　잔 교수는, 배양 중인 암 세포를 대상으로 하여
　"원래의 정상적인 세포로 돌아가라!"
믿고 마음속으로 감사 했을 때, 암 세포의 성장이 40퍼센트나 억제되었다고 발표하였다. 집중하는 행동은 명상, 기도, 찬송, 은혜의 말씀 읽기 등으로 실행하면 정상적인 세포로 돌아갈 수 있다.
　게이츠 교수는 여러 가지 임상심리의 연구결과를 참고하여 다음과 같은 결론을 내렸다. 화, 슬픔, 불안, 공포, 증오, 미움 등과 같은 부정적인 정신상태에 있을 때에는 인체 안에 독성이 매우 강한 물질이 생성된 것을 발견하였다. 독사는 자신의 독을 축적하는 주머니가 있어서 자신에게는 해가 되지 않고 적에게만 해를 주지만, 사람의 몸 안에서 생긴 독은 몸속을 돌아다니면서 각 종 질병을 일으키게 된다. 자가 면역질환은 T 세포가 변이되어 병균을 죽이는 대신에 거꾸로 자기 몸을 공격하여 염증을 일으키는 질병이다. 마음이 몸의 건강 상태변화에 그토록 큰 영향을 미친 것은 우리 몸속에 있는 유전자가 세포 내의 사정과는 상관없이 그 사람의 마음 상태에 따라서 영향을 받게 되어 있어서 마음의 변화는 몸의 변화를 가져오게 된다. 사소한 일에 대한 감동으로 일어나는 감사한 마음은 선한 영과 함께 동행 하는 생활상태로 변환되어 건강한 신체를 유지시켜 준다.

히브리 대학의 하라리 교수는, 그의 저서, "사피엔스"에서 다음과 같이 주장하였다. 마음의 균형(mental balance)은 평정심과 균형감각으로 연결된다. 유연하게 변화에 적응할 수 있는 정체성을 어릴 때부터 배워야 한다고 말했다. "이러한 역량은 감성지능에서 나온다."고 주장하였다.

자신의 감정을 잘 다스리고, 타인을 배려함으로서 원하는 결과를 이끌어내는 능력이 감성지능이다. 기쁨, 행복, 슬픔, 분노, 공포, 역겨움과 같은 감정을 통제하기 위해서는 감성역량을 발휘해야 한다. 자기인식을 기반으로 해서 자존감을 확립하고, 어떠한 장소와 시간, 그리고 사건에 마주 치더라도 기분을 통제할 수 있고, 인생의 목표와 삶의 목적을 달성하기 위해서 다른 사람과 모든 대상물, 그리고 마주친 사건에 대해서 공감적인 이해를 하고, 마음을 소통하면서 최적한 해결방법을 찾아내서 실행할 수 있다.

대학에서 배운 지식만으로 평생을 사는 시대는 지났다. 죽을 때 까지 계발해야 인생의 목표와 삶의 목적에 도달할 수 있다. 자기가 체험하면서 기대하는 삶의 가치자산을 지식과 체험, 취미에 맞추어서 후세에 남겨줄 목적을 가지고 일생이 끝날 때 까지 노력해야 한다. 그 자산가치가 얼마인가는 중요하지 않다. 자산을 남길 목적으로 살아가면 삶 속의 사소한 일이 선한 일이 되고, 후손들이 평가하여 사용할 것이다.

인생의 목표와 삶의 목적을 이루는 가치자산을 나의 마음과 삶 속에 남겨 준 두 분의 이야기를 소개 하고자 한다. 나라를 사랑하고, 산업발전을 위해서 노력해야 되는 가치자산을 후손들에게 남겨 준 이야기이다.

한태희 박사께서는 1950년대 초기에 미국에서 화학공학으로 박사학위를 받고, 귀국하여 대학과 산업계에 남긴 가치자산은 매우 크다. 국내 최초로 외국의 차관으로 설립된 회사의 기술경영을 맡아서 국내의 화학공학을 이용한 기업의 설립을 지원하여 중화학공업의 기반을 마련하고, 우리나라 수출품목의 2위를 차지하게 된 석유산업의 기술기반을 만들었다. 한 박사께서 내가 근무한 대학에 초빙되어 산업협동과제를 추진하였다. 중동에 파견할 기술자들을 대상으로 한 기술경영훈련과정에 참여하여 도우면서 많은 지식과 체험을 배웠다. 한 박사께서 화학 산업의 엔지니어링을 개발하여 서비스하기 위한 회사의 대표로 부임하면서 나도 함께 참여하여 더 많은 현장 체험을 할 수 있게 되었다. 화학공장을 설립하기 위한 엔지니어링을 개발하여 국내에 보급하고 외국에 플랜트를 수출하는 회사에서 엔지니어링을 위한 소프트웨어의 기술개발을 도왔다. 일주일에 한번 씩 회사에 나가서 관련된 임직원들과 토론하면서 소프트웨어의 개발방법을 전산 팀과 함께 개발하였다. 공장을 건설하여 제품을 생산하는 프로세스를 패캐지로 만들어 공급하고 시운전하는 훈련을 전수하는 사업은 산업화를 시작하는 국가에 필수적인 과정이다. 산업발전을 위한 동기화가 관련된 모든 참여자들에게 공감되고, 소통으로 협동하지 않으면 성공하기 어려운 과제이다. 이러한 경험을 기반으로 하여 한 박사께서는 외국의 전문회사와 합작법인으로 소프트웨어 전문회사를 설립하였고, 현재는 세계적인 IT전문회사로 발전하고 있다. 한 박사께서 인생의 목표로 생각하신 국가적 기술의 산업화와 부강한 나라를 만드는 일에 일생을 헌신하므로 삶의 목적을 이루는데 도움이된 것을 기쁨으로 생각한다. 산업 현장에서 체험한 지식을 학생들에게 전달하고 소프트웨어 전문가를 양성하게된 것을 자랑스럽게 생각하면서 한 박사께서 남긴 가치자산을 소중하게 생각한다. 이 책을 저술하게 된 동기도 100세를 살고 있는 많은 원로들이 자신들이 체험했던 인생과 삶의 체험을 상태변환 이슈로 작성할 수 있도록 안내하기 위해서이다.

김수학 사장께서 토지개발공사 대표로 계실 때, 공사 전산실의 기술 자문을 하면서 일주일에 한번 씩 김 사장을 뵙고 공사 경영을 위한 소프트웨어의 역할에 관해서 이야기를 할 기회가 많았다. 토지 공개념을 지키면서 토지를 개발하기 위해서 소프트웨어를 어떻게 개발하고 운영할 것인가에 관한 내용이었다. 김 사장께서는 대구시장, 경북도지사, 국세청장을 역임하면서 쌓은 덕과 체험의 자산을 회사 경영에 반영하기 위해서 소프트웨어가 어떤 역할을 할 수 있는가에 관한 말씀을 많이 하셨다. 자존감과 자신감을 가지고 나라를 부강하게 해야 한다는 동기화를 말씀 하셨고, 목표달성을 위해서 임직원들과 소통할 수 있는 방법을 중요하게 생각하였다. 김수학 사장의 인생 목표, 삶의 목적을 달성하기 위해서 컴퓨터를 활용하는 전략과 방법에 관해서 조언하였다. 조언을 드리면서 그 분의 인생철학을 배웠고, 국가를 위한 그 분의 삶의 동기화를 배웠다. 김수학 사장께서는 새마을 운동본부의 중책을 맡아서 자신의 인생철학을 "근면. 자조. 협동" 의 새마을 운동 정신으로, 가정생활, 학교생활, 사회생활, 직장생활에 반영시킴으로써 정신적인 지도자의 역할을 다 하였다. 새마을 운동의 협동정신이 한국을 선진국으로 만든 산업의 동기가 되었고, 그 분의 동기화를 배워서 나의 동기화를 개선해 가면서 학생들에게 전달하려고 노력 했던 경험이 내 인생의 가치자산이 되었다.

내가 지금까지 간직한 소중한 수첩 한 개가 있다. xxxx 년도 2월 졸업생 일동으로 만든 수첩에는 졸업을 앞둔 제자들이 나에게 남긴 쪽지들로 편집되어 있다.

"교수님을 분석하고 모델링 해본 결과 언제나 재사용 가능함이 판명 되었습니다."

라고 적은 제자의 말이 가끔씩 생각난다. 내가 강의했던 소프트웨어 공학과목 안에 소프트웨어를 재사용할 수 있는 객체 모델링 기법에 관한 내용이 포함되어 있는데, 소프트웨어의 재사용과 같이 사람도 재사용할 수 있는 인격을 갖추는 것이 성공적인 삶을 사는 것이라고 강의했던 생각이 난다. 사람의 재사용은 그 사람이 남긴 삶의 가치자산을 후손들이 재사용하는 것을 의미한다. 가정생활, 학교생활, 사회생활, 직장생활 중에 재사용할 수 있는 가치자산을 만드는 것은 역사적 가치를 만들게 된다. 자서전으로 출판할 수도 있겠지만 본서에서 소개하는 간단한 이슈작성 방법을 따르면 한 문장에서부터 수 페이지에 이르는 체험을 가치자산으로 남길 수 있다. 소프트웨어를 재사용할 수 있게 하는 객체 모델링은 가치자산을 남길 수 있는 감성역량의 모델링과 활용하는 훈련에 달려있다. 생활체험을 객체로 만드는 방법이 곧 이슈 모델링과 이슈작성을 할 수 있는 절차이다.

◀)) 인생과 삶의 가치자산

세상에 태어나서 성공적인 삶을 유지하기 위해서는 창조적인 질서 속에 예정된 진리에 맞추어서, 나의 자유의지를 발동하여 생각하고, 이해하고, 판단하여, 행동으로 옮기는 일상생활을 살아가야 한다. 자유의지는, 인생의 목표와 삶의 목적을 달성하기 위해서 나의 의지에 따라 생각하고 이해하여 판단한 것을 삶 속에서 행동으로 실천하는 것이다.

우리는 모두 창조적인 속성을 가지고 출생하였다. 하나님의 형상대로 태어났기 때문이다. 나의 가족과 이웃, 국가사회, 그리고 세계 인류를 위한 창조섭리, 자연법칙과 일관성 있는 대응을 통해서 휴먼요인 중심의 논리체계에 맞추어서 살아가는 것이 창조주의 속성을 닮은 인생이고, 삶이 된다.

나의 정체성은 나 자신의 정확한 인식, 가정 안에서 사랑, 학교에서 배움, 직장에서 책임, 그리고 국가사회와 세계 안에서 정의를 실현시킬 수 있는 역량으로 이루어진다. 자신의 정체성을 기반으로 하여 인생의 목표를 향해 나아가고 삶의 목적을 성취해 나간다. 이와 같은 동기화는 일상생활의 사소한 일을 중심으로 신체적, 행동적, 인지적, 그리고 감정적 체험을 통해서 달성해 나간다. 선하게 행한 사소한 일들이 연결되어 나타난 일상생활의 상태변화는 일체화된 몸과 마음으로 실천하면서 사회 정의를 실현시켜 나가고, 자신의 인생 동기화를 이루어 나간다.

☐ 신체적 증상의 체험

나의 신체에 사소한 징후가 나타났다. 헬스에서 아랫배에 힘을 주는 근력운동을 할 때 약간씩 아픈 증상이 있더니 한 달 후 부터는 사타구니 부근에 볼록해지는 상태로 심해졌다. 의사의 진단은 서혜부 탈장이라고 하였다. 나이가 들면 집안의 문턱에 걸려 넘어져도 탈장증상이 나타난다고 한다.

여러 가지 수술방법이 있으나 가장 간단하고 재발이 적은 방법으로 서혜부의 탈장 구멍을 찾아서 막아주는 수술방법을 택하였다. 수술은 국소 마취를 하고, 간단하게 진행하여 지금까지 재발하지 않고 건강한 생활을 하고 있다. 그러나 하복부에 심한 압력을 주는 운동이나 활동은 삼가고, 근력운동도 트레이너의 지시대로 수칙을 꼼꼼하게 지키고 있다.

라이브웨어의 사소한 일을 나의 몸과 마음에 맞추어 일상생활을 관찰하면서 수행하는 것이 건강을 위해서 가치자산을 쌓아가는 중요한 일이다. 일상생활의 사소한 체험을 모델에 맞추어서 이슈를 작성하면 100세 유산이 될 수 있다.

□ 행동적 증상의 체험

건강한 신체의 유지관리는 호흡할 때 얻어지는 산소와 매일 섭취하는 음식물이 만들어낸 에너지에 의해서 이루어진다. 우리의 신체는 호흡 중에 얻은 산소를 활용하고 음식에서 섭취한 탄수화물 속에서 얻은 당분을 연소시켜서 에너지를 생산한다. 세포가 에너지를 생산할 때 그 수가 적으면 과부하가 걸려 전자가 흘러나오게 되고 흘러나온 전자는 산소와 합해져서 활성산소가 된다. 활성산소는 노화를 일으키는 원인이 되고 독성산소가 되어 질병의 원인이 된다.

해안가나 구릉진 언덕에 세워진 바람개비는 바람이 적당히 많이 불면 전력생산이 많아지지만 너무 많이 불면 과부하가 되어 발전이 중단되는 것처럼 세포가 인체행동에 필요한 에너지를 생산할 때 너무 많아서 체외로 내 보내지 못하고 체내에 쌓이게 되면 독성산소가 되어 인체활동을 어렵게 하는 신체적 증상의 원인이 된다. 쌓인 노폐물과 활성산소가 원인이 되어 발생하는 생활습관 병으로 나타난다.

생활습관 병은 먹고, 마시고, 숨 쉬는 일상생활 중에 오염되어 있는 산업사회에서 심한 스트레스를 받게 한다. 생활습관 장애증상을 억제하기 위해서는 독성산소를 줄일 수 있는 생활방법이 필요하다. 이러한 생활방법을 통해서 얻은 체험의 자산을 라이브웨어라고 말한다. 라이브웨어의 축적은 생활습관 속에서 찾을 수 있다. 내 몸에 맞는 물과 음식을 섭취하고, 적당한 운동을 하는 것은 나의 삶의 가치자산을 축적하는 것이다.

생활습관은 음식물을 섭취하는 습관, 업무습관, 운동습관, 사회생활 습관들이다. 일상생활 중에 발생하는 질병을 예방하고 치료하는 습관이나, 행동으로 나타나는 휴먼요인들에 의해서 이루어진다. 몸과 마음의 일체성을 유지하면서, 자신의 정체성을 기반으로 해서 여러 가지 생활습관으로 나타난다. 습관적으로 행동하는 생활상태에 따라서 인생의 가치, 삶의 가치를 쌓아가게 된다.

□ 인지적 증상의 체험

인지과학은 '마음' 이 작동하는 원리를 과학적으로 탐구한다. 마음이란 사람의 이성과 감성을 모두 포함하고, 사람과 상호관계를 가진 동식물이나 사물들과의 상호관계로 연관시켜서 생각한다. 뇌와 긴밀하게 연결된 마음의 정보체계는 처리구조와 처리과정들의 통합체가 된다. 신경망의 연결에 중점을 두고 마음과 뇌가 연결된 신경과학적인 원리를 중요하게 생각한다.

따라서 뇌파를 중심으로 한 신체 신호측정과 감성의 측정을 동시에 측정하여 일상생활의 현상을 동시에 관찰하는 것이 중요하다. 3장에서 소개하는디. 트리비는 GQM 문답지에 의한 인지기능 측정과 뇌파의 측정을 동시에 실시하여 신뢰성을 검증할 뿐만 아니라, 주의 집중력과 이완력을 동시에 측정하여 응답할 순간에 집중력이 얼마나 발휘되었고, 이완력의 수준은 어떠했는지 측정할 수 있다.

인지기능은 감성역량을 높이는 핵심요인으로 삶의 가치자산을 쌓아가는 핵심 동력이다.

□ 감정적 증상의 체험

사람의 건강상태는 수시로 변하는 생활의 주변 환경에 민감하지만 좀 더길게 보면 자신의 정체성과 자기인식의 수준, 감정통제능력, 자존감의 지속성 여부에 따라 영향을 받게 되고, 이들은 모두 자신의 몸과 마음의 일체감유지에 의해서 결정된다. 주변의 환경변화에 순응하는 정도의 차이가 발생하고 건강상태의 수준이 결정된다. 몸과 마음의 일체감으로 일상생활의 사소한 일을 통제할 수 있게 되면 감성역량이 높아져서 감정통제를 잘 할 수 있게 된다. 몸과 마음의 일체감은 몸의 특성에 맞추어 생활하고 마음속으로 몸의 건강상태와 소통하면 삶의 동기에 부합한 생활을 할 수 있도록 지원한다. 몸과 마음을 일체화 시켜서 사소한 일을 선하게 함으로써 이웃을 감동시키면 마음속에 사랑의 에너지가 쌓인다. 마음속에 쌓인 사랑의 에너지가 인생 최고의 가치자산을 축적해 나간다. 마음속에 쌓인 사랑의 에너지는 사랑한 체험을 뇌 속에 저장한다.

마음이 불러내면 감정통제를 할 수 있도록 체험했던 사랑의 감성역량을 높이고 그만큼 삶의 가치자산도 높아진다.

인간·시간·공간

Ⅱ

SHEL기반
라이브웨어의 문답지

2.1
휴먼요인 중심의 SHEL 산업표준

국제 민간 항공기구(ICAO)가 항공 안전운항을 위해서 채택하여 산업표준으로 사용하고 있는 SHEL은 항공사고, 시스템의 사고, 관련된 일상생활 중에 발생한 사고에 대비하기 위한 표준이다. 사고발생의 원인과 문제점을 식별할 수 있는 체계적인 접근방법이다. 1972년 에드워드 교수가 개발하고, 3년 후에 하우킨스가 개선한 SHEL모델은, ICAO가 항공의 사고원인을 관찰하기 위해서 DOC 6920을 작성하고, 항공관리와 서비스에 사용하는 산업표준이다.

SHEL표준은, 휴먼요인을 소프트웨어(Software), 하드웨어(Hardware), 환경(Environment), 그리고 라이브웨어(Liveware)의 네 가지 요인으로 나누어서 식별하고, 네 가지 요인들 간의 인터페이스를 핵심요인으로 한 일상생활과 항공산업과 관련된 직장생활의 체험 중심으로 자산축적을 위해서 사용하고 있다. 휴머니즘 중심의 가치 있는 가정생활, 직장생활, 사회생활을 연계시킨 활동을 일상생활과 함께 수행하는 지침을 정하였다. 휴머니즘 중심의 일상생활이란 모든 사람들의 행복한 삶과 거룩한 인생의 목표를 이루어 나갈 수 있는 지침을 의미한다. 라이브웨어 요인은 인격, 리더십, 의사소통, 팀워크를 목표로 하고, 소프트웨어, 하드웨어 및 환경요인에 대비할 수 있는 지식, 문화, 태도 등의 요인을 포함한다.

라이브웨어 요인을 다시, 사소한 일에 관한 네 가지 요소로 세분해서 일상생활 중에 체험한 경험과 지식, 그리고 지혜를 사소한 일의 생활과 업무규범에 맞추어 행할 수 있도록 권장하고 있다.

- 신체적 요인 : 생리학적인 관점에서 본 신체의 아픈 증상의 요인
- 행동 요인 : 생각하고, 느끼고, 판단에 의해서 행동하는 물리적인 관점의 생활요인

- 인지 요인 : 지식을 활용하고, 사용하는 방법에 관한 능력으로 지식, 이해력, 사고력, 문제해결능력, 판단력, 창의력과 같은 정신능력과 관련된 요인
- 감정 요인 : 일상생활 중에 부딪힌 사건에 대응해서 마음속에 일어나는 느낌이나 기분

항공업무를 수행할 때 발생하는 감정표출의 원인은, 몸과 마음의 건강관리를 위한 라이브웨어 요인 중심으로 다시 세분하면 다음과 같다.

- 조작요인 : 장비와 도구를 조작할 때 감정을 표출하는 원인의 평가
- 작업요인 : 작업장의 상황판단, 자원관리, 작업환경, 감독자와 같은 작업 요인의 평가
- 장비설계요인 : 작업장에 설치된 장비의 이해, 사용 환경, 활용 상태와 같은 원인의 평가
- 환경요인 : 날씨, 온도, 바람, 습도 등과 같은 작업환경 요인의 평가
- 정보전송요인 : 매뉴얼작업, 통신, 컴퓨터 등의 활용성 평가

라이브웨어 요인과 관련된 업무 수행자의 휴먼요인은 업무계획과 수행을 위한 요인으로 업무 스트레스와 관련된 라이브웨어 요인은 작업자가 맡은 업무계획과 수행요인으로 나누어서 평가 한다.

- 업무계획에 관련된 작업자의 라이브웨어 요인 : 업무계획 수립을 위한 일상 생활 중심의 휴먼요인으로 물리적, 생리적, 심리적, 사회적인 심리요인 으로 나누어 평가한다.
- 업무수행에 관련된 휴먼 인터페이스 요인 : 사람 간, 사람과 기계 간, 사람과 연관된 시스템, 업무환경 등과 연관되어 나타나는 일상생활의 상태변환 에 관한 관찰능력을 평가한다.

일본의 글로벌 광고 회사인 하쿠호도 생활종합 연구소는 "생활자 발상학"

의 슬로건을 제안하고, "소비자는 곧 생활자이다." 라는 개념으로 1,500개 항목의 생활자 관측 데이터를 축적하고, 생활자가 일상생활의 요령을 탐구하기 위해서 생활자를 관찰할 목적으로 생활자가 목표한 생활상태를 다음과 같은 견해로 구분하여 파악하였다.

- 조짐의 견해 : 호기심의 관찰
- 목소리의 견해 : 목소리에서 진심이나 욕구를 찾아내서 반대 의견의 가치관과 숨은 기능을 파악한다.
- 숫자의 견해 : 일상생활 중에 마음속에 관심 있는 숫자를 읽고, 생활 속에서 만들어 낸 숫자를 식별한다.
- 장소의 견해 : 생활자가 만든 생활의 이미지와 관련된 장소 안에서 생활자의 본심을 읽고 배려할 수 있는 기회를 포착한다. 생활자와 같은 장소에 있으면서 관련된 사물도 관찰의 대상이 된다.
- 파형의 견해 : 생활자 마음이 변환되는 파형을 읽고, 시간적, 공간적인 파형의 형태를 연계하여 관찰한다.

생활자 발상학은 SHEL모델을 참고하지는 않았지만, 일상생활의 사소한 일을 중심으로 한 삶의 상태를 관찰하고 판단하여 일상생활 중의 건강관리를 목적으로 한 상품개발과 생산, 유통과 서비스를 연구하여 실용화하고 있다.

2.2
확장된 xSHEL 모델

xSHEL모델은 SHEL표준의 라이브웨어 요인을 한 단계 더 세분하여 일상 생활의 건강을 모니터링 할 수 있도록 확장하였다.

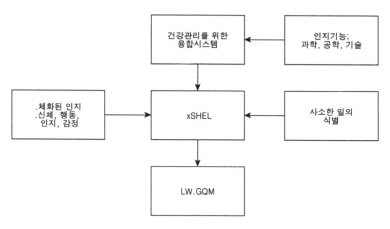

그림 2.1 xSHEL기반 LW.GQM 문답지의 설계과정

인지적 요인과 감정적 요인 때문에 발생하는 장애 증상을 체화된 인지 중심으로 관찰하고, 문답지를 사용하면 그림 2.1과 같이 라이브웨어 문답지 (LW.GQM)를 설계할 수 있다. 체화된 인지란 몸과 마음이 일체화되어 정보를 받아드리고, 생각하고, 판단하여 행동하는 기능이다.

그림 2.1는 xSHEL모델을 기반으로 해서 라이브웨어의 문답지를 작성하는 과정을 보여 주고 있다. 체화된 인지는 몸과 마음이 일체화되어 나타나는 네 가지 상태를 인지할 수 있는 능력이다. 인지는 나에게 들어오는 정보의 인식, 판단, 그리고 제어할 수 있는 상태를 의미한다.

이 능력을 기반으로 하여 LW.GQM, Liveware Goal Quationair Metric, 문답지를 사용하고 일상생활의 사소한 일 중심으로 체크하여 건강관리를 위한 융합모델을 개발한다.

건강관리를 위한 융합모델은 라이브웨어의 증상체크 표를 작성하고, 라이브웨어 요인 중심의 개인별 정체성을 연령, 성별, 가족력, 교육수준, 생활수준 등으로 식별하여 LW.GQM 문답지상에 기록한다. 사정에 따라서 어느 항목을 생략하거나 추가할 수도 있다. 증상 항목은 신체적, 행동적, 인지적, 감정적인 증상의 네 가지로 구분하고, 증상의 상태변환 수준을 일시적(초기증상), 다발적, 지속적, 장기지속의 네 가지로 식별하여 기록한다.

◀》 xSHEL의 설계

SHEL모델에서 "라이브웨어/심리적 요인/주의" 로 구분한 표준에 "주의"를 다시 세분하여 네 번째 노드를 추가하고, xSHEL모델을 설계한다. 주의에 관한 세부요인은 선택적주의, 분할적주의, 그리고 지속적 주의로 세분하여 라이브웨어의 증상 체크표(LW.GQM 문답지)를 설계한다. LW.GQM 문답지에 라이브웨어의 증상을 체크할 때, 인지적 증상에 주의산만의 증상이 나타나면 "주의산만 행동" 의 증상을 체크할 수 있도록 다음과 같이 구분하고 네 번째 노드를 확장하여 설계한다.

- 행동 형태별 기준 : SHEL의 세 번째 노드에 관한 기본행동을 실행할 세 가지 주의집중의 행동 형태별로 세분화 한다.
  - ▸ 선택적 행동 : 대상자의 특징에 따라서 주의전환, 탐색상황, 개인별 정체성과 환경에 준해서 선택한다.
  - ▸ 분할적 행동 : 시분할과 공간분할 기반의 동시수행, 또는 작업부담을 조정할 필요성에 따라서 세분한다.
  - ▸ 지속적 행동 : 주의의 폭, 집중된 주의, 경계할 주의, 시간의 흐름에 따른 주의감소 예측 등으로 세분해서 측정한다.
- 행동 대상별 구분 : 주의집중의 대상을 구분하여 식별한다.

‣ 자기인식 : 자신의 몸과 마음의 일체감으로 자존감과 정체성을 중심으로 한 자기관리

‣ 다른 사람 집중 : 공감적 이해와 소통

‣ 시스템에 집중 : 제도, 조직, 환경, 팀워크 등에 집중

▪ 행동방법의 관점 : 행동여과기, 휴먼요인을 수행할 행동자원의 크기

▪ 행동의 수준 관점 : 행동수준을 다음과 같은 수준으로 나누어서 평가하고 체크한다. 경계가 가장 높은 수준이고 탐지는 가장 낮은 수준이다

‣ 경계 (alertness)

‣ 경고 (noticing)

‣ 대응 (orientation)

‣ 이해 (understanding)

‣ 탐지 (detection)

xSHEL모델을 참조하여 라이브웨어를 측정하기 위해서 LW.GQM 문답지를 표 2.1과 같이 설계한다. 1.3절에서 설명한 바와 같이 신체적, 행동적, 인지적, 감정적 네 가지 증상을 기준해서 설계한다. 자신의 정체성과 일상생활의 특징에 따라서 새로운 요소의 항목을 추가하거나 삭제할 수 있다.

▪ 신체적 증상 : 몸이 쑤심, 마비느낌, 질식느낌, 피로, 현기증, 근육통, 경직, 등

▪ 행동적 증상 : 생활장애, 흡연, 음주, 약물복용, 서동증, 등

▪ 인지적 증상 : 경도인지장애, 집중력결핍 과잉행동, 노인성 뇌 질환, 건망증, 등

▪ 감정적 증상 : 업무스트레스, 육아스트레스, 가정스트레스, 사회적 스트레스, 흥분, 두려움, 공포, 등

표 2.1 LW.GQM 문답지

증상수준 / 증상항목	일시적 초기증상(간혹)	다발적 하루 3회 이상	지속적 3일 이상 지속	장기적 1주일 이상 지속
1. 신체적 증상				
손발 저림				
자주 넘어짐				
온몸이 쑤심				
식욕부진				
소화불량				
2. 행동적 증상				
서동증				
일상생활불편				
안절부절				
폭언				
과잉행동				
3. 인지적 증상				
기억력감퇴				
주의력부족				
집중력부족				
상황적응력				
문제해결능력				
4. 감정적 증상				
스트레스				
짜증				
불안				
우울				
불면				

LW.GQM 문답지는 상담하는 전문가와 응답자에 따라서 새로운 항목을 바꾸거나 변경할 수 있다. 다만, 문답지의 양식은 표 2.1과 같이 하는 것이

응답내용을 분기집합 요인에 대응시키기 편리해진다. 증상항목을 추가하거나 변경에 참고할 수 있도록 상태변환 과정에서 나타날 수 있는 증상항목을 소개한다.

- ■ 원인별 변환되는 과정에서 나타나는 상태
  - ‣ 짜증 : 스트레스, 압박, 피로, 갈등, 긴장, 분노, 흥분, 메스꺼움, 등
  - ‣ 우울 : 근심걱정, 긴장, 분노, 주의산만, 소통부족, 게으름, 의기소침, 등
  - ‣ 주의력 결핍 : 불안, 스트레스, 분노, 화냄, 주의산만, 노화촉진, 피로, 공격성, 등

- ■ 생활 스트레스와 우울증의 원인 때문에 상태변환 되는 과정에서 발생하는 증상
  - ‣ 신체적 증상 : 두통, 위경련, 요통, 혈압상승, 피로감, 심박 수 증가, 체중감소, 불면, 일중독, 등
  - ‣ 행동적 증상 : 공격성 언동, 교통사고, 건망증, 비난, 자기과시, 흥분, 소화불량, 등
  - ‣ 정서적 증상 : 인지적 증상, 감정적 증상, 자기비하, 부정적 생각, 비현실적인 생각, 지나친 기대, 욕심, 과장, 경직된 사고, 완벽주의 고집, 걱정, 우울, 흥분, 조바심, 분노, 좌절감, 고독감, 무력감, 불안, 공감성 부족, 소통부족, 등

- ■ 우울증이 장애증상으로 상태변환 되는 과정에서 나타나는 증상 :
  슬픈 기분, 비관적인 사고, 실망감, 불만, 죄책감, 피곤함, 식욕저하, 체중감소, 자기실망, 자기비하, 자살충동, 울음, 의욕감소, 등

🔊 LW.GQM를 확장할 수 있는 1 단계 문답 항목

표 2.1의 LW.GQM은 일상생활 중심의 건강검진을 위해서 선행검사하기 위한 응답지로 사용한다. 증상항목을 좀 더 세밀하게 확장할 필요성이 발생

했을 경우에, 증상항목을 대상으로 하여 세분화 할 수 있다. 1단계로 확장할 필요성은 표 2.1의 증상 항목 중에서 택하여 세분화 하면 된다. 2단계 이상으로 확장할 경우는 본서에서 제시한 상태변환의 이슈작성과 그 활용 동향을 보고 확장하게 될 것이다. 그 시기는 1단계로 확장된 응답지의 결과를 분석하여 본서의 새로운 버전으로 집필하게 될 것이다.

1단계 확장을 위한 LW.GQM의 증상항목은, 네 가지 증상항목별로 다음과 같이 정하고, 6장에서 설명하게 될 분기집합과 그 요소와 함께 확장하면 이슈작성에 효율적일 것이다.

1. 신체적 증상 : LW.GQM에 제시한 증상 이외에 다음과 같은 증상을 추가할 수 있다. 마비느낌, 이명, 어지러움, 노곤함, 피곤함, 경직, 근육통, 머리통, 현기증, 등.
2. 행동적 증상 : 일상생활 중에 행하는 사소한 일 중심으로 나타난 증상을 추가한다. 흡연, 음주, 약물복용, 손발 떨림, 손톱 깨물기, 등.
3. 인지적 증상 : 뇌와 마음으로 이해하고 판단하는 능력이 부족한 증상을 추가한다. 주의산만, 과잉행동, 잡념, 불안, 공포증, 분노, 감정조절 부족, 공격성, 등.
4. 감정적 증상 : 자기인식이 부족하여 기분통제를 잘 못하는 증상항목을 추가한다. 특히, 스트레스, 불안, 우울 등은 여러 가지 장애증상의 촉매가 될 수 있으므로 더 세분해서 대처할 필요가 있다.
   - 스트레스 : 가정, 육아, 직장, 사회적 스트레스, 짜증, 부정적 생각, 등.
   - 불안 : 근심걱정, 스트레스, 주의력 결핍, 집중력 결핍, 조울증, 마음의 불안정, 부정적 생각, 몸과 마음의 일체감 부족, 안절부절, 흥분, 좌절감, 분노, 짜증, 등.
   - 우울 : 슬픈 기분, 부정적 사고, 실패감, 불만, 좌절감, 죄책감, 자신감 부족, 수면장애.

2.3
LW.GQM의 활용

LW.GQM는 라이브웨어의 사소한 일 중심으로 일상생활 중에 발생한 사소한 일을 대상으로 하여 건강진단의 선행검사를 하기 위한 문답지이다. 신체증상, 행동증상, 인지증상, 감정증상의 네 가지 증상의 요소로 구분하고 각 증상별로 그 수준을 일시적, 다발적, 지속적, 장기지속의 네 가지 증상수준으로 구분하여 응답지를 작성하고, 각 셀에 기입할 숫자는 퍼센트를 단위로 하여 작성한다. 이 숫자는 퍼지 집합 모델에 의해서 각 증상에 대한 정도를, 단일증상기준, 또는 복합적인 증상기준으로 평가해 준다.

단일 증상기준으로 평가한 선행검사는, 네 가지 증상요인 중에서 한 가지씩을 선정하여 가장 심한 증상을 대상으로 하여 증상이 어느 수준인가를 체크할 수 있다. 복합적인 증상을 기준으로 평가한 선행검사는, 네 가지 증상요인별로 가장 심한 증상의 서너 가지를 선정하여 증상 수준의 퍼센트를 체크한다. 예를 들어서 LW.GQM 문답지 중심으로 복합적인 증상을 추정하는 경우를 설명하면 증상요소에 관해서 다음의 예와 같은 결과를 얻을 수 있다.

- 신체적 증상
  - 손발 저림   50 퍼센트
  - 손발 떨기   30 퍼센트
  - 자주 넘어짐   10 퍼센트
- 행동적 증상
  - 일상적인 활동지장   60 퍼센트
  - 안절부절   25 퍼센트
  - 과잉행동   15 퍼센트

◀》 GQM의 설계방법

GQM, Goal Quationare Metrics, 는 목표한 건강수준의 신뢰성을 검증할 수 있는 문답지를 설계하기 위한 모델이다. 몸과 마음의 건강 모니터링을 목표로 하고, 목표 달성을 위해서는 쉽게 개선할 수 있으면서 일관성을 유지할 수 있는 안정적인 문답지를 작성할 수 있어야 한다, 이를 위해서는 QIP, Quality Improvement Paradigm,에 맞추어서 문맥을 작성하는 기본 체계를 지켜야한다. 일관성은 모든 사용자가 일관성 있는 응답을 할 수 있도록 문답지를 설계해야 되고, 문답지 증상항목의 삭제와 추가를 쉽게 하고 품질개선이 편해야한다. 품질개선은 LW.GQM이 D.Trivy문답지 및 EQ문답지와 결합하여 사용하게 되므로 선행검사 대상자 그룹의 특성에 맞추어서 유연하게 구성할 수 있어야 한다. 따라서 문답지의 설계과정에서 목적과 목적달성을 위한 방법, 그리고 문답지의 수치 데이터의 기재와 평가를 쉽게 할 수 있어야 한다. 라이브웨어 증상의 수준을 일시적, 다발적, 지속적, 장기지속의 네 가지 수준으로 평가할 경우에는 몸과 마음의 전반적인 건강상태를 선행검사 하는 일이 최상위의 목표가 되고, 네 가지의 요소가 차상위의 목표가 될 것이고, 네 가지 요소별로 측정하고자 할 때는 그 요소들이 세부목표가 된다. 여기에서 세부목표와 문답지 간의 목표 개념의 차이를 줄이기 위해서는 다음과 같은 사항을 주의 깊게 관찰하고 세밀하게 체크하여 작성해야 한다. 문답지의 기획과 설계개념은 관련된 전문가들이 설계하고 작성할 것이므로 사용자와 응답자는 문항을 이해하고 응답할 수 있으면 된다.

QIP문맥을 작성하기 위한 6단계를 준수하여 작성한다. (5.3절의 EQ.GQM의 작성과정에서 설명함)

- 측정결과를 분석하여 종합적인 피드백 과정을 반복함.
- 건강관리 특성에 관한 블락을 만들고 블락 내의 대상자를 위한 서비스 채널을 설계개념에 포함시킨다.
- 서비스 채널은 특성별 영역 안에서 제공할 수 있는 서비스 기능을 기술한다.

- 사용자를 그룹별로 파악하여 관리한다.
- 응답자의 증상에 따라서 그룹을 나누고, 그룹별로 증상수준의 상태를 측정한다.

◀》 GQM의 활용방법

LW.GQM 문답지를 직접 작성하여 응답하거나 앱을 사용하여 응답할 수 있다. 중요한 것은 대상자에게 최적한 문답지를 선택하여 증상별 수준을 퍼센트로 응답한다. 표 2.2는 인지적 증상의 "주의산만"을 10개의 세분화된 요소별로 네 번째 노드로 세분한 내용이다. 네 번째 노드까지 세분한 것은 주의산만을 회복시키기 위한 콘텐츠 제작에 필요하기 때문이다. 주의산만의 증상을 회복시키기 위해서 콘텐츠의 기획은, 선택적 주의, 분할적 주의, 그리고 지속적 주의로 시술하여 세분화시킴으로서 콘텐츠의 스토리 작성이 쉽다.

표 2.1의 LW.GQM 문답지는 신체적, 행동적, 인지적, 그리고 감정적인 증상의 선행검사용으로 사용한다. "주의산만" 의 증상이 중요한 핵심요인이거나 기대수준이하로 낮았을 때는 표 2.2를 추가로 사용하여 좀 더 상세하게 체크하고 회복훈련을 위한 콘텐츠를 선정하는 정보로 활용할 수 있다. 그리고 본 절의 끝에서 설명하게 될 자율주행 자동차의 예는 중요한 핵심요인을 중심으로 하고 있다.

스트레스 증상에 관한 선행검사와 종합하여 증상의 결과를 판정한다. 그리고 LW.GQM과 EQ.GQM 문답지의 응답내용을 종합하여 선행검사의 결과로 판정한다.

표 2.2는 세분화된 주의요소의 네 번째 요소를 10개의 노드로 확장하고 각 요소에 관한 세부적인 행동사항을 선택적, 분할적, 지속적의 세 가지로 나누어서 식별하였다. 결국은 10개의 행과 3개의 열로 구성된 행렬 표가 되며, 그래프와 표의 표현으로 만들어진 행렬이 된다. 행렬은 "주의요소"에 대한 행렬로 DB에 저장하기가 편하다. DB의 데이터를 활용하는 방법은, 표 2.2에서 세부요인의 행동 형태에 관한 설명내용을 사소한 일로 나타낸 증상의 원

인을, 10개의 세분화 된 주의 요소별로 선택적, 분할적, 지속적인 행동형태로 구분하여 구체적인 행동을 기술하고 있다. 구체적인 행동형태란 자율조절의 업무를 수행하기 위해서 주의해야 될 행동요소를 나열하고 있다.

표 2.2는, SHEL표준을 기반으로 하여 xSHEL모델로 확장하기 위해서는 SHEL표준의 " 라이브웨어. 심리적 요인. 주의" 의 세 단계 체계에서 세 번째 노드 "주의"의 행동요소를 10가지의 네 번째 노드로 확장하고, 각 노드별로 행동하는 상태의 특성을 식별하여 설명하고자 한다.

네 번째 노드로 확장한 세부요인, 주의행동 요소에 관한 행동형태를 선택적주의, 분할적주의, 그리고 지속적 주의로 나누어서 설명하고 있다. 행동형태는 사물이나 사건에 대응해서 행동하는 동적인 상태를 나타내는 일상생활을 포함한 업무의 사소한 일들이다.

(1) 선택적 주의

수집한 데이터를 필터링하여 여과시키고 선택하여 생활 중에 실천하는 주의행동에 필요한 주의요소이다. 자율주행 자동차의 경우, 인식단계, 판단단계, 제어단계 별로 자율주행의 등급에 따라서 행하는 행동상태를 말한다. GPS와 각종 센서에 의해서 수집한 정보를 인식하고, 판단하여, 제어하기 위해서는 여러 단계의 선택적 주의가 필수적이다.

주의해야 될 사항의 선택은 상황적 특성, 조건 변화, 최적한 선택과 정보를 전달하는 수단을 주의해서 선택할 수 있는 디지로그를 설계할 수 있게 해야 한다. 표 2.2를 활용하면 디지로그 개발, 건강관리를 위한 상태변환 추적과 회복하는 방법, 사회적 갈등을 최소화시킬 수 있는 체계와 모델을 설계할 수 있다. 자율주행 차의 인지기능, 즉 인식, 판단, 제어의 기능요구를 정의할 때 고려해야 될 관찰과 행동에 관한 선택적 주의요소의 요구사항들이다.

표 2.2 "주의"에 관한 네 번째 노드, 주의요소별 행동형태의 식별

주의 행동 요소	선택적 주의	분할적 주의	지속적 주의
주의단위의 크기; 주의대상의 폭	청킹 사이즈, 워킹 메모리, 장기 메모리	맡은 업무의 긍정적 스트레스, 긴장감, 집중력의 동기부여	주의의 피로풀기, 작업부담 줄이기, 전화로 수다 떨기, 청소
부주의; 주의산만, 짧은 주의	인도부근 운전, 좌회전, 양보운전,	공감, 소통, 상호집중	지속 가능한 주의 선택
주의산만; 내부와 외부 요인, 집중의 방해자, 스트레스	사소한 취미활동, 청소, 전화, 카페, 음악 감상	집중의 방해자, 짜증, 우울, 불안, 불평	몸과 마음의 일체감 유지, 불안 줄이기
채널화 된 주의; 안전보다 제어순서의 우선주의	우선순위 선택	하위수준의 조절과 선택	체계의 채널, 전문가의 채널, 운영규정의 채널
매력과 고정; 고정된 매력에만 고집	주의력의 피로풀기, 정원 가꾸기	건강, 운동, 산보, 식사, 사회봉사	쇼핑, 긍정적 생활, "걱정아, 고맙다"
조심; 경계, 지루함, 단조로움	음악, 영화, 그림, 독서, 학습	짜증, 스트레스, 걱정을 긍정적으로 대응	휴식, 여행, 뇌 운동, 정기적인 봉사활동
습관적인 패턴의 간섭; 간섭하는 패턴	반복된 일상생활에 간섭	디지로그의 간섭, 일상생활의 습관에 AI의 간섭	간섭의 통제와 협력, 편리한 운전, 안전한 운전
습관적인 패턴의 대체; 대체하는 패턴	반복된 일상생활의 대체	디지로그의 대체, AI 및 운전자의 대체	디지털과 아날로그의 대체
시간 왜곡; 시간단축과 안전, 편리함	자율 주행 차의 인지능력 알기, 쇼핑과 마트가기, 산보	불안전한 상황과 간섭, 대체의 조정, 긴박한 시간조절의 분할적인 관심	시간과 공간을 결합하여 거슬러 생각하기
체화된 인지; 짧은 시간 안에서 행동형태	간섭과 대체의 상호작용의 행동수준	순간적 판단을 위한상호작용의 행동수준	최적판단을 위한 상호작용의 행동수준

(2) 분할적 주의

여러 가지 업무를 병행하여 수행할 때, 방해요인을 분석하여 분할하고 조절하여 주의하는 행동 형태이다. 업무의 난이도, 스케쥴, 유사성, 연결성, 통합의 기능성 등을 중심으로 하여 종합적으로 판단한다. 반복적인 업무를 식별하여 자동화 시킬 수 있도록 분할한다. 자율주행 차의 경우에는 인식, 판단, 제어의 업무수행별로 발생할 수 있는 방해요인을 주의 집중할 기능별로 분할하여 주의 집중할 수 있도록 행동상태를 구분한다. 업무부담의 수준을 분석할 때는 NASA/TLX를 사용할 수 있다.

(3) 지속적인 주의

자율주행차가 운전자에게 운전권한을 위임할 때 까지 긴 시간동안 운전 행동을 지속하다가 운전권한을 위임하는 경계시점에 도달했다고 판단하기 위해서 예측한 행동과 경계시점을 주의해야 한다. 경계시점의 결정은 인식, 판단, 제어단계로 나누어서 이루어져야 한다. 경계시점에 관한 주의는 자율 주행의 등급을 기반으로 하여 디지털 기능인 자율주행과 아날로그 기능인 운전자 운전으로 대체하기 위한 경계시점을 예측하고 판단하는 주의를 지속 해야 한다. 습관적인 패턴의 간섭과 대체에 주의를 지속적으로 유지해야 한 다. 습관패턴의 간섭은 자율주행 기간 동안에 디지털 기능과 아날로그 기능 간에 수 없이 간섭하고 대체하면서 반복되는 기능이다. 체화된 인지는 선택 적 주의, 분할적 주의, 지속적 주의를 실행할 수 있는 인지능력이다. 체화된 인지를 기반으로 하여 행하는 주의집중은 주의에 관한 세 가지 행동형태를 시기적절하게, 그리고 최적하게 판단하여 실행하도록 지원한다. 간섭과 대 체를 위한 시기와 적합성을 판단하여 행동할 수 있게 한다. 시기와 적합성의 선택, 그리고 방해요인을 관찰하여 종합적으로 판단하고, 습관적인 간섭과 대체를 최적하게 판단하여 실행하는 능력은 체화된 인지를 기반으로 행하는 주의집중에서 이루어진다.

항공기 운항관리를 위해서 제정한 SHEL표준은 자율조정 항공기의 운항에 적용한다. 항공기가 이륙한 후 정상적인 고도에 오르면 조종사는 항공기가 자율조정 하도록 권한을 위임하고, 항로에서 나타날 수 있는 돌발적인 기후 상황이 나타나면 다시 운항권한을 회수한다. 이와 같은 항공기 조정과정에 서 필요한 주의요소의 행동 형태를 예측할 때 사용하는 방법을 자율운전차 에 적용할 수 있는 예를 설명할 수 있다.

세 가지 기본 행동 형태를 중심으로 주의할 대상 업무를 자율주행의 유형과 주행권한 위임의 형태로 나누어서 적용하고자 한다.

① 자율주행의 유형 : 자율주행의 등급에 따라서 인식하고, 판단하여, 제어하는 인지기능의 수준을 정해서 주행하는 유형이다. 자율주행의 인지요인은 GPS와 여러 가지 센서를 통해서 입력된 데이터를 인식하여 조합하고 분석한 결과로 판단한 주행정보를 기반으로 하여 운행하는 능력이다. 인지능력에 따라서 자율주행의 등급을 나누고 수준을 정한다. 자율주행의 운전습관은 정해진 패턴으로 운행하며 그 패턴은 습관적으로 인식, 판단, 제어를 반복하게 된다.

데이터의 인식 단계에서 데이터를 선택하고, 판단 단계에서 결합한 정보의 정밀도를 체크하여 차의 위치를 추적하고 제어하는 간섭을 반복하게 된다. 간섭할 때, 세분된 주의요소가 필수적이다. 운전습관 패턴에 대한 간섭행동을 중심으로 자율주행의 유형에 합당한 주의요소를 표 2.2에서 찾아볼 수 있다.

② 주행권한 위임의 유형 : 운전자와 자율주행 차 사이에 운전권한을 서로 위임하는 관계에 관한 유형에 주의요소가 필요하다. 위임하는 습관의 패턴 간섭과 대체를 위한 조건과 여건에 관한 상세한 요구사항을 설계해야 된다. 어느 시점에서 운전권한을 위임할 것인가를 정확하게 판단할 수 있는 조건과 여건의 요구사항으로 입력하면 운전자 또는 자율주행 차는 그 경계시점을 판단하여 위임하고 운전 대체행동을 개시한다. 주행권한 위임의 유형은 운전자와 자율주행 차가 서로의 운전습관 패턴에 대한 간섭이고 대체상태를 나타낸다.

표 2.2에서 7번째와 8번째 주의요소인 습관패턴 간섭과 대체의 행동상태에 관한 분할적 주의 요인중심으로 디지로그(Digilog)를 자율주행 차 설계에 반영할 수 있는 방법을 생각해 보자. 습관적인 패턴은 운전자 또는 자율주행 차의 운전습관을 말하며 경계시점은 습관패턴을 선택하여 대체한 시점과 습관 패턴에 간섭하기 시작한 시점을 동일하게 보고 관찰한다.

자율주행 차의 인지능력은 인식, 판단, 제어를 연결시킨 능력이다. 인식은 GPS와 각종 센서의 데이터 인식기능으로 주변상황과 교통정보를 정해진 오차 범위 안에서 빠르고 정확하게 인식하는 기능이다. 판단은 운전환경과 조건을 파악하는 기능으로 외부 이미지를 분석하고 주행환경에 맞춘 경로를 선정하고 교통법규에 맞추어서 운행할 수 있도록 설계한다. 제어는 운전자의 목적지 까지 안전하게 도착하기 위해서 엔진구동과 주행방향, 주행선의 준수 기능을 정해서 제어한다.

여기에서 말하는 자율주행은 운전자가 동승하고 운전자를 편안하게 도와주는 등급으로 한다. 자율주행 차의 인지기능을 디지털로 처리하고, 운전자의 자기인식과 기분통제, 예정한 방향과 시간, 주행선을 따라서 운전자와 감성적으로 공감하고 소통하는 아날로그 기능을 간섭하고 대체할 수 있도록 설계한다. 이러한 목적을 달성하기 위한 자율주행 차는 다음과 같은 요구사항을 만족시킬 수 있도록 설계한다.

- 자율주행 차의 인식, 판단, 제어능력을 연결하여 정확하게 인지하고 운전권한의 위임 시점을 최적하게 판단하여 위임한다. 인지는 인식, 판단, 제어에 대한 주의를 선택적, 분할적, 지속적인 방법으로 실행하고, 운전습관 패턴을 최적하게 간섭하고 대체할 수 있도록 행동한다.
- 운전자의 아날로그적인 감성역량은 자율주행 차가 수행할 수 없는 시점부터 시작한다. 수행할 수 없는 시점은 디지털 기능으로 자율주행을 할 수 없는 환경, 조건, 교통법규 등의 상태를 인지한 경계시점을 의미한다.

- 경계시점 이후에는 자율주행 차가 외부환경의 이미지 분석이나 주변환경과 소통할 수 없는 시점이 된다.
- 경계시점은 운전조건의 데이터를 아날로그로 인식하고 판단하여 아날로그 특성으로 운전해야 될 시점이다.

디지로그는 디지털 기능과 아날로그 기능을 서로 간섭하고 대체하는 행동형태를 구현할 수 있도록 설계하는 기술이다. 이와 같은 디지로그 기능을 발휘하기 위해서는 습관패턴의 간섭과 대체할 때 주의를 기울여서 행동해야 한다.

Diffusion coefficient. Treatment, Recovery for Individual CognitIve with-bilIIY

D.TRIVY

시간에 종속된 몸과 마음의 상태변환

III

인지기능의 회복도구,
디. 트리비

3.1
디. 트리비의 개발요구

2장에서 설명한 주의력 강화훈련을 위한 콘텐츠를 개발하기 위해서는 주의력 결핍과 인지력 저하를 일으키는 원인과 상태변환의 과정을 설명하는 상태변환 그래프와 원인 중심의 표를 작성하여 설명하면 쉽다. 다음에 설명하는 그림 3.1는 "짜증"에 관한 요소 그래프이다. 요소 그래프는 상태변환의 원인을 제공하는 "짜증" 이 스트레스와 압박을 주면, 그 결과로 불안하거나 스트레스 증상이 나타난다. 불안은 주의력을 결핍시키고, 인지력을 저하시킨다. 7장의 그림 7.3에서는 "짜증"의 요소 그래프에 세 가지의 촉매가 발생하여 요소 그래프를 두 가지의 장애증상으로 끌고 가는 끌개를 보여주는 클러스터 STG를 보여주게 된다. 그림 3.1을 표로 작성하면 표 3.1과 같은 데이터 수집이 가능한 양식이 된다. 표 3.1은 일상생활의 사소한 일에 관해서 발생한 상태 중에서 짜증의 초기상태로 시작한 상태변환의 요소 그래프 내용을 집약시킨 현상을 보여주고 있다.

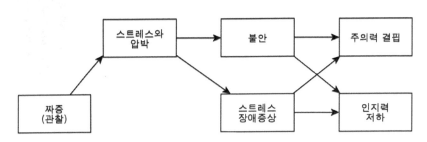

그림 3.1 짜증의 요소 STG

표 3.1 LW.GQM기반으로 작성한 짜증의 상태변환 표

상태 노드	일시적 (초기증상)	다발적 (하루 3회)	지속적 (3일/1주일)	장기지속 (1 달)	장애증상
스트레스와 압박					
불안					
주의력 결핍					
스트레스 증상					
인 지력 저하					

표 3.1은 짜증이 스트레스를 부정적으로 압박하여 불안과 스트레스의 장애증상을 일으키고 최종적으로 인지력을 저하시키는 클러스터 STG의 상태변환이 나타나는 과정에서 발생하는 데이터를 수집하고 DB에 저장하기 위해서 작성한 표이다. 짜증의 클러스터 STG는 그림 7.3에서 주의력 결핍과 인지력 저하의 장애증상으로 끌고 가는 그래프로 표현될 것이다. 맨 왼쪽 칼럼은 장애증상으로 나타난 상태를 표현한 것이다. 장애증상으로 나타난 결과는 주의력 결핍과 인지력 저하이다. 각 셀 안에 기재할 데이터는 퍼센트를 단위로 한다.

일상생활에서 나타나는 사소한 일은 짜증이 스트레스를 받게 하거나 더욱 심한 압박을 받아서 불안으로, 그리고 주의력결핍으로 상태변환 되는 것을 그림 3.1과 같은 그래프로 설명할 수 있다.

사소한 일을 요소로 한 집합으로 구성된 통제평면 상에서 상태변환 되는 사소한 일은 분기집합을 이루게 되고, 분기집합의 네 개의 요인, 정상요인, 갈래요인, 편향요인, 그리고 나비요인에 의해서 상태변환된다. 정상, 갈래, 편향, 나비요인이 순차적으로 변환되는 경우에는 대처하고 예방하기가 쉽지만, 내부 마음의 변화와 외부 환경요인에 의한 촉매나 끌개에 의해서 정상요인에서 편향요인으로 점프하거나, 나비요인으로 변환되어 장애증상이 되는 급변현상이 발생할 수도 있다.

표 3.2는 그림 3.1과 표 3.1에서 보여준 스트레스를 핵심으로 한 상태변환

과정을 분기집합 요인의 속성 중심으로 설명하고 있다. 분기집합 요인중심의 표현은 인지력을 저하시킬 수 있는 장애증상으로 상태변환되고 있다. 분기집합의 요소별로 통제할 수 있는 평면상에서 상태변환의 원인과, 장애증상의 결과를 나타내는 행위표면 상에서 급변상태를 설명하고 있다. 통제평면상에 나열한 상태변환 요인은 장애증상을 향해서 상태변환 되는 사소한 일들, 즉 증상과 그 수준을 체크하기 위한 사례들을 모은 것이다. 행위표면 상에 요인과 증상은 급변상태로 나타날 수 있는 장애증상의 사례들이다. 사소한 일의 변환상태를 통제평면 상에서 설명한 것은, 몸과 마음을 다스리고 생활습관을 개선하여 상태변환이 더 악화되지 않도록 통제할 수 있음을 보여주고, 변환과정을 분기집합의 모델 중심으로 이해하기 쉽기 때문이다.

통제평면의 상태변환 요인은 사소한 일을 상태변환 시키는 원인이 된다. 예를 들면, 촉매나 끌개가 주의력과 집중력을 낮게 하는 요인으로 작용하고 있다. 행위표면에 나타난 급변상태를 일으킨 요인과 증상이 통제평면 상에서 장애증상으로 상태변환 되는 과정을 보여주고 있다. 이 과정은 분기집합의 네 가지 요인의 상태변환으로 설명하기 편하다. 표 3.2는 상태변환의 추적에 활용된다. 8장에서 설명하게 될 상태변환 이슈를 분기집합 모델 기반으로 작성하기 위해서 사용한다. 예를 들면 가벼운 치매(MCI), 집중력 결핍 과잉행동(ADHD), 치매 증상이 되는 원인을 분기요인 중심으로 설명하고 상태변환된 증상을 조기예측 하는데 활용한다. 장애증상의 조기예측은 예방과 회복을 위한 대비책을 세울 수 있도록 도와준다. 일상생활의 사소한 일이 원인요소, 촉매, 끌개 등에 의해서 끌려가지 않도록, 선한 영과 동행할 수 있는 생활방법을 생각나게 한다. 일상생활을 선한 영과 동행할 수 있도록 사랑하고 감동할 수 있는 이벤트를 만드는 생활방법이다.

표 3.2 사소한 일에 관한 분기집합 요인의 특성

요인과 증상 분기요인	통제 평면 상태변환 요인	행위 표면 급변상태를 일으킨 요인과 증상
정상 요인 : 사소한 일을 정상적으로 실행 하는 요인	• (상태) 건강한 안정상태 • (원인) 자기인식의 편향성, 부정적 스트레스 대응 • (관찰) 주의 지속, 부주의, 주의산만, 고정된 매력, 체 널화된 주의, 습관패턴의 간 섭, 시간왜곡, 인지요인의 세분화-선택적 주의, 분할 적 주의, 지속적 주의	• (특징) : 항상성 유지를 위한 방해요인 관찰 • (급변상태) ; 스트레스의 부 정적인 대응 때문에 갈래요인 또는 편향요인으로 점프함
갈래 요인: 정상적인 사소한 일을 두 갈 래 이상으로 갈라서 상태변환 시키는 요인	• (상태) 회복의사 결정, 비용 과 시간, 갈래요인의 경계 • (원인) 편향, 급변현상의 6 가지 수준 • (관찰) 일상생활의 갈등요 인 세분화, 합병증 상태, 체 널화된 주의	• (특징) : 스트레스의 확산과 잡음현상, 항상성 유지 • (급변상태) ; 주의력저하, 우울증, 소진징후군, 폐쇄공 포증, 감정기복, 인 지력저 하, 기억력저하, 분별력저하
편향 요인: 두 가지 이상의 갈래요인이 정 상으로 회복되는 것을 방해하 고, 나비요인으로 끌고 가려는 요인 13가지 편향요인 중심으로 분 기한다.	• (상태) 회복의 편향상태, 편 향요인이 회복을 방해함 • (원인) 13가지 편향요인과 다중 끌개 • (관찰) 점프 현상-일상생활 의 촉매, 다극성, 끌개의 조 건 변화, 정체성과 편향요인 의 연관분석	• (특징) : 주의집중력 결핍에 의한 편향, 스트레스와 압박 의 촉매에 의한 확산과 잡음 이 커짐 • (급변상태) ; 항상성 파괴와 장애증상, 점프 현상
나비 요인: 일상생활이 나비가 날아가는 것과 같이 갈팡질팡하는 상태 로 변환시키는 요인, 회복과 치료를 방해하고 장애증상으 로 끌고 가는 요인	• (상태) 안절부절 하는 행동, 몸과 마음이 다양하게 아픔 • (원인) 근심, 걱정, 불안, 편 향, 회복의 변동요인 발생 • (관찰) 사소한 일의 다극성 변화, 촉매와 끌개의 다양성 및 다극성과 그 빈도증가	• (특징) : 불안과 스트레스로 인한 행위의 나비현상, 발산 현상 • (급변상태) ;순간적인 도약 에 의한 급변상태-치매, 다 양한 스트레스 장애를 촉매 로 하여 사후 항상성과 장애 증상이 나타남

표 3.2에서 사용한 용어는 다음과 같은 뜻으로 사용한다. 상태변환을 억제 하고 증상을 완화시킬 수 있는 회복모델의 설계를 지원하는 용어들이다.

- 상태변환 요인 : 사소한 일을 상태변환 시켜서 주의 집중력을 방해하고 인지력을 저하시키는 원인.

- 급변 상태를 일으키는 요인과 증상 : 경도인지장애(MCI) 현상이 나타나고 상태변환이 지속되거나 점프현상이 나타나면 ADHD나 MCI, 그리고 치매의 장애증상이 발생한다.

- 분기집합 요인 : 2장에서 설명한 LW.GQM 문답지에서 사용한 일시적, 다발적, 지속적, 장기지속의 네 가지 증상수준에 대응해서 정상요인, 갈래요인, 편향요인, 나비요인으로 구분하여 상태변환 과정을 수학적 모델에 의해서 설명하기 위해 사용한다.

- 채널화 된 주의 : 표 2.2에서 설명한 xSHEL모델의 네 번째 노드로 세분한 주의요소, 즉 선택적주의, 분할적주의, 지속적주의 상태를 연결하고, 채널화 시켜서 급변상태를 관찰하기 위해 사용한다. 항공기의 자율운항이나 자율주행 차의 설계와 운용에 필요하고, 중요한 요소이다.

- 다극성 : 사소한 일을 하는 일상생활 안에는 여러 가지 촉매나 끌개가 다방면으로 발생하는 다극성이 존재한다. 예. 중복된 업무수행, 과로, 야근, 과격한 운동 등은 다극 성을 일으킬 수 있는 요인들이다.

- 편향 : 6장에서 설명하게 될 13가지 편향 중에서 MCI, ADHD, 치매의 원인이 되는 편향은 행동편향, 부작위 편향, 이기적 편향, 자기 선택적 편향, 연상편향 등이다.

- 급변현상 : 상태변환 도중에 강한 촉매나 끌개가 작용하여 장애증상으로 급변시키는 현상이다. 급변현상을 통제하는 상태변환 이슈는 매우 중요한 회복모델을 설계할 수 있다.

- 점프현상 : 네 가지 과정의 상태변환을 순차적으로 거치지 않고 한 단계를 뛰어넘어서 장애증상으로 상태변환되어 급변시점에 도달하는 현상이다.

몸과 마음을 일체화시켜서 주의집중력을 높이고 편향을 억제하여 사소한 일을 행할 때, 선한 영과 동행하는 것은 인지능력의 회복을 위한 최선의 길이다.

🔊 몸과 마음의 일체화로 연결된 뇌의 특성

고전적인 인지과학의 접근방법은 컴퓨터의 유추기법에 치우쳐서 컴퓨터에 사전에 내장시킨 인지적 규칙에만 좌우되는 경향이 있다. 일상생활 중에 발휘하는 창의적인 새로운 인지능력의 식별에 오류가 발생할 염려가 많아서 채널화 시킨 주의요소의 필요성을 알게 되었다.

새로운 인지능력은 신경망을 모형화한 수리적인 도구를 제공함으로써 연결주의 형태를 체계화시켜서 식별하기가 용이하다. 연결주의 체계화는 사람 간에, 사람과 환경 간에 공감하고 소통하는 연결방법을 체계화시킨 것이다. 수리적인 도구는 "마음" 에 관한 새로운 관점을 형성해 주고, 뇌의 작동 메카니즘을 의식적, 무의식적, 자아인식 등의 인지개념과 학습 과정, 지각 과정 등의 모델로 확대시켜 준다.

확대되고 있는 인지과학의 모델은, 몸과 마음이 일체화 된 인지 중심의 패러다임을 제시하고 있다. 체화된 마음은 여러 가지 상황에서 대상물과 상호작용하는 마음으로써, 몸이 만난 환경까지 연장된 대상물을 주의 깊게 관찰한다. 체화된 마음으로 접근하면 한 사람의 뇌 속에 제한되어 있는 것뿐만 아니라 다른 사람 및 사물과의 상호 관련성을 관찰할 수 있다. 체화된 인지는 인간-창조물-인공물 간의 상호작용에 중점을 두게 된다.

체화된 인지(Embodied Cognition, Embodied Mind, Extended Mind)는 신경적인 기능구조로 뇌와 몸, 그리고 환경의 세 가지를 종합하여 행위 중심으로 구현한 것이다. 구체적인 몸을 가지고 주어진 환경 안에서 행동으로 실현되고, 그 결과는 뇌 안에 내재되어 환경에 적응하면서 역동적으로 상호작용한다. 인식하고, 계산하여 판단하고, 몸에게 행동하도록 명령하는 훈련을 통해서 뇌 세포는 활성화 된다. 인간은 마음속으로 생각하고 몸으로 행동하면서 주변 환경과 상호작용한다.

뇌 세포 간에는 시냅스를 형성하여 서로 연결되어 있다. 시냅스는 자율신경계로 구성되고, 자율신경계는 교감신경과 부교감신경으로 구성되어 있다.

기름진 음식이나 중국음식을 먹으면 속이 울렁거리고 가슴이 두근두근하면서 설사를 하는 경우가 있다. 다른 원인이 발견되지 않을 때는 대개 자율신경계의 장애로 나타나는 증상이다. 자율신경계는 소화작용, 발열, 발한 등과 같이 본인의 의사와 관계없이 신체를 유지하기 위하여 자율적으로 조절하는 기관으로써 그 균형이 깨어지면 설사와 같은 질병을 일으킨다.

교감신경이 흥분하면, 변비와 불면증이 발생하고, 심장박동이 빨라지며, 위산분비가 많아져서 마음의 긴장상태가 된다. 부교감신경이 흥분하면, 심장박동이 줄어서 호흡이 깊어지고, 몸이 이완된다. 교감신경이 흥분하면 울거나 불안해지고, 화를 내면서 체액이 산성화 되어 불안해 지고, 주의가 산만해지며, 가슴이 두근거리고, 쉽게 격노하게 된다. 나에게 화를 낸 사람이 있거든, 감정대립을 하지 말고, 저 사람의 교감신경이 흥분하고 있구나 하면서 참고 마음을 위로해야 한다.

또, 육식이나 찬 물을 먹으면 교감신경이 흥분하고, 채식이나 더운 물을 먹으면 부교감신경이 과잉 흥분한다. 몸이 무기력해지고, 우울증과 부종이 따라오며, 갑자기 일어설 때 어지럼증이 나타난다.

뇌의 무게는 몸무게의 1.4% 밖에 안 되지만 뇌가 사용하는 에너지는 몸 전체가 사용하는 양의 20%나 되고, 뇌는 10조 개의 세포로 구성되어 있으며, 산소의 사용량도 몸 전체의 30%나 된다.

뇌 건강융합 연구소의 소장, 임은조 박사가 강의 중에 사용하는 박수치기 운동은 뇌에게 자극을 주어서 몸과 마음을 건강하게 하는 훈련이다. 뇌의 각 부위를 침으로 자극하여 신체에 대응된 부위의 아픔을 완화 시키는 수지침의 원리와 비슷하다.

- 손끝 박수 : 두 손의 손가락 가장자리를 부딪치는 박수로써, 건망증, 어지럼증, 두통을 완화 시키고, 기억력의 향상과 치매예방에 좋다.
- 손마디 박수 : 손마디와 손가락의 마디를 서로 부딪치는 박수로써, 팔과 다리, 목 관절의 통증완화에 좋다.
- 손바닥 박수 : 내장기능의 강화, 당뇨 합병증의 예방에 좋다.

- 손목 박수 : 하복부 질환, 냉증, 비뇨기 질환의 예방에 좋다.
- 손등 박수 : 디스크 질환, 몸 앞부분의 통증완화에 좋다.
- 주먹 박수 : 주먹을 쥔 상태로 두 주먹을 마주치는 박수이다. 두통, 관절, 하복부의 강화, 호르몬 작용, 혈액순환에 효과적이다.
- 하호 박수 : 양 손가락으로 꽃 모양을 만들어 부딪칠 만큼 가까이 접근 시키는 박수로써, 마음을 편안하게 하고, 뇌파를 발산시킴으로써 수면 과 변비에 좋다.

손 박수는 손가락 사이를 오가는 에너지를 활성화 시켜서 시냅스의 활동 을 촉진시킨다.

몸과 마음의 일체감으로 공감하고 소통하면, 선한 마음이 생기고, 사소한 일을 선하게 행 할 수 있으며 악한 마음을 차단시킬 수 있다.

서로 상반된 생각을 할 때, 몸과 마음이 어떻게 반응한가를 비교하기 위해 서 임상심리에서는 다음과 같은 표 3.3을 자주 사용한다. 마음으로 생각하고 뇌로 판단하여 몸으로 행동하는 상태를 다섯 가지로 나누고, 각 상태별로 선 한 마음과 악한 마음으로 구분하여 생각하고 판단하여 행동하는 상태를 식 별할 수 있다. 선한 마음은 긍정적인 스트레스의 반응이고, 악한 마음은 부 정적인 스트레스의 반응 상태를 나타내고 있다.

마음은 나의 것이 아니라 내 인생의 동행자이고, 내 삶의 동역자이다. 인 생의 동행자는 동일한 목표를 가지고 같은 길을 걸어간다. 즐거운 일, 슬픈 일을 같이 겪으면서 같이 기뻐하고, 서로 위로한다. 삶의 동역자는 어렵고 힘든 일도 힘을 합해서 같이 실행해 나간다. 마음이 좋아하는 일을 같이 하 면 창조적인 능력이 생기고, 부딪친 문제에 대해서도 공감하고 소통하여 쉽 게 해결해 나가면서 인생의 목표와 삶의 목적에 도달할 수 있다.

표 3.3 스트레스에 대한 몸과 마음의 반응

몸과 마음의 반응	선한 마음	악한 마음
감성	• 가정, 직장, 사회생활에서 공감적인 이해와 소통 • 자존감 중심의 기분통제 • 동기화 지향	• 공감적인 이해와 소통부족 • 자존감의 결핍과 감정표출 • 동기화 부족
감정	• 다정한 일상생활 • 긍정적인 마음 • 기쁨과 소망	• 근심과 걱정의 일상생활 • 분노와 우울
뇌	• 주의 집중력 중심의 인지 능력 강화 • 이 완력과 면역기능 강화	• 스트레스에 부정적 대응 • 면역과 통증조절 능력의 부족
몸	• 신체적, 행동적 건강 유지 • 동기화 지향 삶의 유지	• 통증과 안절부절한 행동 • 불안정한 일상생활
행동	• 적극적인 교제와 소통 • 사소한 일을 선하게 실행	• 외톨이라는 편향성 • 짜증난 일상생활

나의 마음이 좋아하는 일은 무엇일까?
몸과 마음이 하나 될 수 있는 차원, 질서, 기준을 정해서 소통하고 배려하면서 살아보자.

몸이 날마다 사소한 일을 선하게 행할 수 있도록 도와주는 관찰과 인식, 그리고 생각과 판단을 선하게 하는 것은 나의 마음이 가장 좋아하는 일이다. 몸과 마음의 일체감으로 인생의 목표를 향하여 일상생활의 사소한 일을 선하게 행할 수 있는 삶의 목적을 이루는 것이다. 몸과 마음의 일체감은 인생의 동행자이고 삶의 동역자이다.

몸과 마음의 일체감으로 이웃과 함께 공감하고 소통하면서 동행하는 일상생활은 어떻게 하면 이루어 갈 수 있을까?

몸과 마음이 하나 될 수 있는 차원, 질서, 기준을 정해서 소통하고 배려하면서 살아갈 수 있는 생활방법은 어떤 것일까?

차원은 상대방을 동행자로 인식하고 관계의 질서를 유지하는 수준이다. 질서는 가정, 사회, 직장에서 지켜야할 기준이며, 기준은 감정을 통제할 수 있는 감성역량으로 정한다. 차원, 질서, 기준에 맞추어서 살아가는 일을 몸과 마음이 좋아하지 않을까?

나 자신과 공감하고 이웃과 소통하면서 자존감을 확립하고, 편향하려는 감정을 통제할 수 있는 능력을 발휘하게 한다. 이러한 능력을 감성역량이라고 말한다.

마음으로 생각한 일을 뇌로 판단하여 몸으로 행동한 결과에 감동하면 몸과 마음의 일체감을 유지할 수 있고, 감성역량이 높아진다. 감성역량을 높이기 위해서는 5가지 요인 중심으로 주의 집중력과 이완력을 기반으로 한 인지능력을 높여야한다.

🔊 주의집중력을 회복시키는 인지훈련

인지적 장애 증상은 다음의 다섯 가지와 관련된 능력이 부족한 상태의 증상이다.

- 지남력 : 시간과 장소, 상황이나 환경 등의 인식능력으로 자신이 처한 상황을 인식할 수 있는 능력이다. 시간, 장소, 사람과 사물의 세 가지를 인식할 수 있는 능력으로 뇌에서 판단한 상황에 대응해서 마음으로 생각한 것을 감정으로 표현한다.
- 기억력 : 새롭게 알게 된 사실을 기억하지 못하거나 만났던 사람의 이름이나 보았던 사물을 기억하지 못하고, 과거에 체험했던 경험을 기억하지 못하면 기억력의 장애증상이다.
- 주의집중 및 계산능력 : 스트레스를 받으면 주의집중력이 떨어진다. 이 완

력은 몸과 마음을 유연하게 연결할 수 있는 능력이다. 계산능력도 주의집중력이 높아야 높아질 수 있다.

- 언어지능 : 이름 맞추기, 단어를 따라서 말하기 등이 언어지능에 속한다.
- 이해와 판단 : 일상생활 방법의 이해와 실행능력, 물건 사기, 상황 이해하기, 동작인식, 문제 해결능력 등이 이해와 판단능력이다.

이상과 같은 인지능력이 부족할 때는 증상의 정도에 따라서 주의력 결핍장애(ADD, Attention Deficit Disorder), 주의력결핍 과잉행동장애(ADHD), 경도인지장애(MCI), 치매 등으로 진단한다. 이와 같은 장애는 모두 신경계의 비정상적인 증상이므로 주의집중력을 높이는 훈련으로 회복이 시작된다.

일상생활 중에 인지기능을 향상시키는 방법은 음식물 섭취와 운동, 그리고 조용한 시간을 갖는 명상이 있다. 명상은 예술작품 감상, 영상물 감상, 여행, 그리고 기도하는 일상생활을 유지하는 활동이다. 주의집중력의 회복을 위한 훈련에 관해서 설명하기 위하여 주의집중력의 방해요인을 편향 중심으로 설명해 보자. 마음으로 생각하고 이해하여 뇌로 판단한 것을 몸으로 실행하는 것이 정상적인 일상생활이다. 이러한 정상적인 생활을 방해하는 편향과 같은 원인 요소는 주의집중력이 부족하면 활성화될 수 있다. 6장에서 설명하게 될 편향은, 편견, 편협, 편파 등과 같이 한 쪽으로 치우쳐서 생각하고 판단하여 실행하는 마음의 특성이다. 마음은 사람의 정신활동을 지배하는 주체로써 개성, 품성, 의사, 감정, 의지 등을 가지고 있는 주체이다. 인간의 마음속으로 편향이 들어오면 사랑을 방해하고 인내와 용서를 막으며 팀워크를 방해하면서 마음을 편협하게 만든다. 편협은 주의집중을 방해하고 마음을 산만하게 하고 평정심을 잃게 한다. 편향은 정의롭고, 선한 마음을 밀어내고, 악한 마음을 끌어들여서 자랑하고 교만하게 하며, 악한 감정을 들어내게 한다. 악한 감정은 이웃을 시기하고, 질투하며, 미워하여 결국에는 공격성 과잉행동으로 끌고 간다.

따라서 몸과 마음을 주의 깊게 관찰하여 마음의 균형을 잡고 스트레스의 압박에서 벗어나야 하며, 충분한 리소스를 받아서 자존감을 높이고 팀워크를 이루어 나가야 한다.

마음으로 생각한 것을 뇌에서 이해하고 분석하여 정의롭게 판단할 수 있는 인지기능을 높여서 감정기복을 통제하고, 균형감각에 의한 평정심을 발휘할 수 있도록 감성역량을 높여야 한다. 다음과 같은 편향요인을 억제할 수 있도록 주의집중력을 회복시켜서 인지력을 높인다. 감성역량이 높아지면 인지력이 높아지고, 감정통제를 잘 하게 되므로 인지장애 증상을 억제할 수 있다.

◀) 인지력을 방해하는 편향요인과 통제방법

- 주의집중력의 결핍요인 : 주의집중력을 높이기 위한 편향 통제방법
    ‣ 산만한 생각의 정리 정돈 : 현실을 왜곡시키는 이야기 편향, 여러 가지 업무를 병행하면서 분할된 주의로 끌고 가는 권위자 편향.
    ‣ 유혹에 빠지지 않기 : 낙관적인 생각만으로 끌고 가는 생존편향
    ‣ 최소한의 주의기반 경계와 조심할 영역의 식별 : 사소한 일을 너무 많이 연관시키는 연상편향, 심사숙고하지 않고 조급하게 실행하는 행동편향, 완전한 위험요소의 제거만을 고집하는 제로 리스크 편향
    ‣ 스케줄에서 벗어난 행동 억제 : 과정을 무시하고 결과만을 중시하는 결과편향
    ‣ 무기력에서 벗어나기 : 주변의 여건을 무시하고 자기중심의 자기선택편향, 자신의 체험과 이해만 가지고 판단하여 실행하는 가용성 편향
- 관찰력 부족 : 몸과 마음을 주의 깊게 관찰하지 않고, 깊이 생각하지 않고 행동하는 행동 편향.
- 스트레스와 압박 : 나만 손해보고, 불행하다고 생각하는 자기선택편향, 심한 압박 중에서도 아주 작은 희망이라도 찾아내려고 하는 생존편향이 무모한 도전이 되지 않도록 주의 깊게 관찰.
- 리소스 부족 : 체험, 지혜, 지식, 정보가 부족하고 활용하지 못함, 위험발

생을 무시하는 제로 리스크 편향.

- 자기만족 : 자기인식을 잘못하여 이웃의 환경과 입장을 고려하지 못하고, 자기 위주로만 생각하는 자기 선택편향.

- 팀워크의 부족 : 업무실행을 위한 팀워크 보다는 자기가 좋아하는 사람만 선택적으로 호감을 갖는 호감편향.

- 인지부족 : 마음으로 생각한 것을 뇌로 분석하고 판단하는 능력이 부족함.

  › 고립된 생활환경 : 정보와 소통이 부족한 생존편향, 절제와 희생을 모르는 자기선택 편향이 강하여 타인과 공감하기 어렵고 소통이 안 되는 삶을 살아간다.

  › 부정적인 스트레스 : 부딪힌 문제에 부정적으로 대응함으로서 주의가 산만해 지고, 책임을 회피하면서 태만하여 행동을 게을리 하는 부작위 편향.

  › 심신피로 : 너무 많은 사소한 일을 연관지어 생각하고 행동하는 연상 편향.

  › 지식과 정보부족 : 생활 체험이 부족하여 자신만이 성공할 수 있다는 생존편향이 강하고, 자신의 경험과 지식만 고집하는 자기 선택편향이 나타난다.

- 단호한 주장의 부족 : 지식과 지혜, 체험이 부족하여 난관에 부딪히면 책임과 의무를 타인에게 넘기는 권위자 편향이 강하여 옳은 판단에 대해서 단호한 주장을 못한다.

3.2
디. 트리비의 제작

디. 트리비, D. TRIVY는 인지기능에 관련된 상태변환을 추적하고, 인지장애에 대한 선행검사와 원인분석을 하여 회복할 수 있는 목표수준을 정해서 훈련하는 3D애니메이션 도구이다. 회복할 목표는 확산상수 D, Diffution coefficient, 값으로 정한다. 확산상수는 상태변환을 악화시키는 요인들에 대한 지수이다. 확산상수를 0에 가까이 가져갈 수 있도록 치료하는 방법이 최선의 회복방법이 된다. 치매예방을 위한 인지기능의 회복훈련은 치매요인의 확산상수를 0에 가까이 가져갈 수 있는 회복훈련 모델이 될 수 있다. 그 중에 한 가지는 동영상으로 제작된 콘텐츠가 될 수 있다. 지남력, 기억력, 주의집중 및 계산능력, 언어기능, 그리고 이해판단의 다섯 가지 인지기능을 측정하고, 피검자별로 회복이 필요한 인지기능을 식별하여 향상시킬 수 있는 훈련방법을 찾아낼 수 있다.

주의집중력을 높이는 기능을 중심으로 하여 연관된 인지기능을 회복시키는 뇌 훈련 프로그램은 뇌 기능의 측정과 필요한 뇌 훈련을 위한 콘텐츠의 선정이 중요하다. 뇌 훈련 프로그램은, 목표달성을 위해서 긍정적인 마음으로 시작하고 흥미로운 상황전개를 통해서 회상하여 호기심을 유도할 수 있는 상황을 찾아내고 사소한 일을 재미있는 영상으로 만들어 새로운 콘텐츠로 활용할 수 있다. 콘텐츠를 기획한 대상이 된 환경은 쇼핑이나 산책과 같은 일상생활 중에서 체험할 수 있는 스토리와 텔링으로 구성하여 전개하는 것이 좋다. 스토리는 생활 중에 일어날 수 있는 사실을 중심으로 하고, 텔링은 다섯 가지 인지기능을 재미있게, 그리고 스토리를 더욱 상세하게 묘사할 수 있는 이야기를 추가한다.

1. 개발 목표

인지기능의 장애증상을 진단하기 위해서는 선별검사, 진단검사, 감별검사의 세 과정의 검사로 실행한다. 선별검사는 보건소나 상담소에서 문답지 중심으로 실행하며, 증상에 이상이 발견되면 병원에 가서 진단검사와 감별검사를 받는다. 디. 트리비는 선별도구로써 보건소 등과 집에서 개인적으로 실행하는 선별도구로 사용할 수 있다. 전문병원에서 선별도구로 많이 사용하고 있는 도구는 MMSE_K 또는 CERAD_K 이고, 디. 트리비는 이러한 도구들과 대등한 기능을 갖도록 제작되었으며, 사전시험 및 임상시험은 대등성의 요구를 만족할 수 있는가를 확인하는 것으로 목표를 정하였다. 이상과 같은 도구들은 모두 문답지 중심으로 제작되었으며, 경도인지장애와 같은 치매관련 증상을 체크하기 위해서 검사한다. 진단검사나 감별검사를 위해서도 사용하고, 전문의사의 판단에 의해서 fMRI 같은 고가의 장비를 추가해서 사용한다.

(1) 선별검사

MMSE_K, 또는 CERAD_K의 문항과 대등한 항목 및 개수를 준수하여 3D 애니메이션 콘텐츠로 선택하여 검사할 수 있도록 개발하였다.

(2) 진단검사

CERAD_K와 대등한 세 개 이상의 문항을 선정하여 추가로 검사할 수 있도록 개발함으로써 선별검사의 신뢰성을 높일 수 있도록 하였다.

(3) 감별검사

치매판정을 위한 최종검사로써 전문의사의 관리하에 fMRI와 같은 장비를 사용한다. 디.트리비는 감별도구를 보조하는 문답지로 활용할 수 있다.

디. 트리비는 3D 동영상으로 제작함으로써, 치매관련 증상의 검사와 회복을 위해서 가장 중요한 주의집중력의 측정과 회복훈련을 위해서 다음의 세 가지 기능을 보완하였다.

(1) 청킹단위 활용

단기기억의 용량을 확대할 수 있는 효과를 높이기 위해서 기억대상이 되는 자극이나 정보를 청킹단위로 의미있게 연결하고, 한데 묶어서 체크하고 훈련할 수 있도록 스토리를 만들어 콘텐츠를 구성하였다. 주의집중을 위한 스토리를 흥미롭고, 사실과 가까운 일상생활의 이야기를 만들어 보충하는 텔링을 추가하여 기억 훈련을 도왔다.

(2) 주의집중 훈련

콘텐츠의 내용을 스토리와 텔링으로 구분하고, 주의집중에 관련된 일상생활을 스토리로 정하고 주의집중에 필요한 이야기를 만들어 추가하였다.

(3) 긍정적인 관심 유도

스트레스를 받게 되는 상황에 처했을 때, 사용할 수 있도록 긍정적인 관점으로 관찰하고 이해하여 긍정적으로 대처할 수 있도록 콘텐츠를 제작하였다. 이 콘텐츠는 블로그나 유튜브에 공개할 예정이다.

진단과 예방, 회복수준의 목표달성 평가를 위한 사전시험 및 임상시험을 다음과 같이 실행하였다.

- 사전시험 : 4회에 144명 실행
    - 생활협동조합원 32명, 유기농 건강식품의 공동구매
    - 수소영양 건강식품 복용자 32명
    - 전시장, G_Fair 일반 참가자 24명
    - 전시장, 암 엑스포 일반 참가자 56명
- 임상시험 : xx 노인 전문병원 : 116명, 경도인지 장애 및 치매 장애자

2. 개발 방법

디. 트리비를 개발한 방법으로 스토리와 텔링을 결합하여 3D 애니메이션으로 제작하기 위해서 다음과 같이 탐색, 분류, 다듬기의 순화과정을 도입하였다.

- 탐색은, 일상생활 중에서 실제로 발생할 수 있는 스토리와 사실과 유사한 이야기를 텔링으로 찾아내고, 다섯 가지 인지기능과 연결하여 질문하고 응답할 수 있는 콘텐츠의 내용으로 작성한다.
- 분류는, 인지기능을 스토리와 텔링으로 나누어서 분류하고 연결하되, VRP, Variaty Reduction Platform, 의 재편관점 플랫폼을 사용하여 다른 콘텐츠의 제작에 탐색과 다듬기를 재사용할 수 있도록 대비하였다.
- 다듬기(shaping)는 다음과 같은 점에 유의하여 구현하였다.
    ‣ 모든 스토리의 주체와 객체 간의 갈등묘사가 논리적인 인과관계를 가지고 있는가?
    ‣ 회복력을 최종 목표로 하고, 장애로 끌고 가는 촉매의 캐릭터가 콘텐츠와 소통하는 영상이 기획되었는가?
    ‣ 인지기능에 관련된 메시지가 분명하게 전달되었는가?
    ‣ 3D 애니메이션이 사용자에게 흥미롭고 적합한가?
    ‣ 공유하기를 위한 모듈화가 설계에 반영되었는가?
    ‣ 콘텐츠의 공유 서비스가 적합한가?

디. 트리비의 개발은, 모듈화를 기반으로 하여 콘텐츠 제작의 계열화에 목표를 두고, 상품의 다양화에 중점을 두었다. 이러한 목표달성을 위해서 재편관점의 VRP기법을 사용하였다. VRP기법은 절차와 방법, 그리고 수준을 유지할 수 있도록 콘텐츠를 기획할 수 있게 지원한다.

첫째로, 진단 콘텐츠와 훈련 콘텐츠의 개수를 최소화 할 수 있는 절차와 기준을 개발하였고,

둘째로, 변경을 최소화 시킬 수 있는 방법으로 설계하였으며,

셋째로는, 휴먼요인 중심으로 상태변환을 구분하여 그 수준을 정했다.

- 휴먼요인 : 연령, 성별, 가족의 건강이력, 사소한 일의 인지수준 등
- 상태변환 : 인지기능에 관한 상태변환 내부의 상호작용과 외부의 환경조건과의 독립성과 연계성을 고려해야 한다.

3. 기능과 서비스

전문병원에서 가장 많이 사용하고 있는 검사도구는 MMSE의 한국버전인 MMSE-K이다. MMSE는 간이 정신상태를 검사하는 문답지 형태의 도구이다. 표 3.3은 MMSE_K 버전과 디. 트리비를 문답지의 문항 기준으로 비교한 내용이다.

모든 문답지는 대동소이하며, 콘텐츠의 추가 항목 역시 쉽게 변경할 수 있는 문답지 들이다. 따라서 기능면에서는 대등성을 보여 주고 있다.

그림 3.2는 MMSE-K와 디. 트리비의 서비스에 대한 전문가의 사용성에 관해서 비교하고 있다. 디. 트리비는 3D 애니메이션으로 제작되었기 때문에 피검자에게 현실감 있는 친숙함을 줄 수 있고, 증상수준의 측정과 상태변환 과정을 추적할 수 있도록 설계하였다. 따라서 수집한 데이터를 DB에 축적하기 편리하다. 그림 3.2에서 확인한 바와 같이 상태변환 과정의 추적과 DB에 저장하는 과정을 자동으로 처리할 수 있다. 상태변환 그래프, STG, State Transition Graph와 상태변환 표, STT, State Transition Table을 사용함으로써 상태변환을 이해하기 쉽고 DB에 저장하기 편하다. 조기진단을 위해서는 상태변환을 추적하는 분기집합 모델과 급변상태를 예측하는 수학적인 모델을 사용한다. 디.트리비는 전문의사의 진료과정을 보조해 주기 위해서 측정 데이터의 처리과정을 자동으로 제공해 줌으로써 의사가 조기진단과 맞춤치료를 할 수 있도록 정보를 제공해 준다.

표 3.4 병원에서 사용하고 있는 MMSE–K 와 디. 트리비의 선행검사 비교표

번호	등록일	성명	나이	성별	지역	총능		지남력		기억력		주의집중 및 계산		언어기능		이해 및 판단	
						디트리비	효병원	디트리비	효병원	디트리비	효병원	디트리비	효병원	디트리비	효병원	디트리비	효병원
1	2016-01-06	감**	77	여	효.인천전문병원	22	21	9	10	2	2	5	5	4	4	2	2
2	2016-01-06	감**	76	여	효.인천전문병원	22	23	8	6	4	6	3	3	5	6	2	2
3	2016-01-06	감**	73	남	효.인천전문병원	20	24	8	9	4	5	1	1	5	7	2	2
4	2016-01-00	감**	81	여	효.인천전문병원	22	23	9	9	4	4	1	1	6	7	2	2
5	2016-01-06	감**	.	여	효.인천전문병원	7	10	5	5	0	1	0	1	2	2	0	1
6	2016-01-06	감**	68	남	효.인천전문병원	22	23	9	9	5	6	5	4	2	2	2	2
7	2016-01-06	감**	82	여	효.인천전문병원	22	23	9	9	4	5	1	1	6	6	2	2
8	2016-01-06	남**	85	여	효.인천전문병원	15	18	5	6	3	3	2	2	3	6	2	1
9	2016-01-06	박**	68	여	효.인천전문병원	27	28	10	10	6	6	5	5	4	6	2	1
10	2016-01-06	박**	74	남	효.인천전문병원	20	22	10	10	4	4	2	3	2	3	1	2
11	2016-01-06	박**	69	여	효.인천전문병원	27	27	10	10	6	8	5	5	4	4	2	2
12	2016-01-06	박**	68	남	효.인천전문병원	27	25	10	8	6	5	5	5	4	5	2	1
13	2016-01-07	방**	60	남	효.인천전문병원	28	28	10	10	6	6	5	5	5	5	2	2
14	2016-01-06	살**	67	여	효.인천전문병원	24	25	10	10	6	6	0	1	6	6	2	2
15	2016-01-07	손**	78	남	효.인천전문병원	22	22	10	10	0	3	5	5	2	2	2	2
16	2016-01-07	송**	53	여	효.인천전문병원	30	30	10	10	6	6	5	5	2	7	2	2
17	2016-01-06	신**	90	여	효.인천전문병원	25	22	9	8	6	5	5	1	2	6	3	2
18	2016-01-07	유**	59	여	효.인천전문병원	21	22	10	10	6	6	3	3	2	2	0	1
19	2016-01-06	이**	59	여	효.인천전문병원	20	22	8	9	3	5	4	1	5	6	0	1
20	2016-01-06	이**	73	남	효.인천전문병원	21	23	6	6	3	3	5	5	5	7	2	2
21	2016-01-06	이**	73	남	효.인천전문병원	14	16	3	5	3	4	1	2	5	5	2	0
22	2016-01-06	이**	70	남	효.인천전문병원	22	23	10	10	5	6	5	2	2	0	0	0
23	2016-01-07	한**	48	남	효.인천전문병원	30	30	10	10	7	7	5	5	6	6	2	2
24	2016-01-06	초**	68	여	효.인천전문병원	30	30	10	10	6	6	5	5	7	7	2	2
25	2016-01-06	표**	.	남	효.인천전문병원	26	27	9	10	6	6	5	5	2	2	0	0
26	2016-01-06	홍**	79	여	효.인천전문병원	18	21	7	8	3	4	0	1	5	6	2	2
27	2016-01-06	황**	89	여	효.인천전문병원	24	34	10	10	3	3	3	2	7	7	2	2
28	2016-01-06	감**	86	여	효.인천전문병원	13	15	6	7	2	2	0	0	4	5	1	1
29	2016-01-06	경**	79	여	효.인천전문병원	20	20	9	9	4	4	4	4	5	5	2	2
30	2016-01-06	감**	.	여	효.인천전문병원	18	18	6	6	4	4	1	1	5	5	2	2
31	2016-01-06	감**	94	여	효.인천전문병원	18	18	6	6	4	4	2	2	4	4	2	2
32	2016-01-06	감**	78	여	효.인천전문병원	19	19	6	6	4	4	2	2	5	5	2	2
33	2016-01-00	남궁**	88	여	효.인천전문병원	16	16	4	4	3	3	2	2	5	5	2	2
34	2016-01-06	박**	76	여	효.인천전문병원	8	10	2	4	3	3	0	0	2	2	1	1
35	2016-01-06	박**	89	여	효.인천전문병원	11	13	3	5	3	3	0	0	4	4	1	1
36	2016-01-06	박**	91	여	효.인천전문병원	15	17	4	5	4	5	2	2	2	3	2	2
37	2016-01-06	서**	93	여	효.인천전문병원	14	14	8	8	4	3	2	2	2	2	1	1
38	2016-01-06	서**	78	여	효.인천전문병원	25	25	8	8	6	6	3	3	6	6	2	2
39	2016-01-06	신**	68	여	효.인천전문병원	12	13	3	3	3	3	1	1	5	6	0	0
40	2016-01-06	안**	.	.	효.인천전문병원	10	11	2	2	2	2	2	2	4	4	0	0
41	2016-01-06	오**	.	.	효.인천전문병원	7	8	2	3	2	2	0	0	1	1	0	1
42	2016-01-06	이**	75	남	효.인천전문병원	15	16	5	6	3	3	2	2	3	3	2	2
43	2016-01-06	이**	86	여	효.인천전문병원	17	18	5	5	5	5	2	2	4	4	2	2
44	2016-01-06	이**	77	남	효.인천전문병원	20	20	9	9	4	4	2	2	4	4	1	1
45	2016-01-06	이**	80	여	효.인천전문병원	10	10	1	1	1	1	0	0	6	6	8	8
46	2016-01-06	이**	73	여	효.인천전문병원	24	24	10	10	5	5	1	1	6	6	2	2
47	2016-01-06	임**	88	여	효.인천전문병원	10	10	4	4	3	3	0	0	2	2	1	1
48	2016-01-06	장**	88	여	효.인천전문병원	15	17	6	6	2	3	2	2	4	4	2	2
49	2016-01-06	조**	88	여	효.인천전문병원	26	27	9	10	5	5	4	4	6	6	2	2
50	2016-01-06	초**	76	남	효.인천전문병원	13	14	4	4	3	3	1	1	4	5	1	1
51	2016-01-06	최**	77	여	효.인천전문병원	17	17	6	6	3	3	3	3	4	4	1	1
52	2016-01-06	허**	79	여	효.인천전문병원	11	11	4	4	2	2	0	0	4	4	1	1

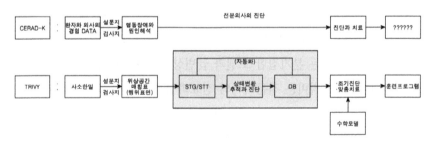

그림 3.2 MMSE_K와 디. 트리비의 서비스 비교

3.3
디. 트리비의 사전시험과 임상시험

디. 트리비의 신뢰성을 검증하기위한 시험은 사전시험과 임상시험으로 나누어 실행하였다.

사전시험은, 대상자의 일상생활의 특징에 따라서 네 가지 그룹으로 나누어 실행하였고, 임상시험을 위한 예비시험으로 실행하였다. 사전시험을 통해서 면담방법과 데이터 수집 및 처리방법을 확인하여 검증하였고 문답지를 개선할 수 있도록 설계하였다. 임상시험은 병원에서 사용하고 있는 MMSE_K 또는 CERAD_K와 디. 트리비의 대등성을 확인하는 시험과 함께 다음과 같은 목적을 가지고 실행하였다.

- 피검자 건강의 상태변환 추적
- 증상의 원인규명
- 원인과 촉매식별
- 회복을 위한 건강관리 방법과 콘텐츠의 추천
- 선행검사

이러한 목적을 달성하기 위하여 사전시험은 다음과 같은 내용으로 실행하였다. 사전시험은 의사의 계획아래 수행하는 선행검사를 대비하여 실행하였다.

- 여러 가지 회복방법을 제시하고, 전문의사의 진료를 추천한다.
- 일상생활의 사소한 일 중심으로 생활치유와 자연치유 방법을 콘텐츠 내용 중심으로 선택할 수 있다.
- 의사가 실행하는 진단검사와 감별검사를 위한 기초정보를 제공한다.
- 진료에 필요한 환자 장애증상의 정보를 제공한다.

이러한 정보는 인지기능과 관련된 우울증이나 주의력 결핍증이 피검자의 사소한 일의 요소와 상태변환 되는 촉매작용을 확인한다. 상태가 변환되는 방향과 변환되는 시간을 체크하는 정보로 활용된다.

◀» 사전시험의 결과와 분석

1. 사전 시험 1
① 대상자 : 유기농으로 재배한 건강식품을 공동으로 구매하여 건강을 위한 식료품을 섭취하면서 일상생활을 유지하는 분들로 구성한 생활협동 조합원 32명의 대상자를 선정하였다. 경도인지 장애자 4명(23점 이하), 경계성 치매 의심자 5명(24점)을 식별하였다.
② 사전시험의 결과분석과 활용 방안
- 문답지의 개선
  ‣ LW.GQM 문답지의 개선 요구사항에 의한 3D 애니메이션의 기획과 신의 개선
  ‣ 인지기능의 회복을 위해서 감성역량을 발휘할 수 있는 문답항목의 개선
  ‣ 회복력 측정을 위한 문답지의 항목을 치매 의심자가 이해하기 쉬운 내용으로 개선
  ‣ 문답지의 항목과 내용을 치매 의심자가 이해할 수 있는 내용으로 개선
③ 측정한 데이터의 일관성을 체크할 수 있는 방법의 모델링
  회복율의 문답지, 감성역량의 문답지, 뇌파도구를 사용한 뇌파측정 데이터 그리고 디. 트리비가 측정한 데이터의 일관성을 체크할 수 있도록 개선하여 사전시험 1부터 실행하였다. 트리비 사용하여 측정할 때, 함께 사용한 뇌파 측정도구는 MindWave 헤드 셋을 사용하였다. 트리비 문항에 응답한 시점의 집중력과 이완력을 동시에 측정하여 검사의 신뢰성을 확인할 수 있는 목적을 달성하였다.

2. 사전 시험 2

① 대상자 : 건강보조식품을 복용하는 회원 32명을 대상자로 한 시험

② 활용방안

▪ LW.GQM 문답지의 개선

　▸ 대상자가 설문지를 작성하는 장소의 환경개선, 할머니 캐릭터의 거부
　　감을 유발시킬 수 있는 모습과 외형의 개선

　▸ 응답에 필요 없는 화면의 제거

③ 3D 애니메이션의 수정, 이완력과 집중력을 높일 수 있는 콘텐츠 신
　의 추가

3. 사전 시험 3

① 대상자 : 전시장 G_Fair 일반 참석자 24명, G_Fair는 경기도에서 주관
　하는 연례행사로서 서울과 경기도 지방에 있는 회사의 우수상품 전시
　회이다.

② 전시회 부스의 운영 : 상품을 홍보할 대상자와 치매예방을 위한 선별검
　사의 대상자를 구분하여 시험하였다. 위에서 언급한 숫자는 치매예방
　을 위한 대상자의 숫자이다. 사전시험 1의 결과분석에 의해서 개선된
　디. 트리비를 사용하였다.

③ 전시회를 방문한 고객 중에 홍보를 위한 소개 프로그램을 추가로 운영
　하였다.

4. 사전 시험에서 발견한 4명의 장애자를 대상으로 사전 시험 3을 실행하였
　다. 문답지와 그 일관성의 개선은 시험 2에서 수정한 것을 사용하였다.

　그림 3.3은 사전시험 중에서 경도 인지장애로 판정되는 대상자에 관한 시
험결과를 보여주고 있다. 디. 트리비는 주의력과 이완력을 측정해 주는 뇌파
측정도구를 착용하고 문답지에 응답함으로써, 해당 문항을 응답할 때의 주
의력과 이완력을 같이 측정할 수 있다. 그림 3.3에서 보면, 20번의 대상자는

MCI 의심자로 판정되었고, 현재의 증상으로는 기억력과 이해력이 낮은 단계로 측정되었다. 뇌파측정은 0~100 안에 분포되어 있고, 측정 데이터에 장면(신)의 명칭과 동작명칭이 추가되어 상세하게 측정된다. 주의력(ATT)은 일반 대상자의 경우, 60~70 점대에 분포되고 편안한 마음의 상태에서는 20점 내외로 분포되었다. 이완력(MED)은 문제에 응답할 때 보통 20~30점 안에 분포되고, 편안한 마음의 상태에서는 70점 내외에 분포된다. 뇌파측정의 숫자는 응답할 순간의 주의력과 이완력의 점수를 표시한다. 이 점수가 특별히 낮았을 경우에는 재측정하고, 재 측정한 결과도 동일할 경우에는 대상자의 주의력과 이완력이 일반적으로 낮다고 판정할 수 있다.

번호	이름	나이	성별	지역	전화 번호	D.Trivy 진단	피검자 질병 상태	현재 증세	뇌파측정		MCI 판단	치매 판단
									ATT	MED		
20	장**	51	여	수원	***	19		기억력 이해 판단력	65	29	MCI 의심	정상

그림 3.3 사전시험 평가의 결과

◀》 **임상시험의 결과와 분석**

1. 임상시험의 내용

xx 노인전문 병원에서 MMSE_K를 사용하여 경도 인지장애 또는 치매로 검사한 환자 52명을 대상으로 하고, 2015년 10월부터 2개월 동안 디. 트리비를 사용하여 치매, 치매의심, 또는 정상수준을 측정하였다. 총점 30점으로 하고 세부항목은 다음과 같이 배점하였다.

- 지남력   10
- 기억력   6
- 주의집중 및 계산   5
- 언어기능   7
- 이해 및 판단   2

2. 임상시험의 결과 분석

동일한 대상자를 대상으로 하여 MMSE_K를 사용하고, 측정한 집단과 디. 트리비를 사용하여 측정한 집단을 비교대상으로 하고, 두 개의 도구의 측정치에 대해 대등 성을 검증하였다. 표 3.3은 병원에서 MMSE_K를 사용하여 측정한 데이터와 디. 트리비를 사용하여 측정한 결과를 비교한 내용이다. 그 결과를 통계 처리하여 분석한 내용은 다음과 같다.

- 치매수준을 측정한 두 집단에 대한 t−검정 : 쌍체비교, P_ value, 유의성 수준 0.05로 하였고,
- 가설 : 두 집단의 측정치에 대한 모평균은 대등하다.
    총점에 대한 t-검정을 하였다.
- 결론 : P=0.08이므로 노인전문 병원에서 MMSE_K로 측정한 값과 디. 트리비로 측정한 값에 관한 모집단의 분포와 측정결과는 대등하다.

세부 항목에 대한 t-검정도 모두 대등하다는 결과를 얻었다.

◀» 디. 트리비의 활용

디. 트리비는 인지기능에 관련된 진단과 예방, 그리고 회복을 위한 3D 애니메이션으로 제작한 콘텐츠이다. 일상생활의 사소한 일 중심으로 나타나는 인지기능에 대한 증상을 진단하고, 예방하며, 경도 인지장애와 치매상태를 회복시키기 위한 훈련도구로 사용할 수 있다.

- 진단 : 면담형식의 선행검사를 보조하는 도구나, 전문의사가 수행하는 진단검사의 도구, 그리고 fMRI와 같은 뇌 영상진단을 위한 감별검사를 분석하기 위한 데이터 수집도구를 활용하였다.
- 예방 : 스마트 폰으로 인지기능을 측정하여 수시로 주의집중력이나 경도 인지 장애 수준을 체크하여 치매와 같은 장애증상을 예방할 수 있다.

▪ 회복 : 일상생활 중에 수행하는 사소한 일 중심으로 기억력을 높이는 훈련, 주의집중력을 높이는 훈련, 그리고 주변상황을 인식하여 판단하고 계산하여 실생활에 반영하는 훈련도구로 활용한다.

전체 평균 대비 인지기능

* **평균이하 인지기능**

   기억력

* Attention : 58.47
* Meditation : 47.99

디. 트리비가 측정한 인지능력

사춘기 청소년 ADHD의 장애증상

    분기집합(Bifurcation set)은 일상생활의 사소한 일을 건강하게 수행할 수 있도록 관리하기 위해서 활용할 수 있는 수학모델이다. 일상생활 중에 나타나는 사소한 일의 건강상태를 관찰하고, 분석하여 장애상태를 조기에 판단하고 예방하기 위해서 사용한다. 동적 시스템의 상태변환 원인, 과정, 결과를 조기에 예측할 수 있도록 연구한 분기집합에 관련된 논문을 모델로 하여 상태변환의 이슈를 작성하고 건강 모니터링에 활용할 수 있다.

    건강의 상태변환 요인을 정상요인, 갈래요인, 편향요인, 그리고 나비요인으로 구분하고, 네 가지 요인의 특성을 파악한 후에 상태변환의 원인과 변환과정, 그리고 장애증상이 되는 급변상태가 일어날 것을 예측할 수 있도록 지원할 수 있는 모델이다.

    주의력 결핍 과잉행동 (ADHD)의 장애증상을 다음과 같이 네 가지 요인 중심으로 이해하고 분석하여 예방하거나 회복훈련할 수 있다.

    정상요인과 갈래요인은, 장애증상이 아니고, 사춘기의 청소년들에게 사소한 일의 결함으로 나타날 수 있는 건강상태이다. 다만, 청소년에게 갈래요인의 상태가 나타나면, 생활태도나 친구들을 주의 깊게 관찰해야 된다. 세 번째의 편향요인은 과잉행동을 할 수 있는 요인이 발생했다는 신호가 된다. 네 번째의 나비요인은 과잉행동의 요인이 여러 가지의 장애상태로 변환되는 급변상태를 조기에 예측할 수 있게 해준다. 급변상태는 정상요인에서 갈래요인을 거치지 않고 편향요인이나 나비요인으로 점프할 때도 있다. 이때는 변환상태를 유도하는 촉매나 끌개의 작용이 발생하는 시점이다. 분기집합에 관한 모델은 6장과 7장에서 상세하게 설명한다.

    청소년의 관점에서는 일상생활 중에 일어나는 사소한 일에 관해서 주의 깊게 관찰함으로써 상태변환을 일으킬 수 있는 요인들, 즉 청소년 자신의 자기인식과 자존감의 확립, 인생과 삶의 동기화 수립, 그리고 가정, 학교, 사회생활 중에 부딪히는 사람과 사건, 문제등과 함께 공감적으로 이해하고, 적극적으로 소통하는 일상생활을 유지하면 ADHD 장애증상을 예방할 수 있다. 주의 깊게 관찰하여 공감하고 소통하는 일상생활은 가정, 학교, 사회가 공동적인 책임의식을 가지고 체계적으로 실천해야 하며, 모든 집단이 한사람의 청소년에 대해서 정보를 공유하고 생활상태를 주의집중하여 관찰하는 것이 중요하다.

표 3.5는 청소년이 ADHD로 끌려가는 상태변환을, 사소한 일 중심으로 하여 분기집합의 요인별로 변환된 상태를 나열하고 있다. 사소한 일 중에 나타난 상태를 가정, 청소년 자신, 학교생활, 친구와 사회로 나누고, 나비요인이 되어 과잉행동으로 나타나는 과정을 말해 주고 있다. 청소년의 ADHD증상에 관해서 요인별로 변환된 상태를 설명해 보자.

- ADHD의 정상요인 : 일상생활 중에 사소한 일을 하면서 정상적으로 생각하고 판단하여 행동함으로써 정상적인 삶을 살아갈 수 있게 하는 요인이다. 몸과 마음이 건강한 청소년들이 어른으로 성장해갈 수 있게하는 요인이다. 그러나 편향요인과 같은 촉매가 나타나면 갈래요인을 거치지 않고 편향요인으로 점프하여 급변상태를 일으킬 수도 있다.

- ADHD의 갈래요인 : 정상요인이 변환되어 발생하는 요인이다. 주의가 산만해지고 판단력이 흐려지면 생각이나 판단이 어려워져서 갈팡질팡하는 생활상태를 보여주게 된다. 나쁜 습관의 피드백 현상이 나타나고, 나쁜 친구들의 불안한 생활 상태를 닮아가는 모습을 보여준다. 마음속에서 일어나는 두 갈래 이상의 생각 때문에 판단하는 고민을 하게 되고, 과잉행동의 초기증상이 나타난다. 이때에 편향에 끌려 다니는 친구를 만나게 되면, 마음속에서 생각의 편향이 나타나고 몸과 마음으로 편향된 행동을 하게 된다. 갈래요인이 나타난 일상생활 중에, 청소년 자신의 편향과 편향으로 끌고 가는 환경이 나타나면 편향요인으로 쉽게 변환되고, 더 강한 끌개가 나타나면 편향요인으로 변환되지 않고 직접 나비요인으로 점프하여 불안한 생활상태를 보이게 된다.

- ADHD의 편향요인 : 갈래요인의 상태가 진행된 후에 편향요인이 나타나면, 촉매의 영향을 받거나 끌개에 이끌리어, 정상요인에서 점프하여 편향요인이 되기도 한다. 6장에서 편향에 관한 심리학 관점의 13가지의 특성으로 구분하여 설명하게 된다.

사춘기 청소년에게는 다음과 같은 편향요인이 나타날 경우가 많다. 자녀의 정체성과 생활태도, 그리고 친구들을 세심하게 관찰하여 편향요인에 빠지지 않게 해야 한다.

- 이기적인 편향 : 이기심, 고집, 변명, 갈팡질팡
- 자기 선택편향 : 동기부여 결핍, 정체성부족, 집착, 핑계
- 가용성 편향 : 적대감, 이질감, 자존감의 부족, 현혹 등, 자기의 익숙한 것만 고집함

편향이 나타난 현상은 개인적인 편향과 집단적인 편향으로 나누어서 생각할 수 있다. 개인적인 편향은 결손 가정에서 자주 나타나고, 자기 자신의 인식이 부족하거나 잘못 인식하여 자존감이 부족하고 비뚤어진 생각과 판단을 하게 된다. 집단적인 편향은, 가족, 학교, 사회 안에서 생활하면서 관련된 사람들과 공감하기 어렵고 소통되지 않아서 더불어 잘못 생각하고 편향된 판단과 행동을 하게 된다. 편향요인은 청소년 자신이 스스로 만들어내는 현혹, 가치판단의 실수 등, 가정과 학교에서 공감적인 이해가 부족하여 소통이 어려운 생활 상태에서 나타난다.

ADHD장애와 관련된 편향요인은, 다음과 같은 증상의 상태를 나타내고, 이미 장애상태로 들어서는 상태이므로 빨리 조치해야 한다. 일상생활에서 나타나는 편향을 신체적, 행동적, 인지적, 감정적으로 나타난 편향의 상태를 설명해 보자.

신체적 편향은, 신체적인 아픔이나 결함 때문에 나타나는 편향으로 무기력해 지고 체념한 것과 같은 생활태도를 보인다. 지나친 놀이, 게임, 영상매체에 빠진 상태를 보인다.

행동적 편향은, 주의가 산만하여 당연히 해야될 일에 집중하지 못하고 과잉행동을 하며, 사소한 일에 대해서도 과잉반응을 일으켜서 공격성 과잉행동이 나타난다. 편중된 놀이나 게임에 빠져있고 돌출된 행동을 하기 쉽다.

인지적 편향은, 주의산만하여 주의집중을 못하고 생각과 행동이 산만하여 갈팡질팡하고 어수선한 모습을 보여준다. 스트레스를 많이 받지 않게 하고, 불안에서 벗어나 안정감을 가지게 하며, 다른 사람과의 소통으로 리소스를 풍부하게 하고 팀워크를 위해서 솔선수범하도록 유도하는 생활습관이 필요하다. 가족들과 부담없는 소통이 중요하다.

감정적 편향은, 감정기복이 심하여 화를 자주 내며, 외로운 느낌으로 말하고 외톨이로 행동한다. 자기인식에 의한 자존감을 확립하여 일상생활에서 기분을 조절하고 올바른 청년으로 성장하기 위한 동기를 분명하게 함으로써, 인생의 목표와 삶의 목적을 성취하기 위해서 다른 사람들과 공감하고 소통하는 훈련이 필요하다,

- ADHD의 나비요인 : 어떠한 장애증상으로 변환될지 모르는 불안한 요인이다. 아주 작은 촉매나 끌개가 나타나도 장애상태의 급변상태로 변환될 수 있는 요인이다. 편향요인이 상태변환되어 나비요인이 되지만, 갈래요인이 점프하여 나비요인이 될 수도 있다. 동적 시스템은 일정기간 동안 정상적인 안정상태를 유지시켜주는 항상성을 가지고 있지만, 변환하는 기간이 길어지면, 항상성의 사전, 혹은 사후의 사이에서 빠른 상태변환이 일어나고, 갈래요인이 되거나, 잡음현상의 촉매에 의해서 편향요인으로 변환될 수 있다. 빠르게 변환되는 촉매는 더 강력한 끌개로 변하면서 갈래요인은 나비요인으로 점프하게 만든다. 나비요인이 원인이 되어 과잉행동을 하거나 삶의 목표를 잃은 허송생활을 하게 된다. 과잉행동은 부주의한 행동이나 충동적인 행동과 함께 관찰해야 한다.

표 3.5 청소년 ADHD 증상의 상태변환

요인 / 생활상태	정상요인, 일상적인 사소한 일	갈래요인, 여러 가지 걱정	편향요인, 자신, 가정, 학교생활 편향	나비요인, 빠른 동태성
[가정] 가정불화	사소한 가정불화	근심과 걱정	실망	과잉행동, 분기현상
경제걱정	가정이 어려움 수입 감소	일상생활의 어려움	빈곤의 실망	과잉행동, 자포자기
가족 간 소통	대화감소	생활 공조의 어려움	가정파손의 걱정	과잉행동, 극단적인 행동
편부와 편모	짜증, 간섭	스트레스 발생	엄격한 아빠나 자상한 엄마의 간섭	과잉행동, 접근 어려움
[청소년 자신] 외로움	동무가 없어요. 놀거 리가 없어요.	주의산만 이 완력 부족	집중력의 결핍 이 완력의 부족	과잉행동, 화내기
자존감 부족 (장래걱정)	정체성 부족 자기인식 부족	자존감의 부족 근심, 걱정, 불안	집중력의 결핍 주의력의 결핍	과잉행동, 충동적인 행동
짜증 (욕구 불만)	사소한 짜증 사소한 불안	학교에 가기 싫어 친구도 싫어	갈팡질팡, 감정기복 화내기	과잉행동, 파괴적
어린이 (유치원 이상)	배가 아파요 머리가 아파요	유치원에 가기 싫어 자주 눕는다.	주의력 결핍 집중력 부족	과잉행동, 불안한 행동
사춘기 청소년 (13 세 이상)	짜증나요 혼자 있고 싶어요.	가치판단어려움, 반항심, 거친 행동	저항감, 잘못된 판단에 의한 행동	과잉행동, 청소년 비행, 기분조절 안됨
[학교생활] 성적걱정	공부의 가치 판단 안 됨, 성적부진	잡념이 많아짐, 성적향상 포기	잡념의 끌개발동 공부 포기	과잉행동, 학교가기 싫어
진로 걱정	장차 무슨 일을 할까?	어떠한 사람이 될까?	진로포기의 끌개 발동	과잉행동, 자포자기
[친구와 사회] 소통의 어려움	친구가 싫어요. 질투, 미움	혼자 있고 싶어요. 파괴하고 싶어요.	외로움과 엉뚱한 생각	과잉행동, 폭언
공부 잘한 학생에게 기죽은 상태	걱정, 시기	훼방부리고, 싸우고 싶고	반항, 질투	과잉행동, 비방

표 3.5는 청소년의 ADHD 장애증상이 발생하는 원인과 과정을 분기집합의 네 가지 요인으로 분류하여 보았다. 청소년들의 일상생활 중에 나타날 수 있는 사소한 일을 중심으로 하고, 가정, 학교, 사회, 그리고 자신의 생활상태를 정상요인, 갈래요인, 편향요인, 나비요인으로 구분하고 장애증상이 발생하게 되는 나비요인으로 나누어 정리하였다. 셀 안에 기록된 자료는 임상시험을 참고하였다. 편향요인은 청소년 자신이 만들어내는 현혹과 가치판단의 실수 등, 가족, 교사와 친구들과의 교제 가운데 나타나는 편향된 소통과 정체성의 결핍 때문에 나타난 결과이다. 나비요인은 시간의 흐름에 따라서 편향요인에서 변환된 경우와, 정상요인이나 갈래요인에서 점프하여 발생할 수 있다. 후자의 경우에는 점프하여 상태변환시킨 원인, 즉 촉매나 끌개를 주의 깊게 관찰하여 대책을 강구한다. 나비요인은 과잉행동으로 나타나거나 목적도 없는 허송생활을 하게 한다. 여러 가지 과잉행동으로 변환되어 가는 분기현상, 자포자기, 불안, 폭언, 비방 등에 관한 세심한 관찰을 통해서 다정하게 접근해 나가야 된다.

임상 전문가들이 흔히 사용하고 있는 DSM_4는 미국의 정신과학 의학회에서 개발한 모델로, 부주의 행동 아홉 가지, 과잉행동과 충동성 행동 아홉 가지의 기준을 제시하고 있다.

표 3.6는 표 3.5에서 청소년들의 일상생활을 ADHD로 끌고 가는 상태변환을 부모와 청소년 자신 중심으로 상세하게 살펴 본 것이다. 나비요인의 상태로 나타난 장애증상, 부주의 행동, 과잉 행동, 충동성 행동의 원인을 찾아내서 예방하고, 회복하는 것을 목적으로 하고 있다.

부모의 편향된 기대와 사랑 때문에 자녀의 정상요인들이 오래 지속되지 못하고 갈래요인, 편향요인, 그리고 나비요인으로 변환되어 결국에는 주의집중력이 부족해지고 과잉행동이 나타나게 된다. 부모는 가볍게 생각하는 가정에서의 소음도 감수성이 예민한 자녀에게는 큰 스트레스가 될 수 있다.

아빠의 "괜찮니?" 하는 위로의 말이 힘이 되어 상한 마음을 추스르고 정상적인 생활을 지속하게 되지만, "잘 좀 해라!" 는 꾸중이 반항심을 불러오는 촉매가 된다.

"엄마하고 이야기해 볼까?" 하는 말에 근심과 걱정을 털어 놓고 원군을 얻어서 삶의 좌표를 찾아 가지만, "공부 좀 해라!" 하는 짜증 섞인 말을 듣게 되면 자격지심이 촉매로 발동하여 엄마가 싫어하는 언행을 하게 된다.

"나의 모국어는 한국어이다." 라는 말은 엄마와 같은 한글 어를 사용한다는 의미만은 아니다. 부모가 사용하는 말씨, 태도, 품격을 모두 배워서 사소한 일에 영향을 주게 된다는 말이다. 부모가 사용하는 말과 사소한 일의 행동은 자녀들에게는 힘있는 삶의 끌개가 되어 훌륭하게 성장하기도 하지만 부주의 행동, 과잉 행동, 충동적 행동을 나타내는 촉매가 되기도 한다.

표 3.5는 표 3.4에서 보인 사춘기 청소년의 특징만을 가정생활 중심으로 정리한 것이다. 부모의 말하는 태도와 단어, 그리고 토씨 때문에 상태변환의 방향을 결정한다. "짜증나요", "혼자 있고 싶어요" 하는 말을 들었을 때 내 자녀가 사춘기에 들어섰구나 생각하고 세심한 관찰과 배려가 필요하다. 거친 행동과 반항심, 그리고 현혹되지 않도록 배려하고 편향될 수 있는 여건을 생활 속에서 배제시켜야 한다.

표 3.6은 자녀의 일상생활에 관한 부모의 자세한 관찰과 보살핌이 필요함을 보여 주고 있다. 어려운 상태에서도 관심을 가지고 다정한 말과 표현으로 소통해야 된다. 학교에서 일어난 일에 관해서, 그리고 친구들에 관해서 자주 대화하는 자녀는 몸과 마음이 건강한 상태이다.

자녀, 아빠와 엄마의 공감과 소통 상태를 분기집합의 네 가지 유인을 구분하여 사례를 들어 보았다. 청소년의 주의집중력 결핍을 예방하고 공격성 과잉행동 장애를 예방하기 위해서는, 어떤 형태의 언어로 대화하고 어떻게 행동해야할 것인가를 조심스럽게 판단해야 한다.

표 3.6 청소년을 ADHD 장애증상으로 끌고 가는 부모의 사소한 일들

	정상 요인	갈래 요인	편향 요인	나비 요인
청소년의 생각과 행동	짜증나요 혼자 있고 싶어요.	거친 행동 반항심	현혹 편향	부주의, 공격성, 충동적 행동
아빠의 관심	(정상) 괜찮니? (갈래) 잘 좀 해라	누구를 닮았니? 무엇이 되려고 그래?	아빠 말 들어! 고집은 세가지고?	화내는 소리, 물건 던지는 소리
엄마의 관심	(정상) 엄마하고 애기 좀 할까? (갈래) 공부 좀 해라	나쁜 친구와 놀지 마 xx를 닮아라.	왜 그 모양이니? 내가 못 살아	화난 표정, 짜증스러운 소리

표 3.7은 청소년들이 ADHD의 장애증상으로 끌려가지 않고 정상적인 요인의 일상생활을 유지하기 위해서 가장 중요한 주의집중력을 회복시키기 위한 훈련정보를 식별하여 정리하였다.

주의 집중력을 높이고, 공격성 감정표출을 억제할 수 있는 생활방법과 훈육방법을 예시하였다. 주의집중을 방해하는 자극을 극복할 수 있는 사소한 일과 연관된 과제 만들기, 그리고 필요한 리소스를 찾아보았다. 청소년의 생활환경에 따라서 다른 항목들을 추가하거나 삭제할 수 있을 것이다. 자녀를 위해서 이와 같은 표를 작성하고 일상생활을 관찰하면 사춘기의 청소년은 정상요인의 일상생활을 유지하면서 인격적인 청년으로 성장해 나갈 것이다.

표 3.7 주의집중력을 기르는 훈련 리소스

방해자	자극	사건(훈련)	리소스
짜증	즐거운 일 만들기	운동, 여행, 명상	기쁨, 칭찬, 성취감
반항심	동행	봉사, 고아원 방문	협동, 팀워크
현혹	감동 만들기	스스로 생각하고 판단하고 행동하기	취미, 즐거운 일, 남을 돕는 일 하기
편향	스스로 하기, 자존감 만들기, 안정감 주기	자신 있는 일 만들기, 안정감 있는 일 찾기	자신감 있는 일, 공감과 소통하기

IV

스트레스

4.1
스트레스의 원인과 증상

몸과 마음으로 감당하기 어려운 상황이 닥쳤을 때 불안과 위협의 감정을 느끼게 되는 몸과 마음의 상태를 스트레스 증상이라고 말한다. 스트레스를 받았을 때 몸 안에서는 활성산소가 대량으로 발생하게 되고 활성화된 산소는 정상세포를 공격하여 각종 질병을 유발하게 된다. 스트레스를 받았을 때 마음속으로는 근심과 걱정이 많아지고 불안해지기 시작한다. 초기에는 피로를 쉽게 느끼다가 사소한 일에도 싫증나고 짜증이 자주 발생한다.

활성산소의 촉진을 억제하고 제거하기 위해서는 적당한 휴식을 취하고 신선한 야채와 과일을 먹고 항산화제 성분을 많이 섭취해야 한다. 스트레스는 잘못된 인간관계, 직무, 육아, 가정생활, 사회생활 중에서 피할 수 없는 사소한 일들이 원인이 되거나 촉매가 된다.

감정적인 증상 중에는 마음이 불편하여 발생한 증상이 많다. 스트레스는 근심걱정에서 부터 우울증, 불면증, 불안증, 공포증 등과 같은 여러 가지 질병과 장애의 원인이 되고 촉매가 된다. 짜증스러운 사건에 부딪히면 스트레스의 압박은 더욱 심해지고, 근심과 걱정이 불안한 마음을 부추겨서 더 큰 사건과 사고를 일으킨다.

스트레스는 라이브웨어 요인의 감정적인 증상으로 나타나는 사소한 일의 상태이다. 직업 스트레스, 가정 스트레스, 육아 스트레스, 사회 스트레스 등, 모두 라이브웨어의 사소한 일과 연관되어 초기증상이 나타나지만 일상생활 중에 예기치 못한 촉매나 끌개가 나타나면 심각한 질병이나 장애로 변환된다.

지난달에 아까운 여성청년 소방사 한 분이 세상을 떠났다는 보도가 있었다. 술에 취해 길거리에서 난동을 부리고 있던 피의자를 119 구급차에 태우고 호송하던 중에 피의자가 휘두른 주먹에 머리를 맞고 혼절하여 병원으로 이송하여 치료하였으나 3일 만에 사망하였다. 머리에 구타를 당하면서 생전 처음 듣는 악한 소리를 듣고 극심한 스트레스를 받아 머리에 입은 상처를 회복하지 못하고 사망에 이르고 말았다. 어릴 때부터 아름답고 정다운 말만 하고 들으며 자라왔던 이 청년은 처음 들어본 폭언에 마음이 상하여 진정시키지 못하고 심한 스트레스를 받아 몸을 회복하지 못 하고 덧나서 사망에 까지 이르게 된 것이다 처음 당한 폭언 때문에 스트레스를 악화 시키는 호르몬의 자극이 세포를 공격하여 활성산소가 증가함으로써 불행한 사태가 발생하고 말았다. 심한 스트레스를 받게 되면 뇌의 교감신경이 연결된 기관을 자극하여 심박 수가 빨라지고, 산소의 소비량이 증가한다. 인슐린이 증가하여 면역기능이 저하되고 심장마비나 뇌졸중을 일으키게 된다. 마음의 안정과 평안을 유지할 수 있도록 회복절차를 급하게 서둘렀다면 귀한 생명을 구할 수 있지 않았을까 하는 아쉬운 마음이 든다.

스트레스를 받게 되면 자신의 정체성과 일상생활의 상태에 따라서 여러 가지 증상이 나타난다. 그림 4.1과 4.2는 스트레스를 받았을 때 부정적인 대응과 긍정적인 대응으로 나누어서 영향을 받은 결과의 상태변환을 보여주고 있다. 적응력과 회복력이 부족하여 스트레스를 원인으로 하여 나타난 증상의 상태변환은 부정적인 반응상태와 긍정적인 반응의 두 개의 부분 STG로 나누어서 설명할 수 있다. 교란요소 STG는 그림 4.1에서와 같이 부정적인 대응의 클러스터 STG를 형성하게 되고, 회복요소 STG는 그림 4.2에서와 같이 긍정적인 대응의 클러스터 STG를 형성하게 된다. 인지능력에 의한 회복력을 위해서 인지력을 높이는 요인으로 세분하여, 일상생활, 업무활동, 사회활동등과 같이 확장된 부분 STG의 이진트리로 작정할 수 있다. 이와 같이 이진트리를 확장하여 작성하면, 상태변환 옆에 나타날 수 있는 촉매나 끌개의 식별이 쉬어진다.

"스트레스의 힘" 이라는 책에서 저자는 미국인 3만 명을 대상으로 하여 다음의 두 가지 질문을 한 후 8년 뒤에, 응답에 참여한 사람들의 사망자 수를 조사하였다,

첫째, 일상생활 중에 겪은 스트레스가 많은가?

둘째, 스트레스가 건강에 해롭다고 생각하는가?

첫 번째 물음에 관해서, 스트레스가 많다고 응답한 사람의 사망 위험이 43 퍼센트 높았다. 스트레스를 받았지만 스트레스가 건강에 유익할 때도 있다고 응답한 사람의 사망률이 가장 낮았다. 스트레스를 받은 일이 거의 없었다고 응답한 사람보다는 스트레스가 건강에 유익할 수도 있다고 응답한 사람의 사망률이 낮았다. 스트레스가 해롭다고 생각한 것 보다는 스트레스의 긍정성을 믿고 일상생활을 유지한 삶이 건강을 지속시킬 수 있다는 결론이다. 스트레스의 원인을 관찰하고, 그 안에 존재하는 긍정적인 사소한 일을 찾아내서 적극적으로 대처하는 생활방법이 최선의 삶이다.

스트레스의 원인과 몸과 마음의 반응, 그리고 실천하기 위한 행동지침을 만들어 살아가는 사람들 중에서 건강한 삶을 찾아보기 쉽다. 항공업무 종사자, 응급구조자, 전문 운동선수 등의 직업적인 정체성을 높이기 위한 스트레스의 면역훈련은 직업적이고 전문적인 라이브웨어를 축적하기 위한 것이다. 가볍게 받은 스트레스에 대응하는 마음상태와 행동에 따라서 회복상태 또는 장애상태로 변환된다. 스트레스를 받았을 때, 부정적인 반응의 원인 때문에 발생하는 스트레스 증상과 그 증상이 악화되어 장애증상이 되는 상태변환을 설명해 보자.

□ 원인에 따른 스트레스의 분류

스트레스에 대응한 부정적인 반응의 원인 때문에 발생하는 스트레스의 증상은 다음과 같다. 정체성과 일상생활의 상태에 따라서 스트레스에 대한 반응이 나타나지만 건강을 해치는 부정적인 자극의 원인 때문에 발생한 일상생활의 스트레스 증상은 다음과 같이 구분하여 설명할 수 있다. 부정적인 반응의 원인으로 일상생활의 사소한 일에 스트레스가 촉매로 작용하여 더욱 심한 증상으로 상태변환 된다. 스트레스를 받았을 때 부정적으로 대응하면 신체적, 감정적, 감성적, 사회적인 요인들이 모여서 악한 끌개상태 옆에 가게 되고 장애상태로 상태변환될 수 있는 원인이 된다.

- 신체적 원인 : 약물 사용, 흡연, 수면 부족, 상해, 질병
- 감정적 원인 : 분노, 공포, 불안, 적개심, 소외감, 애정결핍, 자기비하, 부정적 사고, 허무감, 스트레스, 감정기복
- 감성적 원인 : 스트레스 압박, 도덕심의 결여, 인간성 상실, 정체성 상실, 자기부인, 기분통제 부족, 동기부여 부족
- 사회적 원인 : 공감부족, 소통부족, 차별의식, 관계성 결핍, 배려부족

어떤 요인에 의해서 스트레스를 받았을 때, 그 강도가 크더라도 긍정적으로 대응하면 정상요인을 유지할 수 있지만, 부정적인 대응을 하면 그 강도가 작더라도 장애증상으로 상태변환 된다. 관계성의 결핍현상이 나타나고 정체성이 흔들려서 상대방의 감정을 이해하지 못하는 마음의 올가미가 자신의 감성역량을 발휘하지 못하게 한다.

스트레스에 대한 긍정적 반응을 나타내기 위해서는 자신의 정체성을 토대로 한 생활양식의 선택이 매우 중요하다. 감성역량을 높여서 감정통제를 잘하고 마음의 올가미(mind traps)가 될 수 있는 비현실적인 기대, 독선, 완벽주의, 고집을 줄이는 라이브웨어를 축적해 나가는 것이 중요하다.

□ 스트레스의 반응에 따른 장애증상
스트레스의 긍정적인 반응은 어떤 형태의 스트레스가 닥치더라도 사소하지만 긍정적인 관점에서 사소한 일을 선하게 생각하고 판단하여 행동하게 되어 건강한 생활을 유지할 수 있다. 그러나 외상 후 받은 스트레스와 같이 부정적인 반응을 하게 되면 사소한 일을 부정적으로 생각하고 판단하여 행동하기 때문에 다음과 같은 장애증상의 결과를 가져오게 된다.

- 신체적 증상 : 피로, 두통, 불면증, 근육통, 목. 허리. 어깨의 경직. 빨라진 맥박, 구토, 전율, 복부 통증, 등.

- 행동적 증상 : 신경질, 안절부절, 공격적, 비난, 흡연, 과식, 폭음, 공격성 과잉행동, 등
- 인지적 증상 : 집중력과 이완력의 저하, 기억력 감퇴, 결단력 부족, 혼동, 유머감각 부족, 문제해결능력 부족, 등
- 감정적 증상 : 불안, 신경과민, 우울, 분노, 근심걱정, 좌절감, 성급함, 인내부족, 공황장애, 사회적 공포, 강박장애, 등

스트레스 원인 때문에 발생한 상태변환 과정을 2진트리로 표현하면 건강 모니터링을 위한 상태변환 추적을 쉽고 효율적으로 할 수 있다.

먼저, 받은 스트레스를 부정적으로 대응했을 경우에 위에서 설명한 네 가지 상태의 증상을 2진트리로 설명해 보자. 2진트리는 변환된 상태를 두 개의 노드씩으로 나누어 전개한다. 세 개 이상 나타났을 경우에 세 번째 노드는 다음 단계로 배정하여 2진트리를 그린다. 증상의 정도나 지속기간을 판단하여 심하거나 길게 지속된 증상의 노드를 먼저 택하고, 나머지 노드는 다음 단계로 배정한다. 노드를 먼저 택하는 것은 2진트리에서 한 단계 높은 상위 노드로 정한다는 의미이다. 자신이 받은 스트레스의 상태를 판단하여 2진트리를 그리고, LW.GQM 의 응답내용을 참고하여 2진트리를 그리면 편리하게 처리할 수 있다.

그림 4.1은 스트레스에 부정적 대응을 했을 경우, 급성 스트레스와 만성 스트레스의 상태로 분류하여 상태변환 과정을 설명하고 있다. 상태변환 과정을 신체적, 행동적, 인지적, 감정적 상태로 분류하면 일상생활의 사소한 일 중심의 증상으로 나타나게 된다. 여기에서 행동적 상태로 발생한 공격성 과잉행동이 나타난다.

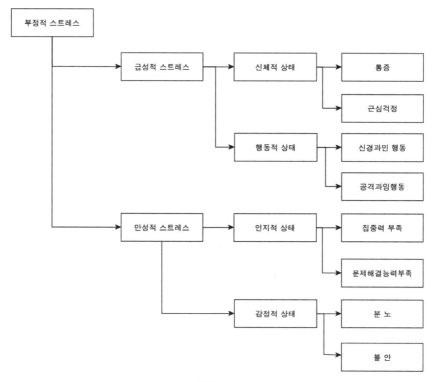

그림 4.1 부정적으로 대응한 스트레스 상태변환의 2진트리

다음에는, 받은 스트레스에 긍정적인 대응을 했을 경우에 대해서 설명해 보자. 5장에서 설명하게 될 감성역량의 요소 중심으로 생각하면 그림 4.2와 같이 긍정적으로 대응하여 몸과 마음을 회복할 수 있는 2진트리를 그릴 수 있다. 받은 스트레스에 긍정적인 대응을 했을 경우에는, 감성역량을 발휘하고 강도와 시간을 조절하여 상태변환을 통제할 수 있다.

양보는 중용의 도를 실천하는 행동이다. 열린 마음속에서 자라난 배려와 양보는 역지사지, 역지 감지, 그리고 역지행지에 의해서 실천한다. 양보의 행동으로 나타나는 역지행지는 최종요소이고 핵심요소이므로 한 단계 나추어서 네 번째 요소로 그려진다. 일반 트리를 2진트리로 그려주는 도구를 활용하여 그림 4.2의 세 번째 노드, 양보를 세분하여 네 번째 노드로 확장할 수 있다.

누구로부터, 어떠한 일 때문에, 그리고 어떠한 교제 상태에서 스트레스를 받았는가에 따라서 2진트리의 모양이 다르게 그려진다.

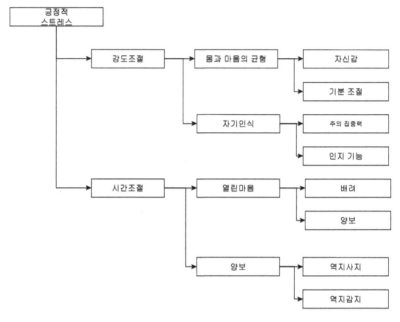

그림 4.2 긍정적으로 대응한 스트레스 상태변환 2진트리

🔊 **스트레스의 상태변환**

일상생활 중에 발생한 상태변환은 사소한 일을 중심으로 하여 발생한다. 사소한 일을 하는 동안에 스트레스를 받게 되면 건강의 상태변환이 일어난다. 스트레스를 원인으로 해서 발생하는 증상이 있고, 이미 발생한 증상에 스트레스가 촉매로 작용하여 장애증상의 상태변환을 일으킬 수도 있다. 스트레스를 받게 되면 긍정적인 대응과 부정적인 대응에 따라서 증상의 상태변환이 달라진다.

긍정적인 대응을 한 경우에는 몸과 마음에 약간의 긴장감을 줌으로써 건강상태는 더욱 좋아지고 주의집중력이 높아져서 학습이나 업무효과가 높아진다. 스트레스에 대한 긍정적인 대응이 정상적인 건강요인으로 작용하게 된 것이다.

　분기집합의 정상요인은 LW.GQM의 증상수준 중에서 일시적인 긴장감을 주는 초기상태이므로 정상상태를 유지할 수 있게 되지만, 부정적인 대응을 할 경우에는 스트레스가 원인이 되어 새로운 증상으로 상태변환 된다. 앞에서 설명한바와 같이 신체적, 감정적, 감성적, 그리고 사회적인 원인이 되어 열거한 여러 가지 증상이 몸과 마음속에 나타나게 된다. 스트레스를 받기 전부터 발생된 증상이 있었다면 스트레스의 부정적인 대응이 촉매가 되어 여러 가지 증상으로 상태변환 된다. 증상의 원인이 되는 스트레스와 촉매가 되는 스트레스는 똑 같이 앞에서 설명한바와 같은 장애증상인 신체적, 행동적, 인지적, 그리고 감정적 증상으로 상태변환 된다.

　이와 같은 상태변환이 계속되면, LW.GQM에서 구별하여 나열한 신체적, 행동적, 인지적, 그리고 감정적인 증상으로 상태변환된다. 이러한 증상항목을 임상심리나 임상시험에서 적용하고 있다.

　동적 시스템의 상태변환 과정을 분기집합의 요인의 다발적인 증상을 분기집합의 갈래요인의 특성으로 분석하고, 지속적인 증상을 편향요인의 특성으로 분석하며, 장기 지속되는 증상을 나비요인의 특성으로 분석하면 장애 시점을 빠르고 정확하게 예측할 수 있으며, 회복을 위한 대비책을 강구하기가 쉬어 진다.

　이러한 관점에서 LW.GQM과 EQ.GQM에 나타난 일상생활의 데이터를 신뢰성있게 분석하여 스트레스의 상태변환을 추적할 수 있다. 응답지의 데이터를 사용하여 분기집합 요인의 특성을 중심으로 하여, "갈래요인 중심으로 스트레스 원인의 이슈"를 작성할 수 있다.

4.2
스트레스의 관리

스트레스는 자신의 의지에 의해 조정하면서 대응해 나갈 수 있다. 자신의 의지는 몸과 마음의 일체감으로 감성역량을 높여서 굳건해질 수 있다. 스트레스에 대한 부정적인 시각을 가지고 대응하면 그 상태변환이 장애증상으로 향하게 되지만, 긍정적인 시각을 가지고 대응하면 스트레스를 조정하고 다스려 가면서 이겨 나갈 수 있다. 스트레스를 긍정적으로 대응하기 위해서는 자신의 정체성을 일관성있게 유지하고 발전시켜 나가야 한다.

정체성은 일상생활 중에 일관성을 유지하고 지속적인 관계를 유지해 나가는 특성의 본질, 즉 성격, 생활태도, 관계유지, 등 인생의 목표와 삶의 목적을 향하여 개선하고 발전시켜 나가는 성품이다. 정체성은 부모로 부터 물려받은 신체적, 정신적인 선천적 정체성과, 교육 및 사회생활을 통해서 개선하고 발전시켜 나가는 후천적인 정체성으로 구분할 수 있다. 신체적인 정체성은 유전적으로 나타나는 신체적 특징, 특별히 강하거나 약한 신체의 기관과 부위, 그리고 질병 등이 일상생활 중에 나타난다. 정신적인 정체성은 뇌와 마음의 일체감으로 생각하고 판단하여 행동하는 생각, 언어, 행동, 생활태도에 관한 정체성과 생활의지에 관한 정체성을 포함한다. 후천적인 정체성은 교육과 훈련, 생활과 업무를 하면서 개선하고 발전시켜 나간다. 따라서 가정, 학교, 사회의 교육과 체험이 정체성의 형성에 매우 중요하다.

자신을 정확하게 인식함으로써 자존심과 자존감을 확립하고 여러 가지 여건과 환경에 대응하여 기분을 통제하고, 인생의 목표와 그 목표 달성을 위한 삶의 목적을 향하여 동기화를 실천해 나가야 한다. 동기를 실현시키기 위해서는 타인과 환경에 대해서 공감적으로 이해하고 소통하면서 관계를 유지해 나가는 것이 자신의 정체성을 개선하고 발전시켜 나갈 수 있는 최선의 길이다. 라이브웨어의 긍정적 관리는 일상생활의 정체성, 식 생활의 정체성, 운동의 정체성, 그리고 휴식의 정체성을 생활규범에 맞추어서 유지하고 살아가는 일상생활의 규범이 되어야 한다.

스트레스를 긍정적으로 대응해 나갈 수 있는 정체성을 쌓아가기 위해서 일상생활의 사소한 일을 선하게 실천할 수 있는 생활방법을 생각해 보자.

🔊 일상생활의 정체성

일본 최고의 재활치료 전문가 다나까 나오끼 씨는 그의 저서, "나는 당신이 오래 걸었으면 좋겠습니다"에서 걷기만 해도 생활습관 병을 예방하고 일상의 통증에서 해방될 수 있다고 말한다. 수술없이 자세와 걸음걸이 교정, 근력 트레이닝만으로 수천 명의 환자를 치료한 경험을 소개하고 있다. 매일 일정한 시간을 정해 놓고 근력운동, 유산소 운동, 스트레칭 등을 계속하거나 걷는 운동을 규칙적으로 하는 생활습관이 좋은 정체성을 만들어 준다. 사소한 아픔의 증상에도, 병원에 자주 가는 사람보다는 긍정적인 생활습관을 통해서 스스로 건강관리를 하는 것이 중요하다.

인간은 서서 걸으면서 살아가도록 창조되었다. 자유롭게 걸어서 어디든지 갈 수 있다는 것이 얼마나 행복한 것인가를 노래하는 시와 노래가 얼마나 많은가? 일상생활의 정체성은 인생의 목표와 삶의 목적을 이루기 위해서 일상생활의 규범을 정하고 살아가는 자신만의 생활 기준이다.

🔊 식 생활의 정체성

음식은 하루 세 번 씩 먹는 정기적인 식사와 간식으로 먹게 된다. 가능한 습관과 형편에 따라서 먹게 되지만 신체적인 특성에 맞추어서 식료품을 선택하는 것이 좋다. 식품을 공동으로 조달하는 협동조합에 가입하면 좋은 품질의 식료품을 비싸지 않은 가격으로 재료를 구할 수 있다. 아침식사를 위해서는 바나나와 콩가루, 미숫가루, 그리고 구하기 쉬운 재료를 우유와 섞어서 갈아서 먹는 것도 간편하고 쉬운 선택이 될 수 있다. 비용을 절약하기 위해서 외식을 줄일 수 있도록 노력하는 것도 매우 중요하다. 식사의 정체성은 몸에 좋은 식사, 마음이 즐거운 식사, 그리고 규칙적인 식생활을 유지해 나가는 것이다.

◀》 운동의 정체성

일상생활 중에 정기적으로 운동할 수 없는 사정이 있다면 가능한 시간을 만들어서 산보나 등산과 같은 운동을 하는 것이 매우 중요하다. 운동은 여가 시간에 하는 것이 아니고 일상생활의 시간표 안에 포함시켜야 한다. 운동은 체력을 향상시키고 근육의 긴장을 해소하며 몸속의 노폐물을 밖으로 내보낸다. 신체적인 측면에서 체력을 향상시키고 근육을 강화시켜서 스트레스를 해소시킬 수 있는 생리적인 작용을 다음과 같이 활성화 시킨다.

- 모르핀 효과 : 30분 이상 달리기를 하면 혈액속의 베타 엔도르핀의 양이 증가하여 통증이 줄어들고 불안과 걱정이 살아진다.
- 항우울제 효과 : 적당한 운동은 뇌로부터 세로티닌을 만들어 내서 흥분과 불안요소를 제어하여 우울한 마음을 다스린다.
- 심리적 효과 : 운동을 하면 체력이 향상될 뿐만 아니라 자신감이 높아져서 타인에 대한 공감적 이해와 소통을 잘 할 수 있게 된다.

본인만이 알고 있지만 일상생활에 지장을 주는 사소한 통증이나 지병을 치료하는 방법은 기름에 튀긴 패스트푸드를 억제하고 가능한 자연식품을 섭취하는 것이 최선이다. 뉴질랜드에서는 환자의 생활과 건강상태를 체크하고 최적한 자연식품의 식단을 추천해 주는 자연식품 처리사가 인기있는 직업이라고 한다. 자연식품을 섭취하면 몸 속에서 발생한 활성산소와 독소를 줄여서 체중을 감소시키며 염증을 줄여서 스트레스에 대응하는 생활방법을 정체성으로 만들고 건강관리를 위한 삶의 가치자산으로 축적해 나갈 수 있다. 운동의 정체성은 규칙적인 운동을 일상생활의 규범으로 정하고 살아가는 것이다.

근육의 긴장을 풀어주는 체조를 스트레칭이라고 한다. 언제 어디서나 가볍게 할 수 있는 동작이기 때문에 지속적으로 실행하면 스트레스 해소에 도움이 된다. 탄력이나 반동을 주지않고 신체의 각 부위가 늘어나는 기분을 느끼면서 자신의 체력을 감안해서 적당한 동작을 10~30초 동안 반복한다. 주의할 점은 무리하지 말고 탄력이나 반동을 주지 않으며 호흡에 맞추어서 느긋한 기분으로 실행한다. 휴식으로 생각하고 느긋하게 실행하면 휴식의 정체성으로 만들어 갈 수 있다. 독서, 명상, 기도, 산보, 차 마시기 등을 일상생활로 즐기면 휴식의 정체성이 된다. 휴식의 정체성은 휴식하면서 몸과 마음의 일체성을 가지고 일상생활을 유지해 나가는 것이다.

일상생활, 식생활, 운동, 휴식으로 정체성을 유지하고 있을 때도 강하고 순간적인 스트레스를 받게 되면 점프현상이 일어난다. 점프현상은 사소한 일의 정상요인이 오랫동안 지속되지 않거나 갈래요인으로 상태변환 되지 않고 직접 편향요인이나 나비요인으로 점프하는 상태변환이다. 스트레스에 긍정적으로 대응하면서 일상생활을 유지하면 이러한 점프현상은 발생하지 않는다.

스트레스를 긍정적으로 관리하기 위해서는 다음의 네 가지 요인으로 나누어서 생각하면 이해하기가 쉬워질 것이다. 스트레스에 긍정적인 대응과 부정적인 대응에 관한 상태변환 과정은 그림 4.1과 4.2에서 다음과 같이 발생원인, 증상의 변환, 장애증상, 그리고 예방과 회복에 관해서 이해할 수 있다.

- 스트레스가 발생하는 원인
- 스트레스 증상의 상태변환
- 스트레스로 인한 장애증상
- 스트레스 예방과 회복.

정체성을 확립시켜서 스트레스를 긍정적으로 대응하면, 건강의 정상요인을 오래도록 유지할 수 있다. 스트레스의 원인, 증상, 장애증상, 예방과 회복을 위한 논리체계를 작성할 수 있다.

일상생활 중에 발생하는 건강의 상태변환 특성은, 스트레스의 원인 때문에 일상생활 중에 갑자기 나타나는 증상이나, 스트레스의 부정적인 대응 때문에 스트레스를 촉매로 하여 나타난 장애증상의 경우가 많다. 사람의 신체적 특징은 자율 신경계의 교감신경과 부교감신경이 신체의 모든 장기들을 연결하여 마음의 연결작용을 돕고, 항상성을 유지하면서 스스로 건강을 유지한다. 태풍이 오기 전에 잠시 동안 바람이 잔잔해진 것을 볼 수 있는 것처럼 몸과 마음의 장애증상이 나타나기 전후에 잠시동안 안정상태를 유지하는 항상성을 체험할 수 있다. 증상 전에 나타나는 안정상태를 사전 항상성이라 하고, 후에 나타나는 안정상태를 사후 항상성이라고 말 한다. 항상성을 관찰하여 건강한 몸과 마음으로 회복할 수 있는 대책을 세우기 위해서 잡음을 통제하여 확산에 대비하는 것이 효과있는 회복방법이다. 사전 항상성과 사후 항상성의 사이에, 그리고 항상성의 앞과 뒤에서 상태변환의 급변상태가 발생하는 경우가 많다.

항상성을 중심으로 촉매작용을 억제하고, 장애증상으로 끌고 가려는 끌개 상태의 옆에 가지 않도록 주의하는 것이 증상의 확산을 방지하는 방법이다.

이러한 대응방법은 자신의 정체성을 확고하게 수립함으로써 실행할 수 있다. 일상의 정체성, 식생활의 정체성, 운동의 정체성, 휴식의 정체성을 쌓아가는 것이 구체적인 방법이다.

스트레스를 긍정적으로 관리하여 갈등문제를 해결하면, 정의사회를 구현할 수 있고 정의사회는 사랑이 차고 넘친다.

일상생활 중에 사소한 일을 중심으로 하여 발생한 여러 가지 갈등현상은 자신이 받은 스트레스를 원인으로 하여 나타난다. 스트레스를 받았을 때 긍정적으로 대응하면 일상생활의 상태변환을 건강하게 끌고 가지만, 부정적으로 대응하면 여러 가지 갈등의 싸움 속으로 끌려간다.

스트레스에 긍정적으로 대응한 일상생활은 날마다 행하는 사소한 일, 식사, 운동, 휴식 등의 규칙적인 삶에 의해서 건강한 몸과 마음을 유지할 수 있고 스트레스도 자연스럽게 소멸된다. 입맛에 맞지 않은 음식도 맛있게 먹고, 즐거운 마음으로 몸을 달래어 가볍게 운동을 하며, 좋아하는 방법으로 휴식을 취하면 스트레스는 사라진다. 그러나 부정적으로 대응하면 스트레스는 몸과 마음의 정체성을 망각하게 하여 갈등을 일으킨다.

자신과의 갈등이 심각하고 많아지면, 가정 안에서의 갈등, 학교에서의 갈등, 직장에서의 갈등, 그리고 사회적 갈등을 일으키게 된다. 자신과의 갈등은 자기인식을 잘못하여 기분통제를 어렵게 한다. 자기인식과 기분통제를 잘못하면 인생의 목표와 삶의 목적을 잃고 방황하는 삶을 살아가게 된다. 몸과 마음의 일체화를 이룰 수 없고, 인생의 동기에 맞추어 삶의 동기에 맞춘 일상생활을 할 수 없게 된다. 감성역량이 낮아지게 된다.

가족 간에 소통을 어렵게 하고, 학교에서는 친구들과 다투게 하며, 업무 현장에서 동료들과 갈등을 일으켜서 불만과 비난을 자주함으로써 사회적 갈등으로 확대시키는 원인이나 촉매가 된다. 주어진 문제해결을 위해서 공감하기가 어렵고 소통이 어려워 양보하기 힘들고, 배려 심을 베풀기가 어려워진다. 편향된 자존심이 자기주장만을 내 세워 갈등을 크게 만든다.

자신과의 갈등, 가족 간에 갈등, 친구들과의 갈등, 직장동료들과의 갈등이 사회적으로 확산되어 사회를 불안하게 하고, 자신도 초조하게 되고 불안해지며, 우울하게 만든다. 사회적 갈등을 줄이기 위해서는 자기 자신을 중심으로 하여 몸과 마음의 일체감, 정체성의 회복, 그리고 감성역량을 높여서 감정을 통제하는 일부터 시작해야 한다.

몸과 마음의 일체감은 몸은 마음을 안정시킬 수 있는 행동을 하고, 마음은 바르게 생각하고 옳게 판단하여 몸이 안정되게 행할 수 있도록 격려해야 한다. 일상생활의 정체성, 식사생활의 정체성, 운동의 정체성, 그리고 휴식의 정체성을 발휘하고 개선해 나갈 수 있도록 몸과 마음이 서로 격려해야 한다.

사회적 갈등을 줄이기 위해서는 나의 자존감을 바탕으로 하여 기분을 통제하고 인생의 동기를 나 자신, 가정, 학교, 직장, 그리고 사회 속으로 확대시켜서 각 자의 일상생활을 성실하게 수행해 나가야 한다. 소속한 집단의 이웃들과 공감적인 이해를 하고 소통하는 삶의 방법을 중시해야 한다.

자기인식과 기분통제, 동기화, 그리고 공감적인 이해와 소통은 감성역량의 5가지 기본 요소이다. 감성역량을 높일 수 있는 인생의 목표와 목표 달성을 위한 삶의 목적을 이루어 나가기 위해서는 일상의 사소한 일을 선하게 행하는 훈련을 해야 한다.

감성역량을 높일 수 있는 일상생활은 사소한 일로 인해서 발생할 수 있는 스트레스를 긍정적으로 대응하는 생활상태를 유지시켜 나가는 것이다.

사소한 일을 하는 중에 발생한 문제에 관해서, 가족과 이웃, 친구들, 동료들과 문제점을 공감하고 소통하면서 이웃을 사랑할 수 있는 관계를 유지할 수 있다. 이웃과의 관계가 사랑으로 채워지면 나의 고집이 없어지고, 갈등을 일으키는 문제들이 없어진다. 정의로운 사회를 만들어 갈 수 있는 자기인식이 새로워지고, 좌우로 치우치지 않도록 마음을 다스려 준다.

기분을 통제할 수 있는 자존감을 세워주고, 인생의 목표와 삶의 목적을 위해서 이웃들과 공감하고 소통할 수 있는 감성역량을 높여준다.

사회갈등을 해소시키는 일은 감성역량을 높여서 일상생활의 사소한 일을 선하게 행하는 일부터 시작된다. 한 국가의 사회적 갈등이 해소되면, 그 힘과 역량으로 세계평화를 추구할 수 있다. 선진국이 후진국을 도와줄 수 있는 선한 일을 행하면서 더불어 살아가는 축복을 받게 된다.

4.3
스트레스의 관리체계

스트레스를 긍정적으로 대응하고 관리하기 위해서 스트레스가 발생하는 원인, 그리고 그 증상의 상태변환, 스트레스 증상의 상태변환 때문에 발생한 장애증상과, 예방하고 회복하는 방법에 관해서 알아보자. 스트레스가 발생하는 원인은 사소한 짜증으로부터 시작하여 예기하지 못했던 사건이 발생했을 때 나타난다, 그 원인을 다음과 같은 요소들의 체계로 설명할 수 있다.

(1000) 발생하는 원인
  (1100) 신체적인 요인
  (1200) 행동적인 요인
  (1300) 인지적인 요인
  (1400) 감정적인 요인
    (1410) 짜증
    (1420) 불안
      (1421) 근심걱정
      (1422) 좌절감
      (1423) 인내부족
      (1424) 신경과민
      (1425) 기분통제
    (1430) 압박감
    (1440) 소통부족
    (1450) 교만
  (1500) 감성요인
    (1510) 자기인식
    (1520) 기분통제
    (1530) 동기화
    (1540) 공감적 이해
    (1550) 소통

(1600) 사회적 요인
　(1610) 가정
　(1620) 육아
　(1630) 직장
　(1640) 업무
　(1650) 사회
　(1660) 관계

증상의 상태변환은 그림 3.1에서 변환의 요소 중심으로 설명하였고, 그림 7.3에서는 스트레스가 촉매가 되어 장애증상으로 끌고 가는 클러스터 STG 에 관해서 설명하게 된다.

스트레스를 받고 있다고 생각하면서 근심걱정을 하면 스트레스 때문에 짜증이 더욱 커지고 스트레스의 압박을 받게 된다. 근심걱정을 자주 하게 되면 불안해지고 주의력의 결핍과 인지력이 저하되는 스트레스의 장애현상이 나타난다. 이러한 상태변환의 과정을 설명하고 있는 그림 3.1이 "짜증의 요소 STG" 이다. 상태변환 과정에서 근심걱정이 더욱 심해지거나 집중의 방해자가 나타나면 불안을 향하여, 그리고 주의력 결핍을 향하여 끌려간다. 스트레스의 압박이 심해져서 주의가 산만해 지면 인지력의 저하로 끌려간다. 이러한 과정을 설명하고 있는 그림 7.3은 인지력 저하를 향하여 끌고 가는 끌개 상태의 클러스터 STG 이다.

마음먹기에 따라서 삶의 상태변환을 다양하게 발생시킨다는 의미는 무슨 뜻인가?

스트레스를 받고 부정적인 생각을 하면 장애증상으로 끌고 가는 클러스터 STG 상태와 같이 불안, 초조, 우울과 같은 증상의 상태가 되어 두통, 근육통, 복통, 수면장애와 같은 신체적 증상이 발생하게 되고 결국에는 과격해지고 우울해 지며 행동적 과잉행동이 나타난다.

한편, 긍정적인 대응을 하면 학습능력을 향상시키는 클러스터와 인지기능을 향상시키는 클러스터를 나타내게 된다. 스트레스의 원인을 관찰하여 스트레스를 일으킨 교란요소를 회복요인으로 바꿀 수 있다. 스트레스를 받는 동안에 짧은 긴장감을 강화시키고 가벼운 스트레스로 변환시켜서 집중력을 강화시키면 긍정적인 점을 찾아내서 놀라운 기억력을 발휘할 수 있고, 그 결과로 학습능력을 향상시킬 수 있다. 긍정적인 점을 찾기 위해서는 즐거운 결과, 희망, 그리고 순간적으로 좋아하는 사건으로 끌고 가는 생활상태를 만드는 것이다. 스트레스를 일으킨 원인의 강도와 지속시간을 늘리면 인지기능을 향상시킬 수 있고, 감성역량을 높여서 부정적인 스트레스의 감정을 억제시킬 수 있다. 끌고 간다는 의미는 스트레스 상태가 어떤 끌개상태 가까이 가면 장애증상으로 변환된다는 뜻이다. 그림 7.3에서 보면 불안과 스트레스가 상호 촉매작용하면 스트레스 압박의 상태변환은 근심과 걱정의 끌개나 집중의 방해자 끌개 가까이 가게 되어서 주의력 결핍이나 인지력저하 같은 장애증상으로 끌려간다.

스트레스가 발생한 상태는 나의 계획에서 벗어난 사소한 일의 상태가 발생하거나 계획된 일상생활을 방해하는 요소가 나타난 경우 이다. 이때에는 계획의 상위 단계를 조금 변경함으로써 하위 단계의 실행을 약간 변경하여 대처할 수 있다. 또 방해자의 입장을 고려하는 감성을 발휘하여 배려 심으로 선처할 수 있다.

받은 스트레스에 대응해서 긍정적인 반응을 할 수 있는 능력은 삶이 선한 영과 동행하고 있음을 보여주는 것이다.

스트레스를 받아서 발생할 수 있는 증상과 장애증상에 관한 상태변환을 다음과 같은 논리체계로 작성할 수 있다.

(2000) 증상의 상태변환

    (2100) 주의산만

    (2200) 집중력의 결핍

    (2300) 불안

    (2400) 우울

    (2500) 걱정

        (2510) 시험걱정

        (2520) 취업걱정

        (2530) 실직걱정

        (2540) 신용걱정

        (2550) 건강걱정

    (2600) 인 지력 저하

    (2700) 화병

(3000) 장애증상

    (3100) 우울증

        (3110) 집중력 저하

        (3120) 의욕저하

        (3130) 감정기복

    (3200) 공황장애

    (3300) 주의력 결핍증

    (3400) ADHD

    (3500) 경도인지장애

정체성은 일상생활의 습관을 정상적으로 유지하여 바른 생활을 하게 한다. 자존감을 내 세워 자신감을 가지게 하고 인생의 목표와 삶의 목적을 향하는 일상생활을 유지 시켜준다.

ABC 모델은, "회복력의 7가지 기술", 레이비치 지음, 우문식 번역, 의 책에서 소개한 모델이다. 역경(A)을 통해서 대응할 수 있는 방법을 찾고 실시간 믿음(B)으로 배려하며, 결과(C)로 실천하는 방법을 소개하고 있다. ACER 모델은, 주의, 의지, 감성을 발휘해서 회복할 수 있는 생활 방법을 모델링한

회복 모델이다. 스트레스에 대응한 예방과 회복에 관한 논리체계를 다음과
같이 작성할 수 있다. 감성역량에 의해서 실행할 수 있는 예방과 회복을 위
한 방법에 관해서는 5장에서 상세하게 설명한다.

```
(4000) 예방과 회복
    (4100) 클러스터 STG
    (4200) 정체성
        (4210) 일상생활
            (4211) 선한 일
            (4212) 다정함
        (4220) 식생활
        (4230) 운동
        (4240) 휴식
            (4241) 명상
            (4242) 기도
            (4243) 예술 감상
            (4244) 여행
            (4245) 차 마시기
            (4246) 즐거운 이벤트
    (4300) ABC 모델
    (4400) ACER 모델
```

V

감성역량

5.1
감성지수와 감성역량

미국 위스콘신 대학의 리처드 데이비슨 교수는 위상결속 상태의 수준을 측정하기 위해서 신호소리를 듣고 버튼을 누르도록 지시하여 귀에 들려온 소리를 듣고 반응하는 속도를 측정하고, 주의집중의 방해요소를 다음과 같이 세 가지 상태로 구분하여 측정해야 한다고 주장하였다.

1. 전전두엽 영역의 뇌파신호가 정확하게, 그리고 빠르게 소리와 신호를 활성화 시키는가를 확인할 수 있는 능력측정.
2. 고도로 집중할수록 위상결속 속도가 높아지는가? 를 측정.
3. 주의가 산만하고 생각이 복잡할 때는 동기화 상태를 유지하기 어렵고 주의집중력의 결핍장애가 나타나는 상태측정.

고도의 집중상태에서 전전두엽 피질의 핵심적인 신경조직이 인식의 대상과 동기화로 들어가는 상태를 위상결속(phase locking)이라고 정의한다. 살아있는 세포 사이에서 일어나는 동기화 현상(synchronization)은 심장과 뇌 사이에서 나타나는 전이현상과 관련이 있다. 세포와 뇌 사이의 동기화현상은 자연현상에서 일어나는 위상결합이고 공명현상(resonance phenomenon)에 해당된다.

외부에서 가해지는 주기적인 힘이 더욱 강해지면 내부순환은 자체적으로 움직이는 힘을 잃어버리고 외부에서 주어진 힘에 끌려간다,

스트레스를 받고 사는 일상생활에서 신체장애, 행동장애, 인지장애, 그리고 감정을 통제하기 어려운 마음의 상처를 지속적으로 받게 되면 외부에서 주어지는 스트레스의 부정적인 자극에 의해서 더욱 심한 스트레스 증상과 함께 우울증, 불안증과 같은 새로운 증상의 상태변환이 발생한다.

다시 말해서 외부의 부정적인 힘이 주기적으로 가해지면 내부에서 스트레

스를 극복하려는 노력의 힘이 약해지고 외부의 힘에 동조하여 내부 주기가 외부 주기에 결합되고 만다. 이것을 위상결합이라고 말한다. 일상생활의 사소한 일이 악한 영의 끌개 옆에 있을 때, 외부에서 악한 영의 요소들이 주기적으로 가하는 힘의 영향을 받기 쉽고, 이를 극복하려는 내부 노력의 힘이 외부의 악한 영과 결합하여 장애증상이 악화된다. 이것은 세포와 뇌 사이에서 일어나는 동기화 현상이 위상 결합되어 공명현상을 일으키는 상태변환이다.

감성역량이 부족하여 감정통제가 어려운 사람은 일상생활 속에서 자기중심적이고, 허세와 오만함이 자주 나타나고, 편향된 자존심을 보여주는 공명현상을 일으키게 된다. 감정적인 건강의 악화를 알려주는 5가지 공명현상의 신호를 편향과 연관시켜서 예를 들면 다음과 같다. 13가지 편향요인의 속성에 관해서는 6.2절과 6.3절에서 설명한다.

🔊 공명현상의 신호에 영향을 주는 편향요인

외부에서 주어지는 부정적인 생각의 힘에 동조하여 뇌와 마음속에서 공명현상이 일어나면, 다음과 같은 상태변환이 되고, 이 때에 편향의 끌개가 나타나서 스트레스 장애, 감정통제결정, 부정적대응, 갈등, 무력감 등의 장애가 발생한다.

- 스트레스를 쉽게 받는다. : 이기적 편향, 호감편향, 제로 리스크 편향, 연상 편향
- 감정표현을 억제하기 어렵다 : 권위자 편향, 이야기 편향, 부작위 편향
- 부정적인 생각을 자주 한다 : 행동 편향, 부작위 편향
- 갈등을 자주 일으키고 방어적인 생활 태도가 많이 나타난다 : 생존 편향, 이기적 편향, 사후 확신 편향, 결과 편향, 생존 편향
- 자기만 희생당하고 있다는 무력감을 자주 느낀다 : 자기선택 편향, 연상 편향

사람의 능력은 인지능력과 비 인지능력으로 구분한다. 인지능력(cognitive

power)은 지식을 획득하고 활용하는 능력으로 지식, 이해력, 사고력, 기억력, 문제 해결력, 판단력, 창의력과 같이 뇌와 관련된 능력이다. 이 능력이 낮을 경우에 나타나는 신체적 증상은 경도 인지장애(MCI, Mild Cognitive Impediment), 또는 치매이다. 이 장애는 뇌에서 습득하고 기억하는 정보와 지식이 부족하여 나타나는 장애상태이다. 비 인지능력은 끈기와 열정, 집중력, 동기화, 회복의 탄력성 등과 같은 감성지수(EQ, Emotional Quotient)로 측정한다. 끈기 있다, 참을성 많다, 침착하다, 자신감 있다와 같은 비 인지능력은 모두 감성지수가 높다는 의미이다.

감성지수가 높으면 몸과 마음의 일체감으로 감정통제를 잘 할 수 있고, 위상결합이나 공명현상의 상태변환을 억제시킬 수 있다. 인지기능은 자신의 감성역량을 동원해서 감정통제를 원활하게 할 수 있다. 감성지수는 자기인식을 기반으로 자기의 기분통제를 잘 할 수 있는 역량을 기반으로 해서 인생의 동기화를 수립하고, 삶의 목적에 도달할 수 있도록 다른 모든 사람 및 환경과 공감적인 이해를 하고 소통할 수 있는 능력을 말한다. 소통은 주변에 있는 사람과 사물, 환경, 부딪힌 문제와 소통하는 능력을 말한다. 수험생이 시험문제를 접했을 때는 출제자와 공감하여 문제가 무엇을 요구하는지 이해하고 소통하여 정답을 써야한다.

따라서 감정을 통제할 수 있는 감성역량은 자기인식, 기분통제, 동기화, 공감적 이해, 그리고 소통능력을 대상으로 하여 측정한다.

자기인식은 자기의 생활환경과 생활수준에 맞는 정체성의 인식을 기반으로 해서 삶의 동기에 맞춘 성취감과 감동하는 감사, 그리고 라이브웨어의 사소한 일 중에 절제와 희생이 내포된 선한 일의 일상생활을 살아가는 삶의 능력이다.

기분통제는 기쁨, 행복, 슬픔, 분노, 공포, 역겨움과 같은 기분을 억제할 수 있는 역량이다. 기쁘고 행복할 때 조용히 감사하고, 슬플 때 나의 마음을 위로하고, 분노를 참으며, 공포감을 느낄 때 담대한 용기를 내고, 실망시킨 상대방을 용서하고 위로할 수 있는 마음을 갖도록 감정을 통제하는 삶의 역량이다.

공감적인 이해는 유사한 환경 안에 어울려 살아가는 사람과 사물, 동물과 식물들과 삶의 동기화를 맞추어 살아갈 수 있도록 공감하고 이해할 수 있는 삶의 능력이다. 서로 간에 유사하지 못한 생활환경일지라도 상대방의 여건과 입장을 고려하고 이해할 수 있는 배려심을 가지고 살아가는 역량이다.

소통은 공감적인 이해를 바탕으로 하여 상호간에 필요한 정보를 교환할 수 있는 삶의 상태이다. "감사합니다," "미안합니다." "실례합니다." 와 같은 말을 자주 하면서 살아가는 사람은 열린 마음으로 소통을 잘 하는 삶의 상태를 보여준다. 상대방에 대한 공감적인 이해심이 높은 사람은 소통을 잘 하고, 정체성이 뚜렷한 사람은 자기인식 기반으로 자신과의 소통을 잘 하는 사람이다. 자신과의 소통을 잘 하면 기분을 통제하기 쉽고 마음을 다스리기 편하다.

감성역량을 높여서 일상생활 중에 일정한 수준을 유지하기 위해서는 몸과 마음의 일체성을 유지해야 한다. 마음으로 결정한 일을 몸으로 즐겁게 실천할 수 있도록 감성역량을 높이는 일은 몸과 마음의 일체감을 통해서 감성역량을 높이는 회복훈련이 된다. 마음은 뇌를 통해서 판단하고, 사람의 감정과 감성을 다스리기 위해 몸과 마음의 일체화를 이루고, 몸과 마음을 연결하는 자기인식 역량을 높인다. 일상생활의 사소한 일은 인지능력을 높여서 감정을 잘 통제함으로써 선한 일의 결실을 보게 되고, 그렇지 못하면 장애증상이 나타난다.

감성지수를 측정하기 위해서 EQ.GQM 문답지를 사용하고, 그 지수를 높이기 위해서는 회복 모델 ACER (Attention, Cognition, Emotion, Resilience)를 사용할 수 있다. 본 장은 이 두 가지 도구를 설명하는데 중점을 둘 것이다.

5.2
EQ.GQM 문답지

1. 감성역량 체계

나의 정체성은 자기인식을 기반으로 하여 삶의 가치, 믿음, 행동하는 용기를 가지고 목표한 삶의 동기에 맞추어 일상생활을 유지하게 한다. 정체성은, 삶의 과정에서 많은 사람, 그리고 다양한 환경과 조건을 만나면서 즐거운 일에 기뻐하며 감사하고, 괴로운 일을 만나면 걱정하지만 해결의 실마리를 찾으면서 살아갈 수 있게 한다.

정체성을 기반으로 한 자기인식과 자존감을 내 세워 기분을 억제하면서 감정을 다스린다. 기분통제를 함으로써 자신감을 가지고 신뢰감을 보여주면서 안정된 삶의 가치자산을 축적해 나간다. 신뢰성있는 자기인식과 기분통제는 인생의 동기화 목표와 일상생활의 동기화 목적을 성취시켜 나감으로써 가치있는 라이브웨어의 자산을 "100세 유산"으로 후손들에게 상속할 수 있다.

동기화 목표와 목적에 합당한 공감적인 이해를 할 수 있도록 노력함으로써 대인소통은 물론 자신과의 소통능력을 높일 수 있다. 소통능력은 사람과의 소통, 사물과의 소통, 그리고 삶 속에서 부딪힌 문제들과 소통하여 이해하고 해결할 수 있는 능력이다. 자기인식과 기분통제를 기반으로 삶의 동기를 수립하고, 창의력과 리더십을 발휘하여 대상자들과 공감적인 이해를 하여 소통할 수 있는 역량이 곧 감성역량이다. 이와 같은 감성역량 체계를 그림 5.1과 같이 표현할 수 있다.

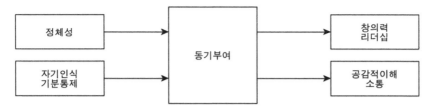

그림 5.1 감성역량 체계

감성역량이 동기화의 목표와 목적에 합당한 역할을 하기 위해서는 감성역량을 기반으로 하여 마음으로 결정하고 몸으로 행동해야 하며, 감성역량이 부족함을 느낄 때는 감성역량의 체계에 따라서 회복훈련을 해야 한다. 감성역량은 두뇌를 통해서 의사결정을 하여 마음먹고 몸으로 행동할 수 있도록 감정을 통제한다. 감성역량으로 통제된 감정은 동기화의 목표와 목적에 맞추어서 행동할 수 있도록 몸과 마음을 통제한다. 감성역량을 발휘하여 몸과 마음을 일체화 시키고 감정과 행동을 통제하는 과정을 그림 5.2와 같이 설명한다.

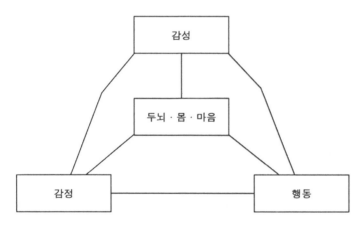

그림 5.2 감정통제를 하는 감성역량

회복훈련은 회복의 탄력성을 높여 준다. 회복 탄력성의 세 가지 핵심 요소는 자기조절, 대인관계 능력, 그리고 삶의 긍정성이다. 자기조절은 욕구억제, 원인분석, 반성, 문제의 성찰, 그리고 일체화된 몸과 마음으로 내면세계의 주도권 등을 조절할 수 있는 능력이다. 대인관계의 능력은 공감적인 이해와 소통으로 배려함으로써 이룰 수 있다. 삶의 긍정성은 사소한 일 중에 발생한 문제점을 긍정적인 관점에서 이해하고 그 원인을 찾아서 해결할 수 있게 한다.

감성역량은 감정표출을 억제하고 동기화에 맞추어서 마음으로 이해하여 판단하고, 몸으로 말하고 행동할 수 있도록 기분을 통제함으로써 몸과 마음을 조정하여 다스릴 수 있다. 감정조절이 잘 안될 때는 회복훈련을 할 수 있다. EQ.GQM 문답지를 사용하여 감성지수를 측정하고, 부족한 요소를 식별하여 ACER도구를 사용함으로써 요인의 속성을 높이는 회복훈련을 할 수 있다.

문제점에 관한 성찰과 분석은 자신의 동기화 목표와 목적에 도달할 때 까지 꾸준하게 노력하는 능력, 곧 그릿(GRIT)이다. 그릿은 감성역량을 충분히 발휘할 수 있게 하여, 자신감과 자기조절 능력을 실행하게 한다. 자신감은 자기의 능력을 믿고 행함으로써 나의 몸과 마음에 내재된 삶의 동기를 향해서 노력하는 힘이다.

삶의 긍정성은 이와 같이 행한 긍정적인 일상생활에 만족하고 감사함으로써 기쁨으로 충만한 몸과 마음을 유지하고 감동적인 삶을 살아갈 수 있게 한다. 감동적인 삶은 사소한 일을 선한 일로 상태변환 시키며, 선한 일이 일상화 되면 선한 영과 동행하는 삶으로 끌고 간다.

2. 선한 영과 동행하는 사소한 일

수열, " $\frac{1}{2}, \frac{1}{3}, \frac{1}{4}, \cdots, \frac{1}{n}, \cdots$ " 는 0에 가까이 수렴하지만, 일상생활의 사소한 일을 하면서 극한치 0에 도달할 수는 없다. 이러한 극한치의 원리를 이용해서 연구해 낸 미적분을 사용하면 건강 상태변환에 대한 곡선의 길이를 계산할 수 있고, 여러 가지 모양의 넓이와 부피를 계산할 수 있다. 건강상태를 나타낸 곡선의 형태와 길이는 상태변환의 속도와 소요되는 시간을 표현한다. 동적 시스템 상에서 미분 방정식을 사용하여 곡선을 추적할 수 있으며 곡선을 따라서 요소들이 변하는 속도와 변한 길이도 계산할 수 있다. 이 땅에 사는 인간의 능력으로는 극한치 0에 도달할 수 없지만 0의 존재를 믿고, 미적

분과 미분 방정식을 사용하면 일상생활 중에 발생하는 여러 가지 자연현상의 상태변환 법칙을 이해할 수 있다. 자연법칙에 휴먼요인을 대응시키면, 사소한 일 때문에 발생한 건강상의 문제점의 원인도 알 수 있고, 그 문제점이 언제쯤 어떠한 증상으로 변하는지 예측할 수도 있다.

인간이 발전시킨 과학기술 중에 가장 작은 원소는 수소이다. 건강에 좋은 수소 물, 공해가 없는 수소 차 등, 수소를 이용하여 생활에 편리한 여러 가지 도구와 물건을 만들어 사용하고 있다. 현대과학은 수소보다 더 작고 빠르게 움직이는 우주전자를 발견하여 실용화를 위해서 노력하고 있다. 우주전자는 태양에서 지구까지 도달하는데 8분 40초 소요된 것을 알았지만 아직 우주전자를 이용한 제품은 만들지 못하고 있다. 다만, 지구 북극에서 남극까지 관통하는 우주전자를 측정하는 장치, LIGO를 남극에 설치하고 우주전자를 활용할 수 있는 방법을 연구하고 있다.

이 땅위에서 살아가는 인간은 햇빛 에너지를 받아 살아가지만, 영혼의 세계에서는 사랑의 에너지로 살아간다는 섭리를 믿는다면, 이 땅 위에서 일어난 사소한 일이 선한 영과 동행할 때 어떠한 결실을 맺을 수 있는지는 짐작할 수 있다. 햇빛 에너지는 시간과 공간의 제약을 받지만 영혼을 비추는 참빛, 사랑의 에너지는 시간과 공간의 제약을 받지 않기 때문에 영혼의 세계에 있는 영혼이 마음만 먹으면 모든 일이 마음먹은 것과 같이 이루어지는 것을 믿을 수 있다.

햇빛 에너지는 자연법칙에 따르지만, 참 빛 사랑의 에너지는 창조섭리에 따라서 움직이고 변환된다. 이 땅 위에서 행해지는 사소한 일이 선한 영과 동행하면 우리의 마음이 선해지고, 사랑의 에너지를 축적하면서 영원한 생명을 추구할 수 있다. 악한 영은 사소한 일이 선한 영과 동행하는 것을 방해한다. 편향, 편견, 고집, 교만, 시기, 질투, 등과 같이 나쁜 생각이 마음속에서 울어 나오게 되면 악한 영이 사소한 일 사이로 비집고 들어와서 일상생활을 나쁜 상태로 끌고 간다. 부정적인 스트레스를 일으켜 장애증상으로 상태변환 시키거나 우울증이나 불안증을 가져온다. 선한 영은 사소한 일을 하면서 사랑을 실천하고, 절제하며, 남을 배려하고, 말하고 행동할 때 겸손히 행하게 함으로써, 악한 영이 비집고 들어올 틈을 주지 않는다.

이러한 생활상태를 기독교인들은 성령을 받을 수 있는 신앙생활이라고 믿는다. 성령을 받은 시간과 공간에서는 세상의 상식을 초월한 능력을 발휘할수 있다. 감성역량을 발휘하여 사소한 일을 선하게 행하고, 시간과 공간을 초월하여 선한 영과 동행함으로써 성령과 함께하는 거룩한 인생의 삶을 이루어 가게 되는 것이다.

영혼의 세계에서는 시간과 공간을 초월한 참 빛의 에너지로 살아간다. 거룩한 인생, 사랑을 실천하는 삶은 참 빛을 받는 영혼의 세계를 약속받게 된다.

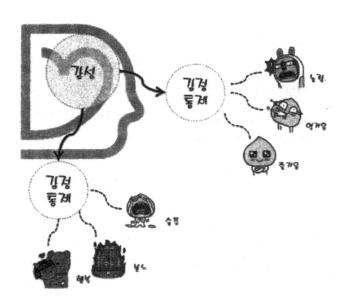

감정통제하는 EQ

5.3
EQ.GQM 문답지의 구성

EQ.GQM는 라이브웨어의 사소한 일에 관한 문답지, LW.GQM의 장애증상 문답지와 연계하여 감성지수를 계산한다. EQ.GQM 문답지는 QIP문맥, Quality Improvement Paradigm, 에 맞추어서 작성한다. QIP문맥을 작성하는 기준에 따라 자기인식, 기분통제, 동기화, 공감적 이해, 그리고 소통 별로 문답지의 문항을 작성한다.

□ QIP문맥의 작성기준

1. 건강관리를 위한 EQ의 QIP 문맥목표와 세부목표
감정통제를 위한 감성역량의 수준을 유지하고, 필요에 따라서 회복시켜야 될 일상생활의 규칙과 회복을 위한 훈련도구를 사용하는 목표를 설정하여 수행할 수 있도록 구성한다. 세부 목표는 다섯 가지의 EQ 요소별로 다음과 같이 정의한다.

- 자기인식 :정체성을 기반으로 사소한 일 중심의 자기인식을 뚜렷하게 수립하고 자신감을 인지한다.
- 기분통제 :감성역량을 높여서 사소한 일 중심으로 발생하는 기분을 통제한다. 감정의 핵심 요소인 행복, 즐거움, 놀라움, 슬픔, 역겨움, 분노 등을 조절하여 기분통제를 할 수 있다.
- 동기부여 :축적한 자신감을 활용하여 몸과 마음의 균형을 유지하고 인생의 목표와 삶의 목적을 이룰 수 있도록 사소한 일을 가치 있는 자산으로 축적해 나간다.
- 공감적 이해 : 일상생활을 함께하는 교제 대상자, 즉 사람, 사물, 동식물, 환경과 공감할 수 있도록 이해하고 배려함으로써 인생과 삶에 부여된

동기의 목표와 목적을 달성한다. 공감적인 이해는 몸과 마음의 일체화를 통해서 체화된 인지능력을 발휘할 수 있게 한다.
- 소통 : 공감적인 이해를 바탕으로 상호 소통하는 능력으로 대외 소통과 자신과의 내부 소통을 이루어 간다.

2. 문답지 문맥의 개념적인 결함을 예방하는 방법

EQ.GQM을 사용하여 감성역량의 데이터를 수집하고 분석한 결과에 대해서 동기화의 목표와 세부목표 사이의 일관성을 체크하여 문맥의 결함을 줄일 수 있다. EQ.GQM 문답지는 다섯 가지 요소별로 각각 5개씩 상위 대표문항을 정하고 하위 세부문항을 3개씩으로 나누어 구성하였다. 따라서 항목 수는 하부 세부문항이 대표문항을 포함하여 4개씩이 되어 모두 20개 문항으로 구성된다.

□ QIP문맥의 여섯 단계 분석

EQ요인 별 대표문항과 세부 문항(4개씩)을 작성하기 위해서 다음 6가지 단계의 문맥에 따라서 분석한다.

1. 환경 특성 : 품질모델과 데이터 측정환경을 상위목표와 하위목표, 개념적인 차이를 분석하고 문답지를 작성한다.
2. 상위목표의 계량화 : 목표의 분석과 개선
3. 신뢰성과 일관성 중심의 성능개선을 위한 평가 및 실행도구의 개선
4. 문답지 작성과 관련 데이터 수집의 편의성
5. 데이터 수집방법 : EQ요소 및 문답지의 식별과 연관성 분석
6. 응답지 결과분석과 개선

이상과 같은 분석 단계를 다음의 두 가지 과정을 반복 수행하며, 5가지 요인별로 20개씩 문항을 작성한다.

첫째, 과제의 반복수행을 통해서 모니터링 한다.

둘째, 과제의 체계적. 조직적 반복수행 : 과제를 수행한 데이터를 분석하여 데이터의 일관성과 모순을 찾는 과정을 체험하고 재사용한다.

□ EQ의 다섯 가지 요소

EQ의 각 요소는 5가지 핵심 요소별로 각각 4개씩의 문항번호 (16, 17, 18, 19, 20)로 구성하고, 각 핵심 요소들은 3가지씩의 세부 요소로 구성한다. 응답내용의 일관성을 체크할 때, 각 핵심 요소의 대표문항별로 소속된 세부요소의 측정치의 평균과 비교하여 응답의 일관성을 평가한다. 대표문항 16번의 수준과, 세부문항 1, 2, 3의 평균수준이 일치하면(오차범위 안에서) 일관성 있는 응답이 된다.

1. 자기인식 요소 : 점수가 높을수록 자기인식 능력이 부족하다.

나의 정체성을 옳게 인식하여 나의 기분을 통제한다. 정체성을 지속적으로 개선하여 축적해 나감으로써 자신감을 가지고 상대방과 공감적인 이해를 하면서 원활한 소통을 함으로써 일상의 사소한 일을 선하게 실천할 수 있다. 정체성은 몸과 마음의 유전적인 특성을 기반으로 하여 일상생활 중의 체험과 학습내용을 중심으로 기억 속에 잠재되고 삶 속에서 실현되어 라이브웨어의 가치자산이 된다. 신체적, 행동적, 인지적, 감정적인 생활자산이 된다. 건강관리의 상태변환에 관한 체험이슈를 작성할 때, 일상생활을 신체적, 행동적, 인지적, 그리고 감정적으로 구분하면 이슈작성이 편해진다. 자기인식 기반의 감정통제를 함으로써 인생과 삶에 부여된 동기를 달성할 수 있게 된다.

나의 자존감은 나의 존재에 대한 존엄성을 인식하고 확립된 나의 정체성을 바탕으로 나의 꿈과 비전을 달성할 수 있게 한다. 인생의 동기는 나와 가족, 이웃, 직장 동료, 국가사회, 그리고 세계 시민으로 성장할 수 있는 뜻과 의지를 갖추어야 한다. 자기인식의 EQ 목표치와 EQ 측정치를 비교하여 꿈과 비전을 달성할 수 있는가를 평가 할 수 있다.

16. 자기의 기분통제 능력 부족 : 점수가 높을수록 자기인식 수준이 낮다.

   1. 규칙적인 생활 습관

   2. 올 바른 식 습관

   3. 정체성 기반 기분조절

17. 자신과의 소통부족 : 정체성, 자신감, 자존감의 결핍으로 소통이 어려워진다.

   4. 공감적 이해

   5. 생활 스트레스

   6. 긍정적인 생각

18. 일상생활 중에 나타나는 스트레스 대응방법에 따라서 다음과 같은 상태가 발생한다.

   7. 스트레스 증상

   8. 행동장애

   9. 업무방해

19. 자신감 유지가 어려워 나타나는 증상은 다음과 같다.

   10. 주의 집중력 결핍

   11. 짜증

   12. 기분조절이 어려움

20. 정체성 유지가 어려워서 발생하는 증상은 다음과 같다.

   13. 유연한 사고력 결핍

   14. 일관된 학습이 어려움

   15. 동기화 목표달성의 어려움

2. 기분통제 요소 : 점수가 높을수록 기분통제 능력이 부족하다.

EBS 방송사가 10대, 30대, 60대 사람들의 표본공간을 설정하고 어느 때 우월감과 열등감을 느끼는가를 조사하였다. 10대 청소년 그룹이 우월감을 느낄 때는 권력, 스포츠 특기, 재력있는 부모, 학력, 외모의 순서로 응답했다. 30대 청년 그룹은 외모, 재산, 인맥, 안정된 직업, 화목한 가정의 순서로 우월감을 느낀다고 응답하였다. 60대 장년 그룹은, 건강, 화목한 가정, 부모님의 사랑, 진실한 친구, 배려하는 행동의 순서로 우월감을 느낀다고 응답하였다. 우월감과 열등감은 정신적인 콤플렉스이다. 열등감 콤플렉스는 자신의 부끄러움을 숨기고 싶어 하는 마음으로 우리들의 삶을 억누르는 나쁜 요소이다. 우월감 콤플렉스는 나의 높은 지식과 인지능력을 보여주고 싶은 마음이다. 열등감은 오만한 마음에서 발생하고 우월감은 열등감을 감추기 위한 외적인 허세이다.

자존감은 자신의 결점과 능력의 한계를 자백하는 겸손함과 자신의 장점을 내 세워 인생의 동기화를 수립하고, 삶 속에서 그 목적을 달성해 나가는 우월감이다. 우월감은 자존감을 높여서 자기를 존중하는 기분을 통제할 수 있는 감성역량이다. 우월감은 기분통제를 잘 할 수 있게 하고 우리의 삶이 선한 영과 동행할 수 있게 한다. 그러나 우월감의 외부 보여 주기가 심하면 교만해져서 열등감의 뒷면을 표출시키기 쉽다.

확실한 자기인식을 토대로 한 우월감은 기분통제를 동기부여에 맞추어 잘 할 수 있고 높은 감성역량을 발휘하게 된다. 부지런하고 태만하지 않은 일상생활을 실천하기 위해서는 몸과 마음의 일체화된 노력이 필요하다. 몸과 마음의 일체화는 기분을 조절할 수 있는 힘을 준다.

16. 자신감 부족 : 자존감이 부족하여, 극적이고 주도적인 역할을 할 수 있는 결단력이 부족하다.
    1. 확고한 의지부족
    2. 자신감에 의한 논리부족
    3. 지나친 자격지심
17. 신뢰감 부족 : 집중력과 이완력부족
    4. 근심과 걱정이 많고 문제 해결능력 부족
    5. 게으르고 태만하며, 산만하고 권태감과 좌절감을 자주 느낌
    6. 불안한 마음 상태의 조절부족
18. 안정감 부족 : 마음의 통제부족

7. 문제해결 능력부족

8. 자신의 통찰 족

9. 기분 통제부족

19. 자기성찰과 반성 부족 : 자신의 통찰과 기분조절

10. 의사결정의 판단기준 부족

11. 사소한 일에 대한 근심과 걱정

12. 실망, 좌절, 불안한 느낌

20. 기분조절 부족 : 순간적인 기분에 좌절

13. 부정적이고 비관적인 걱정

14. 패쇄 공포증

15. 심한 감정표출

3. 동기 부여 : 점수가 높을수록 동기부여 능력이 높다.

동기부여는 인생의 목표와 삶의 목적을 이루어 나가는 지표이다.

정체성(나는 누구인가?),

중요성(나는 중요한 존재인가?), 그리고

영향력(사회생활에서의 나의 위치?)

를 식별하고 인식함으로써 삶의 동기부여를 한다. 자기인식과 기분통제를 토대로 해서 몸과 마음의 균형을 유지하고 삶의 동기부여를 실천한다. 몸과 마음의 유기적인 관계를 유지하면서 동기부여를 실천해 나가고 자기인식과 기분통제를 바탕으로 하여 공감적 이해와 소통을 함으로써 삶에 부여된 동기를 실현해 나간다.

16. 몸과 마음의 일체화 : 몸과 마음의 균형을 취하여 계획과 행동수행

1. 몸과 마음의 연결

2. 야망과 사명의 식별

3. 욕심과 야망의 억제

17. 몸과 마음의 균형과 유기적 관계유지

4. 감사, 배려, 봉사, 감동

5. 스트레스 관리

6. 건강한 몸과 마음을 다스림

18. 자기인식의 지속적인 학습

7. 일상생활 중에 자기인식과 기분조절

8. 즐거움 찾기, 긍정적인 생각, 집중력과 이 완력 관리

9. 계획적인 동기화 학습

19. 확신의 힘 : 선과 악, 기쁨과 슬픔을 고려하면서 자기인식과 기분통제

10. 동기부여를 자기능력과 기분통제 능력에 맞춤

11. 나의 정체성과 자기인식에 맞춤

12. 동기부여 달성을 위한 노력

20. 자신감 활용 : 공감적 이해와 소통

13. 동기화를 위한 팀워크와 리더십

14. 배려 심

15. 문제해결 능력

4. 공감적인 이해 : 점수가 높을수록 공감적 이해능력이 높다.

공감적 이해는 상대방을 배려하는 마음으로부터 시작한다. 배려는 인간관계에서 가장 기본적이고 중요한 요소이다. 배려심이 높은 일상생활은 신체적으로 건강하고 몸과 마음이 일체화된 생활상태를 보여주며, 인생의 동기화 목표와 삶의 동기화 목적을 향하여 살아간다. 공감적 이해는 나와 가족, 이웃, 직장동료, 국가사회, 그리고 세계 시민의식을 가지고 이루어져야 한다. 공감적인 이해를 토대로 해서 원활한 소통을 할 수 있으며 소통은 정확한 의사결정과 행동을 보여준다. 공감적인 이해는 감성공감, 균형감각, 관심, 그리고 양보하는 마음으로 사소한 일을 심도 있게 관찰하고 이해해야 된다.

- (감성 공감) 이웃의 아픔에 같이 아파하고, 기쁜 일에 함께 감동한다. 말 하거나 행동할 때 충동적인 감정표출을 조절한다.

- (균형감각) 교제하면서 소통할 때, 그리고 언쟁이 발생 했을 때 상대방의 감정을 살피고,
- (양보) 자존감을 유지하면서 겸손한 배려 심을 나타낸다.
- (관심) 스토리텔링은 사실 중심의 스토리에 재미있는 텔링(이야기)을 추가하여 대화를 부드럽게 하고 나의 의견을 조심스럽게 제안한다.

16. 배려 : 역지사지, 역지감지, 역지행지를 기반으로 하여 인간관계를 유지한다.
    1. 역지사지, 관심, 균형감각
    2. 역지감지, 감성 공감, 균형감각
    3. 역지행지. 양보, 균형감각

17. 역지사지 : 상대방의 기분, 생각, 동기, 의도에 공감하면서 좋은 관계를 유지한다.
    4. 사건이 발생한 여건과 상대방의 입장을 고려한다.
    5. 양보
    6. 소통

18. 역지감지 : 언쟁이 발생 했을 때 상대방의 기분과 감정을 살핀다.
    7. 자신의 감정과 기분을 파악하려고 노력한다.
    8. 내 일을 방해하는 자의 입장을 고려하여 대응한다.
    9. 황당한 일을 보거나 당 했을 때 상대방의 입장을 고려하여 대응한다.

19. 역지행지 : 감사할 일과 칭찬할 일을 찾을 수 있는 소통이나 행동을 한다.
    10. 스트레스를 피할 수 있는 생활습관을 길러간다.
    11. 꿈과 비전을 향하여 한 발짝씩 다가가고, 버티면서 행동한다.
    12. 사소한 일 중에 남을 돕는 일을 포함시킬 수 있도록 노력한다.

20. 인간관계 : 겸손하고 배려함으로 성취감을 얻고 감동한다.
    13. 교제 중에 감사하고 즐거움을 느낀다.
    14. 만나거나 통신을 이용한 교제를 많이 한다.

15. 일상생활 중에 감사하고 칭찬하며 감동할 일을 많이 한다.

5. 소통 : 공감적인 이해를 토대로 감동하고, 다음과 같이 소통한다. 점수가 높을수록 높다.
- 열린마음으로 자신감을 가지고 소통한다.
- 거룩한 인격형성을 목표로 하여 소통한다.
- 일상생활 중에 만나는 사람들과 부딪히는 환경에 공감할 수 있도록 노력한다.
- 다양한 방법으로 소통할 수 있도록 노력한다.

16. 열린마음 : 자신감을 가지고 여러 사람과 솔직하고 긍정적인 자세로 소통한다.
   1. 자신감을 가지고 인생의 목표와 삶의 목적을 위한 동기화 노력을 한다.
   2. "감사 합니다", "미안 합니다", 실례 합니다" 와 같은 말을 많이 하려고 노력한다.
   3. 열린마음과 생활태도, 호기심을 가지고 살아간다.

17. 감정의 느낌 : 상대방의 기분을 관찰하고 고려하여 공감 하도록 소통한다.
   4. 상대방에 대한 긍정적인 마음과 감정을 가질 수 있도록 노력한다.
   5. 생각, 느낌, 사고방식, 행동패턴을 꿈과 비전에 맞추어서 지속적으로 개선한다.
   6. 상대방이 나의 배려심을 느끼고 인정할 수 있도록 노력한다.

18. 소통상태 : 열린마음으로 교제하고 자신감있게 소통한다.
   7. 상대방의 기분과 감정을 살피면서 소통한다.
   8. 대화할 때 상대방의 눈과 마주 치면서 주의를 집중하여 공감대를 형성한다.
   9. 상대방의 여건을 고려하면서 소통한다.

19. 대인소통 방법 : 공감적인 이해심을 가지고 소통한다.

10. 공감할 수 있는 스토리와 재미있는 텔링으로 소통한다.

11. 가정, 직장, 학교, 사회생활에 관한 스토리텔링을 준비한다.

12. 학습이나 업무 내용을 주제로 토론하고 그 결과를 스토리텔링으로 작성 한다.

20. 자신과 소통 : 자기인식 기반의 자신감과 정체성을 가지고 스스로 소통한다.

13. 체험 중심의 스토리텔링을 만들어 자신과 소통한다.

14 자신의 동기부여를 위해서 자신감과 결단력을 높이는 훈련을 지속한다.

15. 강한 주장보다는 조심스럽고, 진득한 행동과 설득을 중시한다.

5.4
감성지수 측정과 활용

1. EQ.GQM의 평가

감성역량을 평가하는 감성지수의 측정은 감성역량의 다섯 가지 요소, 자기인식, 기분조절, 동기화, 공감적인 이해, 그리고 소통에 관해서 각각 20개 항목씩의 응답내용을 점수로 계산한다. 자기인식과 기분조절은 점수가 높을수록 감성지수가 낮고, 동기화, 공감적 이해, 그리고 소통은 점수가 높을수록 감성지수를 높게 평가할 수 있도록 구성하고, 평가체계는 다음과 같이 설명한다.

정체성을 기반으로 자기 자신을 똑바로 인식하여 자존감을 수립하고, 스스로 기분조절을 함으로써 감정을 조절할 수 있다. 자신의 감정에 공평하고 사회정의를 위한 인생의 목표와 삶의 목적에 합당 하도록 동기를 부여하고, 동기화에 맞추어서 나와 당신, 나와 그 것, 나에게 부딪친 문제에 대한 공감적인 이해를 하고 상호 소통할 수 있는 감성역량을 갖추어 나가는 것이 목적이다.

2. 감성역량의 평가기준

감성역량의 평가는 일상생활의 행동속성(BA. Behavior Attribute) 중심으로 체크하고 평가한다. 신체의 어디가 아프고 고통이 심한가, 일상생활 중에 행한 사소한 일이 선했는가, 악에 치우치지는 않았는가, 인지능력이 높아, 옳고 그름을 정의롭게 판단하였는가, 감정통제가 안 되어 편협한 생각으로 다혈질의 기질을 나타내지는 않았는가. 등의 행동속성을 체크한다. 그리고 부여된 동기에 부합된 행동을 했는가, 상대방과 공감적인 이해를 바탕으로 소통하였는가를 체크한다.

일상생활의 행동속성 중심으로 사소한 일을 얼마나 선한 마음으로 실천하였는가를 측정하여 감성역량을 평가한다. 신체적인 행동속성은 건강 모니터링을 위한 가치자산, 실천하는 행동속성은 생활 모니터링을 위한 가치자산, 인지적인 행동속성은 마음먹은 것을 정의롭게 판단하는 뇌 훈련의 가치자산, 그리고 감정적인 행동속성은 감정을 통제할 수 있는 감성역량의 가치자산을 축적 시켜준다. 행동속성은 라이브웨어의 수준을 체크하는 행동요인의 특성이다.

삶의 가치자산(Liveware)은 휴먼요인의 산업표준인 SHEL을 기반으로 하고, 주의집중력 중심으로 확장한 xSHEL모델을 사용한다.

행동속성으로 정의된 기준에서 BA 값을 다룰 때는 다음과 같은 기준에 맞추어서 환산한 값으로 평가한다. BA의 단계를 나타낸 퍼센트 수치는 표 5.1에서 보인 BA의 값을 기준으로 역량지수를 평가한 국제 표준을 참고하여 정했다.

감성역량을 평가하는 기준은 백분율을 네 단계로 나누어서 계산한다. 다섯 가지 요소별로 표 5.1과 같이 네 단계로 나누어서, 완전달성, 대부분 달성, 부분달성, 그리고 미달성으로 나누고 BA 값을 단계별로 나누어서 지수를 계산한다. 다섯 가지 요소별로 능력지수가 갖는 감성역량의 수준을 상세하게 식별할 수 있다. 요소별로 구분된 감성역량의 수준은 측정 데이터가 쌓일수록 더 높은 신뢰성을 가질 수 있다. 그 예를 저자가 시험한 임상심리의 분석결과 보고서 중심으로 설명해 보자.

표 5.1 BA값의 단계별 속성의 성취수준

BA 값의 단계, 퍼센트	속성의 성취도 수준
85 〈 BA 값 ≦ 100	완전 달성
50 〈 BA 값 ≦ 85	대부분 달성
15 〈 BA 값 ≦ 50	부분 달성
0 〈 BA 값 ≦ 15	미달성

3. 감성역량의 평가방법

감성역량은 세 가지의 생체측정과 GQM기반 라이브웨어 검사(LW.GQM) 및 감성지수 계산(EQ.GQM) 으로 측정하고 평가하여 판정한다. 생체측정은 신체에 부착할 수 있는 세 가지 측정장치를 사용한다. 생체측정장치는 시중에서 판매하고 있는 피부 온도, 스트레스 반응도, 그리고 심장박동 측정장치이다. 생체측정은 신체 반응의 감성을 계산하고 감성 상태변환 분석을 함으로써 건강상태 모니터링을 한다. 라이브웨어 검사는 생활상태를 모니터링 함으로써 질병증상의 상태변환 분석을 한다. 감성지수의 계산에 의해서 감성역량을 평가하고 감정통제능력을 모니터링 함으로써 감성역량의 평가와 회복력을 계산한다.

4. 감성역량을 높이는 학습과 회복력의 평가

라이브웨어의 검사와 감성지수의 계산은 선행검사를 위한 선행검사이고, 그 결과에 따라서 전문의사의 진단검사와 감별검사를 받도록 추천한다. 회복훈련은 명상, 음악감상, 그림감상, 여행, 운동 등, 여러 가지 이모션 스토리의 콘텐츠를 체계적으로 감상하거나 ACER 모형 같은 전문 도구를 사용하여 학습한다.

① 1차 선행검사 : 한 달 정도(주 5일, 4주간, 모두 20일)의 사소한 일 중심으로 LW.GQM 검사 및 EQ.GQM 계산을 한다.
② 검사결과 : 일상생활의 장애증상과 감성역량을 평가하고 회복역량을 평가하여 회복 훈련의 모델링을 한다. 이 때, 생체측정 데이터가 있으면 추가하여 판정한다.
③ 상담과 멘토링 : 검사결과를 중심으로 하고, 평가기준 및 회복역량을 참조하여 추가검사를 하고, 회복할 방법을 상담한 후에 훈련한다.

④ 2차 검사 : 회복훈련을 받은 후에 모든 검사를 다시 하고 회복한 정도를 평가한다.

⑤ 관리 방법 : 회복 훈련의 추가, 또는 전문의사의 검사를 추천한다.

5. 감성역량 평가와 결과의 활용

EQ.GQM의 응답지 내용을 분석하고 감성지수를 계산하여 감성역량을 평가한다. 감성역량을 기반으로 하여 목표한 교육과 훈련을 받아서 전문가로서의 자질에 맞추어 감성역량을 높일 수 있다.

본 절에서 소개한 EQ.GQM의 검사는 서울과 지방에 소재한 대학의 취업 준비 과정으로 실시한 훈련과정에 참여한 학생을 대상으로 실시하였다. 훈련과정은 대학의 정규과정에서 컴퓨터 관련과목을 이수한 학생을 대상으로 실시하였다. 다음에 소개한 자료는 서울에 소재한 대학의 학생을 대상으로 훈련과정이 끝난 후에 실행한 데이터를 사용하였다. 검사에 참여한 학생들은 감성역량에 관한 교육을 별도로 받지 않았으며, 학부 과정에서 배운 지식과 취업을 위한 훈련과정에서 배운 지식을 기반으로 검사에 참여하였다.

취업 준비생 본인의 감성역량, 훈련받은 후에 개선된 감성역량, 그리고 동료 학생들과의 비교 점수 등을 체크할 수 있다. 훈련이 끝난 후에 검사한 감성역량은 15퍼센트 높아진 상태로 나타났다. 높아진 원인은 취업 교육을 통해서 높아졌고, 문답지 내용에 관한 인식이 많아졌기 때문이라고 말할 수 있다. 만일 교육내용에 감성역량과 수강한 과목의 연관성을 강조하였다면 더 높은 향상 효과가 나타났을 것으로 생각한다. 컴퓨터 소프트웨어의 개발과정에 감성역량의 필요성이 강조되기 때문이다.

표 5.2는 검사받은 학생들의 감성지수를 계산한 결과이다. 감성지수 요소별 통계치에서 동기부여 요소가 두 가지로 나누어 진 것은 자신이 스스로 노력하여 얻을 수 있는 성공요소와 자신감에 의한 성공요소로 구분한 것이다. 각 요소별 통계치에 관해서도, 준비생 개인별 감성지수는 수준이 높은 요소와 낮은 요소를 비교할 수 있으며, 전체학생 대비 자신의 수준을 비교할 수

도 있다. 개인별 평균은 6가지 요소로 세분한 것은 동기화 요소별 성공을 위한 동기와 성공할 수 있다는 자신감의 두 가지로 세분하여 측정하고, 그 평균치를 계산하여 자신이 부족한 요소를 식별하고, 원인을 찾아서 회복훈련을 할 수 있다. 요소별 통계치는 요소별로 전체학생 대비 자신이 낮은 요소를 구분하여 훈련과목을 정할 수 있다. 최소값, 최댓값, 범위, 평균, 편차, 분산 등에 관해서도 통계치의 원리를 기반으로 판단하여 그 대책을 강구할 수 있다. 통계는 동기화의 두 가지 요소(동기부여와 자신감)를 한 가지로 통합하여 설명한다.

5개 요소별로 일자별, 월 단위, 그리고 년 단위로 변한 감성지수를 보여주고, 감성지수를 다른 사람과 비교하여 자신의 지수상태를 알 수 있는 그래프, 그리고 검사 받는 자 및 소속별 통계를 추가하여 보여줄 수 있다. 그리고 유의성 수준 0.05 기반 t-검정 표를 작성하여 감성지수 계산의 신뢰성과 유의해야 될 수준을 체크할 수 있다.

표 5.2 감성지수를 측정한 데이터의 통계

대상자	자기인식	기분통제	동기부여	자신감	공감적 이해력	소통	평균
	78	85	70	74	74	79	76.67
	64	67	61	72	64	60	64.67
	91	95	78	90	89	88	88.50
	62	60	59	60	62	60	60.50
	84	95	80	80	86	85	85.00
	80	84	76	79	83	74	79.33
	70	86	60	61	73	74	70.67
	72	77	75	85	63	80	75.33
	90	96	73	77	63	60	76.50
	46	64	66	68	53	58	59.17
	54	54	48	48	48	58	51.67
	63	75	54	52	58	39	56.83

대상자	자기인식	기분통제	동기부여	자신감	공감적 이해력	소통	평균
	71	83	76	81	83	87	80.17
	72	80	77	83	82	100	82.33
	82	93	47	61	60	65	68.00
	94	100	75	88	77	74	84.67
	96	98	77	84	93	100	91.33
	74	81	62	64	60	69	68.33
	72	86	66	58	66	62	68.33
	59	71	64	59	65	65	63.83
	96	98	63	70	72	61	76.67
	93	96	79	70	75	71	80.67
	59	66	59	66	68	69	64.50
	87	91	81	83	89	82	85.50
	70	72	61	75	68	81	71.17
합계	1879	2053	1687	1788	1774	1801	1830.33
최솟값	46	54	47	48	48	39	51.67
최댓값	96	100	81	90	93	100	91.33
범위	50	46	34	42	45	61	39.67
평균	75.16	82.12	67.48	71.52	70.96	72.04	73.21
표준편차	13.96	13.21	9.98	11.57	11.96	14.11	10.53
분산	194.89	174.44	99.59	133.84	143.04	198.96	110.86

5.5
감성역량을 높이는 학습모형

켈러의 동기이론 중심의 ARCS(Attention, Relevance, Confidence, Satisfaction)모형은 주의, 관련성, 자신감, 그리고 만족감의 네 가지 동기유발 요소를 중심으로 상담과 멘토링을 위한 동기유발 학습모형이다. 동기의 기대와 가치이론을 기반으로 하여 개인의 필요성, 믿음, 기대가 행동의 선택에 어떤 영향을 미치는가에 관심을 가지고 설계하였다.

ARCS의 골격을 참고하여 설계하고, 다양한 학습이나 훈련 모형으로 확대할 수 있도록 설계한 ACER(Attention, Cognition, Emotion, Resilience) 모형은 감성역량을 높이는 학습과 훈련모형을 설계하는 도구이다. ACER는 주어진 과제에 대한 호기심을 유발하고, 학습이나 훈련할 동기를 식별하여 창의적인 리더십을 발휘할 수 있도록 학습하고 훈련할 수 있는 모형이다.

그림 5.3은 감성역량을 높이는 학습모형을 설명하고 있다. 감성역량을 높이기 위하여 현재의 감성수준을 측정하고 학습을 통해서 그 수준을 높일 수 있는 콘텐츠를 선정하여 회복훈련을 할 수 있도록 지원한다. 일상생활의 네 가지 요소, 신체적, 행동적, 인지적, 감정적인 결함이나 증상에 따라서 회복에 필요한 콘텐츠를 선별하여 학습하거나 훈련교제로 사용한다. 최고의 일상생활상태를 유지하는 것을 목표로 하는 동기화를 수립하여 회복을 위한 학습과 훈련을 수행한다.

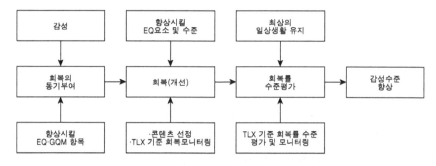

그림 5.3 ACER를 이용하여 감성역량을 높이는 학습모형

회복을 목표로 한 동기를 유발시키기 위해서는 다음과 같이 동기를 유발시킬 수 있는 스토리를 작성해야 한다.

□ ACER기반 동기유발 시나리오 작성지침

감성역량을 높이는 학습모형은 일상생활과 직장의 업무활동을 향상시키기 위한 콘텐츠를 선정하거나 제작하기 위한 모델이다. 콘텐츠는 사실(fact) 중심으로 작성하는 스토리(story)와 사실에 감동할 수 있는 텔링(telling)을 추가하여 시나리오를 기획하고 영상기능을 구현한다. 그 안에는 주의집중의 동기유발, 목표한 감성지수, 회복률 평가, 그리고 최고의 감성역량을 발휘할 수 있는 내용으로 구성한다. 스토리는 사실(fact) 중심으로 생각하고, 판단하여 말하며, 행동하는 이야기이고, 텔링은 사실을 더욱 생생하게 부각시키기 위해서 추가하는 이야기로서, 시나리오가 감동을 받을 수 있도록 도와준다.

1. 주의 집중
동기화 요소이면서 학습의 선수조건, 호기심, 관심유발 및 유지시키기 위한 주의집중 요소의 인식과 감성역량을 적용할 수 있는 방법을 영상으로 구현할 수 있다.

⑴ 주의집중력을 위한 지각인식 : 동기를 유발할 사건과 문제제시, 집중할 핵심 내용, 주의집중과 자기인식의 능력을 활용하여 감성지능을 향상시킬 수 있는 동기를 식별하는 인식능력이다.

⑵ 주의를 환기시킬 전략 : 능동적인 반응유도, 문제해결을 위한 실행요소의 구성, 감정통제 능력을 회복시킬 감성요소를 식별하고 실행하는 방법을 전략을 세운다.

⑶ 다양성 전략 : 간결하고 다양한 시나리오와 그 안에 등장한 캐릭터들이 상호작용할 스토리와 텔링을 구별하여 콘텐츠의 목적, 내용, 방법 등의 기능적인 통합을 한다. 1차 고객뿐만 아니라 2차 고객의 관계를 확대한 내용으로 구성한다.

2. 목표한 감성지능에 대한 자기인식과 공감적 이해 설명

공감적 이해의 필요성과 가치를 제시하고, 감정통제를 위한 감성요소 식별과 그 개선을 위한 팁의 내용을 구현시킬 수 있도록 자기인식과 공감적 이해에 관한 설명을 스토리 안에 다음과 같은 내용을 포함시킨다.

⑴ 자기인식 : 자신의 정체성과 유사하거나 친밀하게 느껴지는 캐릭터와 사건의 활용, 친숙한 그림의 활용, 배경지식 등을 통해서 자기인식 기반으로 통찰함으로써 향상시킬 동기부여와 회복지침 및 그 방법의 적합성을 기술한다.

⑵ 동기유발과 공감성 확대 : 실용성있는 목표를 제시하고, 동기화 중심의 학습형태를 활용하기 위해서 향상시킬 감성지수 요소를 식별하고, 수준을 설정한 콘텐츠 선정의 적합성을 기술한다.

⑶ 회복을 위한 동기화의 필요성과 적합성의 강조 : 여러 가지 수준의 목적 제시, 학습 성취 여부의 기록, 협동학습 제시 등을 통해서 필요성과 적합성을 제시할 수 있는 회복훈련의 실행방법을 제시한다.

3. 회복률의 평가

감정을 통제할 수 있는 감성역량의 확신, 긍정적인 기대 유도에 관한 회복율에 관해서 다음과 같이 평가한다.

(1) 회복의 필요조건 : 동기유발 사항의 회복 목표와 구조 제시, 평가와 피드백을 통해서 회복을 위한 필요한 조건을 제시하고, 그 효과를 평가한다.

(2) 회복의 가능성 제시 : 쉬운 것부터 어려운 것의 순서를 제시하고, 적정수준의 난이도, 불시에 나타날 수 있는 교란사건 제시 등으로 회복할 수 있는 수준과 그 가능성을 기술한다.

(3) 개인수준에 맞춘 조정 : 회복률 수준의 조절, 회복속도 조절, 빠른 회귀선택이 가능하고 여러 가지 난이도를 제공할 수 있는 콘텐츠의 다양성을 제시한다.

4. 최상의 업무 활동과 일상생활 유지

최상의 업무활동과 일상생활을 유지할 수 있는 감성요소의 역량을 기술한다.

(1) 자연적인 결과의 강조 : LW.GQM 문답지와 EQ.GQM 문답지의 응답내용을 종합하여 반복되는 단계별로 회복수준을 평가하고, 개선하여 추가로 회복훈련을 반복한다.

(2) 긍정적인 결과의 강조 : 적절한 회복률을 강조하고 선택적 보상제도를 활용한다.

(3) 일관성과 공정성 강조 : 유사한 증상에 대한 회복목표와 내용의 일관성 유지, 회복 수준과 평가 기준의 일치를 확인하여 일관성있고 공정한 회복과 모니터링이 될 수 있도록 관리한다.

(4) TLX의 적용 : 사소한 일이나 업무의 난이도를 지표(TLX, Task Load Index)에 맞추어서 성과의 회복수준을 정한다.

- 표 5.5의 척도표는 NASA/TLX로 다음과 같은 목표를 정하고 있다.
  ‣ 민감성(sensitivity) : 측정도구는 작은 변화도 측정할 수 있어야한다.
  ‣ 진단성(diagnosticity : 사소한 일이나 작업부담의 원인이 무엇인지를 세밀하게 알 수 있어야 한다.
  ‣ 방해성(intrusiveness) : 측정도구가 수행중인 업무를 방해해서는 안 된다.
  ‣ 사용 가능성(implementation) : 측정도구가 사용하기 쉬어야 한다.
  ‣ 운용자 수용성(operator acceptance) : 사용하기에 편해야 한다.
- 작업부담 측정 : 업무에 관한 수행근거, 신체적 및 정신적 부담, 주관적인 척도기준을 정한다. 일상생활에 관한 부담 수준은 인생의 목표와 삶의 목적을 이루기 위한 업무와 일상생활의 부담을 의미한다.
- LW.GQM과 EQ.GQM의 내용을 참고하여 주관적인 척도를 정한다. 주관적인 척도는 응답자와 주관자가 고려할 수 있는 척도의 기준이다. 응답자와 주관자가 설문 수행을 위해서 어느 정도의 노력과 주의가 필요한가, 그리고 노력과 주의를 얼마나 기울였는가를 판단하는 기준이 필요하다.

NASA/TLX는 부딪힌 문제에 대응해서 주의를 선택할 수 있는 기준을 제공하고, 분할적으로 주의집중할 수 있도록 조정할 수 있게 함으로써 지속적으로 업무에 집중할 수 있게 한다. 팀원들과 공감할 수 있는 감성역량을 체화된 인지능력으로 발휘할 수 있도록 지원한다. 체화된 인지능력은 응답자와 주관자의 신체적, 정신적 실행능력을 의미한다.

몸과 마음의 일체감으로 세 가지 주의집중력을 선택적으로 집중할 수 있도록 지원할 수 있게 설계한다.

표 5.5 TLX의 척도

제목	양 극점의 의미	평가 내용
정신적 요구	낮음, 높음	정신적. 지각적인 관찰과 판단이 얼마나 필요한가? • 과제의 난이도 • 과제의 단순성
신체적 요구	낮음, 높음	필요한 신체적 활동의 요구 • 과제의 난이도 • 침체와 활발 • 느슨함과 격렬함 • 편안함의 정도
시간적인 요구	낮음, 높음	작업속도에 기인한 시간적인 압박 • 작업속도가 여유, 빠름, 매우 빠름의 기준으로 평가
수행	완벽함, 실패	• 작업자가 설정한 목표의 도달 가능성 • 목표 대비 수행의 만족도
노력	낮음, 높음	• 목표달성을 위한 노력의 정도의 객관적인 타당성
좌절 수준	낮음, 높음	• 과제수행 동안 심정 ; 불안정, 낙담, 초조, 골치 아픔 • 안전, 보상, 만족, 이완, 안심 되었는가?

◀)) 회복력 - 감성으로 IT사랑, 감동 IT구축!

감정통제가 안된 상태에서 잘못된 행동을 하게 된 동기는 그 과제 자체 보다는 수행자가 그 과제에 관련된 사람들과 공감적 이해를 하고, 과제 안에 포함되어 있는 내용과 소통하는 과정에서 발생한다. 과제의 내용과 소통기준은 수행할 업무나 일상생활에 부여된 난이도의 지표에 준해서 정한다. 과제와 공감하고 소통하는 것은 과제에 부여된 동기를 이해하고 해석하는 방법을 찾아내는 지름길이다. 과제를 해석하는 깨달음이 회복력을 높이는 토대가 된다.

"회복력의 7가지 기술", 레이비치와 샤테 지음, 우문식과 윤상운 옮김을 EQ와 TLX와 연계한 회복방법은 다음과 같이 설명한다.

ABC 방법은 역경(Adversity), 믿음(Belief), 결과(Consequence)의 세 가지 항목별로 나누어 확인하면서 과제의 감성역량의 동기요소를 만들어 간다.

(1) ABC 확인하기

- B_C의 연결관계를 만들어서 과제를 수행하기 위한 TLX를 작성하여 연결한다.
- 믿음은 자신의 권리침해, 자신의 가치상실, 타인의 권리침해, 미래의 위협, 타인과의 비교 등으로 나누어서 TLX의 양극점에 대한 평가와 대응시키고, ABC 확인하는 워크시트를 작성한다.

(2) 사고함정 피하기

일상생활에서 사소한 일을 방해하는 원인을 제거할 수 있는 회복력을 높이기 위해서 역경과 스트레스를 극복할 수 있는 방법을 찾아낸다. 회복력을 측정하기 위해서는 교란을 만들어 문제와 해결과제 간에 공감적인 이해와 소통을 방해하는 요인을 찾아낸다.

(3) 숨은 빙산 찾아내기

과제를 수행하기 위해서 자신이 생각하고 있는 동기와 핵심가치를 동료 팀원들의 동기와 가치와 비교하여 공감하고 소통한다. 팀원들 각 자의 동기와 가치는 숨어있는 빙산과 같이 작게 보이지만 물 속 깊숙이 숨어 있는 요소가 매우 클 수 있다.

(4) 진상 파악하기

믿음에 대한 확신의 신뢰성을 높일 수 있는 감성역량을 발휘함으로써 최악의 시나리오와 최상의 시나리오를 구상하고 실현 확률이 가장 높은 방법을 찾아서 문제를 해결한다.

(5) 천천히 분석할 여유가 없을 때, 혼란의 와중에도 마음을 진정시켜서 감성역량 중심으로 회복역량을 발휘한다. 이때에 중요한 것은 과제의 속성을 TLX 기반으로 세밀하게 파악함으로써 진정하기와 집중하는 감성이 필요하다.

(6) 실시간 회복력

결과적으로 실시간 회복력을 통해서 과제의 동기를 방해하는 악한 마음을 추스르기 위해서 진정하기와 집중하기의 마음먹기 기법을 동기화에 적용한다. 비합리적인 생각이 떠오르는 순간에 편향된 결정을 하지 않았는가를 관찰하고, 그 요인을 식별하여 마음속으로 반박하여 마음을 가다듬는다. 마음을 다스리는 방법은 현실적으로 바라보는 확신과 의심되는 원인을 찾아서 반박하고, 일어날 가능성이 많은 일을 해결하기 위하여 내가 할 수 있는 사소한 일을 찾아서 실행함으로써 실시간으로 회복할 수 있다. 이 때에 사용할 수 있는 업무성과의 척도는 NASA/TLX, Task Lode Index, 이다.

4.1절에서 설명한 긍정적인 스트레스 대응방법은 감성역량의 요소 중심으로 2진트리를 그려서 회복능력을 높이는 방법을 참고하면 쉽게 이해할 수 있다.

◀)) IT와 EQ의 융합 모델링

NASA/TLX는 NASA의 젯트 추진 연구소에서 우주개발 과제를 추진하기 위해서 팀워크와 자기인식을 높이기 위한 문답지이다. 감동 IT시스템을 구축하기 위해서는 첫째, 소프트웨어 개발자의 감성역량을 높여서 개발 프로세스와 EQ의 회복 프로세스를 융합하여 개발과제에 부여된 동기화를 이룩하는 것이다. 둘째, 소프트웨어를 사용할 고객의 감성을 높일 수 있는 영역 분석과 요구정의를 세밀하게 해야 한다. 셋째로는, 소프트웨어의 고객이 원하는 상품을 생산하거나 서비스를 할 경우에는 제품을 사용할 고객이 감동할 수 있는 감성을 내포해야한다.

그림 5.4의 모델은 IT와 EQ의 융합모델을 중심으로 IT시스템을 개발할 때 고객이 감동할 수 있는 콘텐츠의 선정이나 개발내용을 포함시키는 개발모델이다. IT시스템은 조직의 경영목표와 전략을 기반으로 하여 목표를 달성하기 위한 전략을 실현시킬 수 있도록 개발한다. 모든 스택홀더(stake holder)

에게 감동을 줄 수 있는 시스템을 개발하는 것이 목적이기 때문이다. 스텍홀더는 시스템의 개발자, 사용할 현재의 고객(1차 고객), 시스템으로 관리하고 지원할 상품과 서비스를 사용하게 될 장래고객(2차 고객), 그리고 관련된 지원자를 포함한다. 스택홀더를 감동시킬 수 있는 동기부여는 콘텐츠를 통해서 이루어진다. 콘텐츠는 IT시스템의 기능을 수행하는 소프트웨어, 개발문서, 사용문서 등을 포함한다. 이와 같은 콘텐츠 안에 스텍홀더들이 감동할 수 있는 내용을 포함시켜야 한다.

1차 고객을 위해서는 생산과정과 기능, 서비스를 중심으로 하여 기술하고 시스템이 제공할 상품과 서비스에 관한 신뢰성과 효율성을 설명한다. 2차 고객을 위해서는 추가하여 개발할 수 있는 상품과 서비스를 중심으로 한 암묵지의 정보를 내포하고 있어야한다. 암묵지 정보는 기대감과 신비감을 높여서 사용 중에 감격하여 기뻐할 수 있는 감성적인 정보를 포함시킨다.

1차 고객과 2차 고객이 원하는 상품과 품질, 그리고 서비스 기능을 조사 분석하여 콘텐츠에 포함시켜야 한다. 조사 분석은 해당된 요구사항별로 성과, 비용, 시간, 사용의 편의성에 관한 선호도를 백분률로 조사하고 퍼지 집합 모델을 사용하여 평가하고 우선순위를 정한다.

스택홀더가 감성을 발휘할 수 있는 요구사항은 다음과 같은 세 가지 항목을 중심으로 하여 작성한다.

- 첫째로, 호기심을 유발할 수 있는 스토리와 텔링을 기획하여 시나리오를 작성한다.
- 둘째로, 일체감 있는 동기화를 도모하기 위하여 감성역량을 높일 수 있도록 스트리와 텔링을 작성한다.
- 셋째로, 스토리텔링을 기반으로 창의력과 리더십을 발휘할 수 있는 훈련모델을 설계한다.

감성이 높아진 회복력을 활용해서 "감동 IT를 구축" 하는 과제에 활용하는 것은 IT와 EQ를 융합하여 소프트웨어를 개발하기 위해서 회복력을 발휘하는 전략이다.

그림 5.4는 그림 5.3에서 설명한 ACER를 사용하여 회복시킨 감성역량을 소프트웨어의 개발 프로세스에 적용하는 과정을 설명한다.

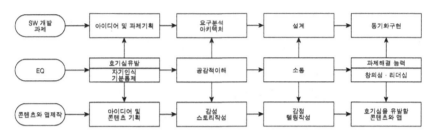

그림 5.4 IT와 EQ의 융합모델 기반 소프트웨어 개발

감성역량을 회복시키는 프로세스를 소프트웨어의 개발 프로세스와 대응시켜서 개발과 회복을 융합하여 실행하고, 각 과정에서 필요한 콘텐츠를 선정하며, IT시스템과 EQ콘텐츠를 대응시켜서 모든 스택홀더로 하여금 다음과 같은 호기심을 유발시키고, IT시스템의 목표에 대한 동기를 식별하여 창의력과 리더십을 높일 수 있도록 회복력을 향상시켜야 한다.

(1) 호기심 유발

자신의 정체성을 기반으로 자기를 인식하고 기분을 통제하여 동기부여에 맞춘 관심을 유발시킨다. 자신의 주의력과 이완력을 높일 수 있는 콘텐츠를 회복훈련에 사용하고 과제와 관련된 사람, 사물, 생활환경, 자연환경, 생활용품, 장면, 사건 등에서 호기심을 일으킬 수 있는 대상을 식별하는 것이 중요하다. 융합모델의 최종목표는 경영목표와 전략의 동기화를 구현시킨 IT시스템을 주연 캐릭터로 하고, 스택홀더로 하여금 호기심을 유발시킬 수 있는 콘텐츠와 앱을 조연 캐릭터로 한 융합 신(scene)을 제작한다. 콘텐츠와 앱은 IT 시스템에 감동할 수 있는 감성 이모콘, 감성문자, 감성 팁(Tip), 감성 스넥컬처(snack cultur)등을 구현한 앱과, 2~3분짜리 감성 콘텐츠가 될 수 있다.

(2) 동기화

과제개발의 목표와 목적에 맞추어서 회복력을 높이는 동기화 수준을 정하고, EQ.GQM 기반으로 회복시킬 앱과 콘텐츠를 선정하여 구현한다.

(3) 창의력과 리더십

과제의 해결역량을 정하고 이에 합당한 창의력과 리더십을 발휘할 수 있는 동기화 목표를 정해서 개발한 IT시스템을 사용하면서 느낀 공감적인 이해와 소통수준을 평가하여 감동할 수 있도록 개선한다.

(4) 아이디어 제안과 기획

소프트웨어의 개발과제를 기획할 때, 사용자와 개발자의 호기심을 찾아서 기획하고, 이 내용을 기반으로 개발자의 회복훈련에 사용할 수 있는 콘텐츠에 관한 아이디어도 동시에 고려해야 한다.

이상과 같은 IT시스템을 개발하기 위해서 필요한 모델과 도구를 나열하면 다음과 같다.

목표	구현 모델	지원 도구
호기심	• 감동 모델 • 집중력과 이 완력	• 뇌파 측정도구(EEG) • LW.GQM, EQ.GQM • 통계분석
동기화	• 자신감 부여 • 목표와 목적 달성	• 동기화 콘텐츠와 앱 • 뇌파 측정도구(EEG)
창의력과 리더십	• 팀워크 • 배려	• ACER 훈련 모형

◀» 감동하는 조직원들의 조직사랑!

조직 안에서 감동을 일으키면, 조직의 역량이 높아진다. 조직의 역량수준
은, 조직원들의 감성역량을 기반으로 하여 업무의 복잡도를 낮추어 가면서
단계적, 점진적으로 성숙해 나간다.

조직의 능력은 IT개발자와 고객 사이, 1차 고객과 2차 고객 사이에서 요구
사항이 충돌할 때 조정할 수 있는 SW공학 기법을 사용할 수 있도록 지원한
다. 조직의 감성역량은 조직의 역량을 높여 준다. 조직의 목표를 바라보면서
새로운 요구에 대한 공감적인 이해와 소통을 하고, 조직의 업무 처리능력을
높여 간다.

경영목표와 조직을 위한 사랑으로 업무목적을 이루어 나간다. 어떠한 충
돌이 발생하더라도 공감과 소통으로 조정해 나갈 수 있다.

조직원을 감동시킬 수 있는 도구와 콘텐츠를 동원하여 경영목표를 향한
업무목적을 실현할 수 있다.

◀» 감동을 주는 큐 관리와 신 스틸러

IT와 EQ의 융합모델은 경영목표와 전략을 실현시키기 위한 IT시스템의
개발은 모든 스택홀더들이 감동할 수 있는 큐관리(cue management)와 신
스틸러(scene stealer)의 연출을 조화시킬 수 있다.

큐 관리는 스택홀더들이 IT시스템의 실현목표와 전략에 감동하고, 감성역
량을 높일 수 있도록 관리하는 고도의 유혹 기술이다. 스택홀더에게 전달하
는 신호와 자극을 준다. 영화감독이 "큐, 엑션!" 하면 배우의 연기가 시작되
는 것처럼 큐 관리는 섬세한 신호를 구체적으로 형상화 시켜서 일상생활의
사소한 일을 가치있게 하고 스택홀더를 감동시킨다.

시스템의 기능과 성능을 확인하면서 경영목표와 전략에 공감하고 감동할
수 있게 하기 위해서는 상품과 서비스가 주는 느낌의 메시지에서 공감할 수
있는 감정을 솟아나게 하고 감정을 목표에 맞추어 전달하는 신 스틸러 방법

이 중요하다. 신 스틸러가 스택홀더들에게 감동을 주기 위해서는 큐레이션 서비스를 하는 것이 중요하다. IT 시스템에 대응하는 스넥컬쳐가 만들어 지면 신 스틸러 중심의 큐레이션 서비스를 할 수 있다.

스넥컬쳐는 스택홀더들이 체험한 사소한 일의 사진이나 이야기를 생성하고, "Pin" 서버에 전송하면 관리자가 스넥컬쳐로 제작한다. 큐레이션 서비스는 SNS상에서 서비스하고 있는 서비스를 만들거나 빌려 쓸 수 있다. 빅 데이터를 활용한 "멜론", 콘텐츠를 서비스하는 "아티스트 플러스", "왓차" 와 같이 모바일 앱의 사용자가 감동할 수 있는 취향을 분석하여 서비스하는 스넥컬쳐의 시나리오를 제시하고 참여자들이 "Pin" 한 사진이나 Tip을 조합하여 감동적인 신 스틸러를 만들어 서비스할 수 있다.

IT시스템의 상품과 서비스를 사용한 후에 높아진 감성역량으로 새로운 상품이나 서비스를 개발할 수 있도록 자극하고 유도한다. IT시스템을 사용함으로써 주의집중강화 훈련, 깊은 명상, 편안한 휴식으로 건강한 생활상태를 유지하고 몸과 마음을 자유롭게 일체화 시켜서 뇌의 긴장을 풀어준다.

3장의 표 3.7에서는 주의집중력을 기르는 훈련 리소스에 관해서 설명하였다. 주의집중력을 방해하는 요소들인, 짜증, 저항심, 반항심, 현혹, 편향 등에 자극하는 리소스를 감소시킬 수 있고, 즐거운 일 만들기, 생각하는 동행과 행동하는 동행에서 감동 만들기, 일상생활과 업무활동에 안정감을 줄 수 있는 감성회복 훈련 등을 제안하였다.

감동을 받고 뇌를 자극하여 창의력, 집중력, 사고력을 높일 수 있도록 자극관리를 한다. 뇌 속에 있는 비활성 모드라고 하는 신경다발은 얼마나 큰 감동을 받았느냐에 따라서 몸과 마음이 감동받는 크기를 다르게 만든다. 감동을 크게 하는 방법으로 신 스틸러 방법을 사용할 수 있다. IT시스템을 주역 캐릭터로 정하고, 상품과 서비스를 조연 캐릭터로 선정하여 영상 콘텐츠에서 주연과 조연을 조화시킨 신 스틸러의 연출을 콘텐츠에 포함시킨다.

사실에 입각한 주연 캐릭터가 출연한 옆에 조연 캐릭터가 나타나서 감동을 줄 수 있는 표정과 대화, 그리고 역할을 연출하는 감동을 만들어 낼 수 있다. 주연이 각광을 받고 있는 장면에 조연이 감동을 만들어 내는 콘텐츠를 기획하는 것이다.

감동을 주는 콘텐츠는 조직원들을 감동시키고, 조직을 사랑하는 도구가 된다.

감성역량으로 이룩한 정의사회는 사랑을 실천할 수 있는 자양분이 충분하다.

심리학에서 분류한 6가지 기본 감정은, 기쁨, 슬픔, 화남, 놀람, 공포, 혐오이다. 감정은 음성, 얼굴표정, 눈짓, 몸짓, 말투, 억양 등을 통해서 인식할 수 있다. 감정인식을 통해서 다정함, 사랑, 인자함, 거만함, 화남, 슬픔, 기쁨, 놀람, 공포, 혐오감을 느낀다. 감정인식을 통제하는 감성역량은 사랑을 기르는 자양분이 된다.

기뻐할 때, 감동하고 감사하게 하고,

슬퍼할 때, 위로하고 격려하며,

화났을 때, 격앙된 기분을 억제하고 마음을 진정시키며,

놀랐을 때, 마음의 안정과 평안을 끌어 오며,

공포감을 느꼈을 때, 비겁해지지 않도록 담대한 용기를 북돋아 주어야 하고,

혐오감을 느꼈을 때, 따뜻하고 다정한 마음이 일어나도록 도와주어야 한다.

이와 같이 선언하고, 행동할 수 있도록 몸과 마음을 함께 다스릴 수 있는 감성역량을 높여야 한다. 마음으로 결단하고 몸으로 일어서서 용기 있게 감성역량을 발휘해야 한다.

높은 감성역량을 발휘할 수 있는 사람은 거룩한 인생의 목표를 향하여, 사랑하는 삶을 살아가게 되며, 거룩한 인격자로 성장할 수 있다.

감성역량을 높이 발휘할 수 있는 사회는 정의롭고, 정의사회는 사랑을 즐겁게 실천할 수 있다. 더불어 살아가는 모든 사람들과 사랑을 싹트게 하고

성장할 수 있도록 격려하면서 감동시킬 수 있다. 정의사회 안에서 싹트고, 성장한 사랑의 질서는 사소한 일을 선하게 실행할 수 있는 삶의 질서를 만들어 간다. 선한 삶의 질서는 사랑의 끝개가 되어 정의사회를 더욱 크고 넓게 확장해 간다.

사랑의 끝개가 많은 사회는 정의사회를 안정시켜 나간다. 정의로운 사회에서는 사랑받고, 사랑하는 일이 즐겁고 행복하고 자랑스럽다. 모두가 함께 감동할 수 있는 지상낙원이다.

VI

분기집합과 상태변환

일상생활의 건강에 관한 상태변환의 패턴은 라이브웨어 응답지(LW.GQM)를 일정한 기간 동안 응답한 건강상태가 유사한 그룹별로 수집하여 분석하고, 분기집합(bifurcation set)의 요소를 원인으로 하여 상태변환된 증상을 분기요인들의 특성 중심으로 분석하여 이해할 수 있다.

라이브웨어의 응답내용을 사용하여 건강상태에 대한 네 가지 증상수준을 사소한 일의 증상항목별로 일정기간(3개월 내지 6개월) 동안 조사하고 축적하여 응답자들의 건강 상태변환을 추적하고, 라이브웨어의 네 가지 증상을 신체적, 행동적, 인지적, 감정적으로 구분하여 건강 상태변환의 이슈들을 찾아낼 수 있다.

라이브웨어의 사소한 일들은 통제 가능한 공간상에서 시간에 종속되어 상태변환한다. 일상생활을 해 나가는 생활영역안에서 신체적 증상, 행동적 증상, 인지적 증상, 그리고 감정적 증상들이 일시적, 다발적, 지속적, 장기지속의 증상수준, 또는 정상요인, 갈래요인, 편향요인, 그리고 나비요인의 증상수준으로 상태변환 하는 과정을 통계적으로 분석하여 추적하게 된다. 일상생활의 사소한 일을 증상 수준별로 통제하기 위해서 그 구성요인들의 특성에 따라서 분별하고, 분기집합으로 구성한 통제공간상에서 상태변환을 추적한다.

라이브웨어의 사소한 일이 상태변환된 증상들은 분기집합의 특성을 따르게 되므로 분기집합 모델을 사용함으로써 상태변환을 추적하기 쉽고, 일상적인 증상이 급변하여 장애가 되는 시점을 조기에 예측할 수 있다. 사소한 일들로 구성된 라이브웨어의 동적 시스템이 상태변환하는 원인, 변환과정, 촉매의 역할, 변환된 결과 등을 분석하고 이해하기 위하여 분기집합의 수학 모델을 적용할 수 있으므로 분기집합은 건강 모니터링을 위한 최적한 모델이 될 수 있다.

분기집합 모델은 사소한 일들이 상태변환하는 과정을 정상요인, 갈래요인, 편향요인, 그리고 나비요인의 분기상태로 구분하여 분석하고 해석한다. 분기집합 모델은 지금까지 수학자들이 연구하여 발표한 모델이나 이론들을 활용하여 상태변환하는 과정을 모니터링 할 수 있다. 상태변환의 원인, 변환된 중간결과, 변환을 촉진시키는 촉매, 그리고 장애증상으로 끌고 가는 집단적인 요인의 끌개, 최종적으로 변환된 결과 등으로 나누어서 분기집합모델 중심으로 식별하면 건강 모니터링을 신뢰성 있게 할 수 있다. 원인을 차단하고 더 이상 변환되지 않도록 회복방법을 사용하거나 환경조건과 같은 촉매기능을 억제하여 장애증상으로 변환되지 않도록 통제할 수 있는 회복모델도 수학 방정식을 사용하여 설계할 수 있다. 방정식이 곧 이슈모델이 되므로 별도의 모델 설계 없이 직접 이슈를 작성할 수 있다.

분기집합 요인들의 통제가 잘못되면 정상요인이 갈래, 편향, 나비의 세 가지 요인의 단계를 거쳐서 빠르게 변환되거나 갈래요인이 편향단계를 거치지 않고 점프하여 편향 또는 나비요인으로 급변하면 장애증상이 빨리 발생할 수도 있다. 이런 경우에는 대개 분기집합의 통제공간상에서 발생한 상태변환이 급변하여 장애증상의 행위표면상에 급변시점으로 변환되어 나타나게 된다. 원인요소들로 구성된 통제공간과 증상결과를 원인요소와 대응하여 상태변환된 장애증상을 행위표면상에서 방정식 모델에 의해 예측할 수 있다.

장애증상의 급변시점을 초기에 발견하기 위하여 증상의 요인들로 구성된 통제공간과 행위표면을 연결하여 분석하면 증상의 급변시점을 조기에 예측할 수 있는 모델을 설계할 수 있다. 많은 수학자들이 연구하여 발표한 분기집합의 특성, 급변시점을 조기에 발견하기 위한 방정식, 그리고 촉매가 발생한 원인, 끌개의 상태 등과 그 대비책에 관한 연구결과를 활용함으로써 건강관리 모니터링의 설계를 할 수 있다.

자연현상의 상태변환은 창조적 섭리에 따르고, 휴먼요인의 상태변환은 자연의 상태변환에 대응해서 이루어지며, 몸과 마음의 상태변환은 휴먼요인 중심의 상태변환에 따라서 변환하기 때문이다.

그림 7.1에서는 분기집합요인들이 상태변환된 과정에서 끌개의 궤적에 끌려가는 상태를 보여주고 있다. 그림 7.2에서는 13개의 대표적인 끌개 궤적이

분기집합 요인의 상태변환에 대응해서 나타날 수 있는 장애증상, ADHD, MCI, 치매 등을 보여주고 있다. 짜증, 스트레스, 주의력 결핍, 인지력 저하 등이 분기집합 요인에 따라서 상태변환 되고, 끝개에 이끌리어 장애증상이 발생한다.

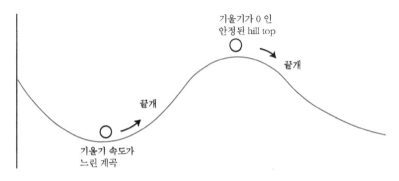

산의 굴곡형상으로 상태변환되는 장애증상 곡선

6.1
분기집합 모델 기반 상태변환의 추적

라이브웨어 사소한 일의 상태변환 요소들로 구성된 분기집합은 정상요인, 갈래요인, 편향요인, 나비요인의 네 가지 요인들로 구성된다. 일반적으로 분기집합 요인들이 순차적으로 변환되어 가는 것은 다음과 같은 상태변환의 특징 때문이다. 요인들이 변하는 단계를 점프하여 급변하는 상태변환도 이와 같은 특징으로 식별할 수 있다. 이러한 특성들을 분석하여 건강 상태변환의 이슈들을 식별하여 분석하면 급변현상을 조기에 예측할 수 있다. 분기집합 모델에서 상태변환 하는 원인은 다음의 세 가지 특성을 중심으로 식별한다.

1. 항상성(homeostasis)과 빠른 동태성(fast movement)

사람의 몸에는 신체의 균형을 유지하기 위한 조절장치가 있다. 얼음물을 먹어도 체온이 내려가지 않고 뜨거운 물을 먹어도 올라가지 않는다. 사시사철 변하는 외부온도에 상관없이 체온을 일정하게 유지시켜주는 자율조절장치가 있기 때문이다. 인체의 조절장치는 몸과 마음속에 장애증상이 발생하여 상태변환할 때에도 어느 순간 안정된 상태를 유지해 주는 속성을 항상성이라고 한다. 항상성의 영어표현은 homeo(same)과 stasis(to stand, to stay)의 합성어로서 분기집합의 요인들을 상태변환시키는 상황을 표현하고 있다. 항상성의 전후에는 언제나 빠른 동태성의 상태변환이 발생한다. 회복이나 장애증상의 상태변환 중에 항상성을 예측하여 그 후에 빠른 동태성이 나타날 것에 대비해야한다. 그러한 징조는 사전 항상성의 후에, 그리고 사후 항상성의 전에 나타난다. 항상성과 빠른 동태성이 발생하는 특성을, 신체조절 기능의 항상성의 시점을 활용하여 회복할 수 있는 모델에 관한 이슈로서 8.4절에서 설명한다.

동적 시스템 요소들의 변환은 일정기간 동안 안정상태(stable state)를 유지하는 항상성을 가진다. 사전 항상성과 사후 항상성 사이에 존재하는 항상성은 급격한 변화를 유도하는 빠른 동태성을 통제하면 항상성의 지속기간이 길어지고, 건강한 상태의 유지기간도 길어진다. 빠른 동태성을 억제하는 방법은 분기집합 요소들의 특성을 파악하고 빠른 동태성을 억제할 수 있는 상태변환 이슈를 식별하여 찾아낼 수 있다.

2. 잡음현상과 확산현상(noise and diffusion)

잡음과 확산현상은 주변 환경조건 등이 촉매가 되고 끌개로 진화하는 상태를 말한다. 잡음은 과거와 현재의 균형을 순간적으로 쉽게 깨려는 힘의 끌개가 되기 쉽고, 확산은 과거와 현재의 균형을 점진적으로 깨려는 힘, 즉 장애증상 옆으로 끌고 가는 끌개가 되기 쉽다. 따라서 잡음은 이기적인 편향과 사후확신 편향, 자기선택적인 편향의 끌개가 되기 쉽고, 확산은 제로 리스크 편향, 생존편향, 권위자 편향의 끌개가 되기 쉽다.

이와 같은 편향을 통제하기 위해서는 사소한 일들의 모니터링 과정에서 잡음과 확산이 빠른 동태 성으로 변환되지 않도록 통제할 수 있는 회복훈련이 필요하다. 먼저 라이브웨어의 사소한 일들이 xSHEL모델의 상위 노드(상위 단계의 증상항목)로 확산되지 않도록 주의해야 한다.

사소한 일의 상태변환 그래프 상에서 상위 노드로 확산되면 상태가 다극성으로 확장되어 편향요인이나 나비요인으로 변환되기 쉽다. 사소한 일의 상위 노드는 xSHEL 모델에서 찾을 수 있다. 사소한 일의 네 번째 노드인 업무 스트레스가 세 번째 노드인 스트레스로 확산되면, 업무 스트레스뿐만 아니라 육아, 가정, 사회적 스트레스까지 확대되고, 확산될 기회가 많아져서 다극성으로 상태변환된다. 상태변환의 다극성은 건강상태를 장애증상으로 끌고 가는 강력한 끌개 가까이 가거나, 급변시점이 되기 쉽게 한다.

사소한 일을 선하게 행하면 주의 집중력과 이 완력이 높아진다. 집중력과 이 완력을 높여서 현재 수행하고 있는 일에 잡음의 방해를 받지 않도록 통제한다. 집중력을 발휘하여 잡음을 전적으로 무시하거나 동기부여에 합당한 결단력과 실행력으로 잡음을 무시하고, 체계의 하위노드를 통제함으로써 사소한 일들 간에 상호협력하여 회복력을 높일 수 있다. 회복력이 높아지면 끌개를 멀리할 수 있고, 급변시점을 피할 수 있다. 급변시점을 피하기 위해서는 생활주변의 환경을 조성하고 삶의 역동력을 발휘할 수 있게 해야 하고, 편향요인을 통제하고 중용을 취하여 삶의 균형을 유지해야 한다. 감성역량을 발휘하여 감정을 통제함으로써 나 자신과 이웃들에게 감동을 줄 수 있는 삶을 실천하면 중용을 유지할 수 있는 감성역량을 발휘할 수 있다.

집중력과 이완력, 중용과 삶의 균형, 그리고 감정통제가 사소한 일의 상태변환을 억제하고, 정상요인의 상태를 오래 동안 유지시켜 준다.

3. 상태변환의 특이성(singularity)과 안정상태의 복귀(feedback)

라이브웨어의 사소한 일을 행하면서 연상편향이 발생하지 않도록 주의해야 한다. 연상편향을 일으키면 복합적인 상태변환으로 확산되어 건강이 악화될 수 있다. 사소한 일을 악하게 행하면 연상편향이 발생하고, 정상적인 일상생활 중에도 과격한 불연속 현상이 나타나서 특이성을 만들고 증세가 악화되기 때문이다. 힘들어서 악한 마음으로 행한 사소한 일들이 유사한 단위끼리 연결되어 공간적인 패턴을 이루면 나쁜 건강상태의 증상이 서로 간에 쉽게 전이된다. 공간적인 패턴이란 노드끼리 너무 가까이 있어서 상태변환의 속도가 빨라질 수 있는 상태를 의미한다. 유사 단위란 상태변환의 원인과 결과가 연결된 단위, 또는 촉매, 원인, 결과 노드들이 모인 단위집합이다. 유사단위에 속한 상태노드들은 가까운 거리에 있게 되고 공간적인 패턴을 이루게 된다. 유사 단위집합은 7장에서 설명하는 요소 STG, 클러스터 STG, 부분 STG를 각각 한 개 단위로 묶어서 상태변환을 체크하면 유사단위 집합을 통제하여 건강을 회복하기 위한 끌개로 변환시킬 수 있다. 이러한 유사단위는 쉽게 특이점을 만들어 증상을 악화 시키거나 급변시점으로 끌고 가기 때문이다.

스트레스의 요소 STG에서 보면 짜증난 사소한 일이 가정에서나 직장에서 스트레스 압박을 받으면 연상편향 상태를 일으켜서 주의 산만한 상태나 불안한 상태의 증상으로 변환될 수 있는 특이성을 가진다.

환경조건이나 몸과 마음속에 나쁜 촉매가 작용하여 특이성이 발생하는 원인이 될 수도 있다. 선한 영의 끌개의 힘이 약해지거나 없어졌을 때 악한 영이 틈새를 비집고 들어와 상태변환의 특이성을 나타내도록 촉진시킨다. 이렇게 나타난 특이성을 원상 복귀 시키려면 사소한 일의 연상편향이 발생하지 않도록 회복훈련을 해야 한다. 회복훈련은 일상생활 중에 편향요인이 발생하지 않도록 이루어져야 한다. 편향요인은 몸과 마음의 일체화가 낮아졌을 때 나타난다. 마음이 몸을 다정하게 위로하고, 몸은 마음이 상하지 않도록, 그리고 무리하지 않도록 행동하면 몸과 마음의 일체화가 쉽게 이루어진다.

원하는 건강상태를 손으로 쓰고, 목소리를 높여서 기원하면, 정상상태를 유지할 수 있다. 몸으로 쓰면서 말하고, 마음으로 생각하면 뇌가 오래도록 기억하여, 몸과 마음의 일체화를 다짐하고 실현될 수 있도록 도와준다. 뇌 속에 긍정적인 힘을 주게 되어 오래도록 기억하고 저장하면서 정상요인의 상태를 유지시켜 준다.

기독교인들은 이와 같은 소원을 기도로 실천한다.

회복훈련의 모델을 설계하기 위하여 분기집합의 특성을 활용할 수 있다. 본서에서 소개하는 ACER모형은 주의, 의지, 감성, 회복을 융합시킨 복합모델로서 성화, 고전음악, 애니메이션, 연속극 등을 스토리로 하고 회복을 위한 텔링을 추가하여 콘텐츠나 앱의 멀티미디어로 제작하여 회복훈련 교재로 사용한다. 회복훈련 교재는 스넥컬처나 신스틸러 등의 콘텐츠로 제작할 수 있다. ACER모델은 상태변환의 특성별로 그룹을 만들어 뿌리 깊이 연결된 감성훈련 도구로 사용할 수 있다.

6.2
회복훈련을 위한 분기집합의 활용

건강상태의 변환은 분기집합 요인의 특성을 가지게 되므로 건강상태를 회복하기 위해서는 분기집합의 특성을 활용한 회복훈련이 효율적이다.

1. 정상요인의 지속적인 유지

LW.GQM의 응답결과나 임상 보고서를 토대로 일상생활의 상태변환을 체크하기 위하여 사소한 일을 관찰하는 것은 건강한 삶의 정상적인 요인을 추적하여 지속적으로 건강상태를 유지하기 위해서 이다. 라이브웨어의 일관성을 유지하기 위해서 외부환경의 조건을 체크하고 몸과 마음의 내부조건이 변화 없이 정상상태를 유지하고 있을 때, 그리고 외부에서 촉매의 작용이나 끌개의 유도가 있어도 일상생활의 상태변환이 안 되고 정상요인이 지속적으로 유지될 수 있도록 회복훈련을 한다. 훈련내용은 휴식이나 명상, 음악 감상이나 영화감상 등, 본인의 취미에 따라서 선택하거나 선택한 훈련모형을 사용하여 주의 집중력을 높여주는 것이 좋은 방법이다. 3장에서 설명한 디.트리비와 같은 도구를 사용하고 스마트 폰의 앱을 사용하면서 일상생활을 습관화 시켜서 생활하는 것이 가장 중요하다.

2. 갈래요인의 확산

xSHEL모델에 반영된 라이브웨어 중심의 휴먼요인은, 체화된 인지력을 향상시키고 마음과 뇌의 성장을 위해서 적응해 나갈 수 있도록 적극적인 진화과정을 내포하고 있다. 신체의 생리학적 진화과정은 인위적인 목표없이 단지 주어진 환경에 부분적으로만 적응해 나간다. 반면에 휴먼요인의 진화과정은 계획된 학습과정에 의해서 동기부여에 맞추어 전체적, 또는 부분적으로, 그리고 동시에 적극적인 대응을 추구해 나가는 것이 중요하다.

갈래요인은 정상적인 안정 상태에서 새로운 변화를 추구하여 두 가지 이상의 상태변환으로 끌고 가는 요인이다. 갈래요인은 두 가지 이상의 요인으로 갈라져서 상태변환되려고 하는 특성을 가진 요인이다. 세 가지 이상의 요인으로 갈라졌을 때도 노드의 단계를 확대하여 두 개 씩의 요인으로 구성할 수 있는 2진트리(binary tree) 기법을 사용하여 추적할 수 있다. 2진트리는 상태변환 과정에서 편향요인과 같은 촉매작용이 주어져서 장애상태로 급변할 수도 있는 상태변환을 쉽게 체크할 수 있도록 도와준다. 정상요인이 갈래요인으로 변환되는 과정에서 소극적인 사후 항상성이 나타나면 갈래요인이 되어 장애증상이 발생한다. 갈래요인이 작용하는 전형적인 확산은 변환상태를 이끌어 가는 끌개와 그 결과로 나타나는 증상의 상태가 된다. 소극적으로 사후 항상성을 유지하려고 하면 장애징후가 되는 갈래요인이 발생한다. 이 때에는 적극적인 사후 항상성을 유지할 수 있는 회복훈련 모델을 만들어야 한다. 이 모델은 ACER모델을 훈련 플랫폼으로 하고 콘텐츠나 앱을 교재로 하여 회복도구로 활용할 수 있다.

경제발전을 빠르게 이룩한 한국 국민은 신기술과 서비스 개발의 경쟁력에 집중하느라 좌 뇌의 지성은 발달하였지만, 우뇌의 감성은 발달하지 못해 감정통제 역량이 부족하다. 일상의 사소한 일을 하는 동안 잔잔한 감동을 느끼면서 재미있게 살아가는 방법을 배워 나가야 하겠다. 다정한 마음, 양보하고 배려하는 마음을 갖도록 노력하면 감동할 수 있는 일이 많아진다.

자기중심적인 편향을 줄이려고 노력하는 삶이 행복하고, 가치있는 100세 유산을 남길 수 있는 길이다.

재미있고 감동적인 사소한 일을 만들면서 살아가는 것은 뇌에 긍정적인 자극을 제공하고 뇌의 피로를 회복시켜 준다. 감동은 웃음보다 6배나 높은 회복력을 보여준다는 임상심리 보고도 있다. 칭찬으로 감동을 주면 자녀들의 학습효과가 높아진다. 자신감을 가진 아이는 올바른 삶의 정체성을 형성해 갈 수 있기 때문이다. 이러한 훈련방법은 큐 관리와 신 스틸러를 조합한 융합훈련이 된다.

감동할 수 있는 음악과 미술, 따분한 일에 변화를 주는 여행은 호기심과 설레임, 스릴과 모험으로 뇌를 즐겁게 하고 집중력을 높여주면서 이완력을 길러준다.

3. 편향요인의 분류와 속성

"할아버지, 신호등은 왜 있어요? 신호등이 싫다. 왜 가는 길을 막지?"

6살짜리 손자를 어린이 집까지 태어다 주면서 차 안에서 손자와 대화한다.

"신호등은 사람과 자동차가 안전하게 길을 갈 수 있도록 순서를 정해 준단다. 앞에 있는 차, 오른 편과 왼편에 있는 차, 그리고 횡단보도를 건너는 사람들이 지켜야할 순서를 순차적으로 정해 준단다. 그래야 차와 사람들이 안전하게 길을 갈 수 있지?"

"그래도 멈추지 않고 빨리 가고 싶다."

신호등이 길을 막는 것이 싫다는 손자의 주장이 강하다. SNS에서 동영상을 보고 다른 차를 부딪쳐서 넘어뜨리고 장애물도 넘어가는 장면을 생각하면서 모험적인 행동을 하고 싶은 것일까? 성급한 마음과 행동, 빨리빨리 서두르는 내 모습을 본 것 같아 마음이 아프고 미안하다.

주행 도중에 옆 차가 끼어들기라도 하면 짜증을 내기도 한다.

"저 차는 왜 끼어드는 거야? 우리도 바쁜데?" 나는 한참 생각하고 나서,

"세상을 재미있게 살려면 다른 사람에게 양보를 하는 것도 좋은 일이란다. 끼어든 차를 도와 주었다고 생각하면 우리 마음도 즐겁지 않니?"

며칠 후에 옆에 가던 차가 끼어들면서 좌우 램프를 깜박거렸다.

"할아버지, 왜 저 차가 신호하는 거예요?"

"음, 우리가 양보해서 고맙다고 표시한 거야."

"할아버지, 옆 차에게 양보하여 끼어 주세요."

양쪽 방향등을 깜박거리는 것을 보고 싶은 것이다. 운전 중에 손자에게 양보하는 즐거움을 가르쳐 준 것 같아서 마음이 기뻤다. 조급한 마음과 행동의 편향을 손자에게 물려주지 않은 것이 기쁘고, 양보하는 즐거움을 가르쳐 준 것이 기뻤다.

부모가 자녀에게 전한 사랑의 말 한마디는 갈림길에 서있는 자녀에게 옳

은 길을 선택할 수 있는 지혜를 준다. 일상생활의 사소한 일을 연결하여 사랑하는 마음으로 관찰하면서 훈육하는 것은 자녀들과 함께 선한 영과 동행하는 삶이 된다. 일상생활 중에 사소한 일을 하면서 선한 영과 동행하는 삶은 후손들에게 삶의 가치자산으로 상속하는 중요한 일이다.

일상생활 중에서 편향된 사소한 일을 대수롭지 않게 행한 것이 몸과 마음에 짜증을 불러오고 스트레스를 일으킨 원인이 될 때가 많다. 나의 편향을 통제하는 것도 중요하지만 후손들에게 나쁜 습관을 물려주지 않는 것이 더욱 중요하다. 상태변환 이슈는 후손들에게 좋은 습관을 상속시킬 수 있는 가치자산이 된다.

일상생활 중에 체험한 상태변환을 분기집합 요인으로 설명하면 "100세 유산"을 남길 수 있다.

갈래요인이 편향의 환경조건과 촉매를 만나면 편향요인의 장애증상으로 변환된다. 정상적인 상태변환 중에도 사소한 편향요인에 의해서 갈래요인을 거치지 않고 점프하여 편향요인으로 변환되고 증상이 악화된다. 편향요인은 갈래요인 때문에 발생한 상태변환의 결과로 나타나고 균형 잡힌 일상생활을 자극하여 상태변환을 촉진시킨다. 편향요인의 강도에 따라서, 그리고 끌개의 영향력에 따라서 급변상태가 되고 심각한 장애증상으로 변한다. 편향요인이 나타나면 정상적인 사소한 일도 갈래요인으로 변하기 전에 점프하여 분기집합의 편향요인으로 상태변환되어 장애상태를 나타낼 수도 있다.

그러면 임상심리학 적으로 분류한 13가지 편향의 특징을 알아보자.

◀️)) 13가지 편향요인의 특징

⑴ 행동편향(action bias)은 새롭거나 불확실한 일상생활 중에 기다리지 못하고 서둘러서 행동하는 것이다. 행동하기 전에 심사숙고 하지 않고 기다리지 못 한다.

⑵ 부작위 편향(omission bias)은 마땅히 해야 될 당연한 일을 하지 않고 책임을 회피하여 상태를 악화 시킨다. 행동을 생략하고, 게으르게 행동하며, 일상생활이 태만해 진다.

⑶ 이기적인 편향(self serving bias)은 자기중심적, 자기 확증적 편향이다. 이기적인 편향을 억제하기 위해서는 자기 스스로 자제하고 깨달아 회개하며 배려하는 마음으로 권면해야 한다.

⑷ 자기선택 편향(self selection bias)은 나만 손해보고 불행하다고 생각하고 절제하지 못 하여 희생한다고 생각하는 마음 때문에 이웃에 대한 배려심이 부족하다. 자신의 경험과 지식만을 고집하는 자기 확신의 편향이 강하다. 남의 행동을 비난하다가도 막상 자신이 한 행동에 대해서는 합리화 시켜서 변명한다. 잘된 일은 나 때문이고, 잘못된 일은 남의 탓으로 변명하는 이기적인 편향과 비슷하다. 자신은 열심히 노력했는데도 주변 환경과 동료가 따라주지 않았다고 변명할 때가 많다.

⑸ 호감편향 (liking bias)은 외모, 출신, 환경, 나에게 친절한 상대에만 호감을 가지고 편향한다.

⑹ 가용성 편향(availability bias)은 자신이 체험하고 익숙한 것에만 고집하는 편향이다. 가용성 편향을 억제하기 위해서는 모든 사람에게 친절하며 어려운 이웃에게 도움을 주는 배려가 필요하다.

(7) 이야기 편향(telling bias)은 사실(fact) 보다는 가상(fiction)에 더 많은 관심을 갖는 편향이다. 콘텐츠를 제작하거나 사용할 때 가상된 내용에 더 많은 흥미를 가지고 집중하는 편향이다. 편향은 편견을 가지게 하고 사소한 일에도 짜증이 나고 스트레스를 일으킨다. 오지랖이 많은 사람은 나서기 좋아하고 교만해지기 쉽다. 심하면 왜곡된 이야기를 만들어내는 실수를 하게 된다. 콘텐츠를 구성하는 텔링이 스토리를 감동시키지만, 과하면 콘텐츠 전체의 신뢰성을 떨어뜨린다.

(8) 사후확신 편향(hind sight bias)은 자신의 지식과 체험을 과신하여 왜곡된 판단을 하는 것이다. 모든 일을 잘하는 척 하고 일의 성과만 자랑하며 명예와 과실만을 누리려하고, 절제와 희생을 멀리한다.

(9) 결과편향(outcome bias)은 과정을 무시하고 결과만을 중시하여 판단한다.

(10) 제로 리스크 편향 (zero risk bias)은 모든 위험을 완벽하게 제거할 수 있다는 환상을 가지고 위험발생의 가능성을 무시하고 대비하지 않는다.

(11) 생존편향(survivorship bias)은 자신의 실패는 99퍼센트에 속하지 않고 성공한 1퍼센트에 속한다고 과신함으로써 무모한 도전을 계속한다. 자기선택 편향이 강한 사람은 생존편향이 강할 수 있다.

(12) 연상편향(association bias)은 사소한 일들을 모두 관련지어 생각함으로써 판단의 혼돈을 만든다. 너무 큰 상태변환 집합을 고려하여 생각하면 연상편향을 일으킨다. 상태변환 집합의 식별은 구성요소의 크기, 형태, 속성 등을 고려해서 가능한 작은 단위로 나누어 판단하는 것이 좋다. 요소 STG와 클러스터 STG를 사용하는 것도 이러한 이유 때문이다. 글을 쓰는 사람들은 연상능력이 강해야 재미있는 글을 쓸 수 있다. 그러나 연상능력이 너무 강하면 왜곡된 글을 써서 독자들을 피로하게 만들

수 있다. 유튜버들 중에는 연상편향이 너무 심해서 사회적인 갈등을 일
으킬 때도 있다.

⒀ 권위자 편향(authority bias)은 상급자 또는 권위자를 모든 영역의 능력자
로 생각한다. 권위자 편향을 억제하기 위해서는 내가 맡은 일의 전문가
는 자신이며 상위단계의 일은 상급자가 전문가라고 생각해야 한다.

이상과 같은 13가지 편향을 통제하기 위해서는 감성역량을 높이는 회복훈
련을 할 수 있고, 중용(moderation)의 도를 따라서 통제할 수도 있다. 중용
은 중국의 사서삼경에 포함된 책으로써 인간이 일상생활 중에 지켜야 할 윤
리지침서이다. 공자의 손자가 집필한 책으로 인간의 내면수련으로 인격을
형성해 나가는 지침서이다.

균형 잡힌 일상생활을 통해서 중용의 도를 유지하고 사소한 일의 정상요
인을 지키기 위하여 다음과 같은 중용의 도를 지켜나가는 생활 상태를 요구
하고 있다. 중용의 도를 지킬 수 있는 체험에 관한 상태변환 이슈를 작성하
면 편향에 끌려가지 않는 회복이슈를 작성할 수 있다. 다음과 같이 중용의
도를 지키고 편향을 통제할 수 있는 이슈를 작성하는 것이 매우 중요하다.

- 자신에게 지나치게 관대하지 말고,
- 자신의 수준에 맞는 인내를 하면서,
- 남에게 지나치게 의존하지 않고,
- 균형 잡힌 일상생활을 하면서,
- 사소한 일을 균형 있게 연계시켜 나간다.

4. 나비요인의 급변상태

나비요인은 갈팡질팡하는 상태로 생활의 급격한 변화를 유도하고, xSHEL
모델의 상위노드에서 징후를 나타내서 그 파급영향이 크다. 상태변환의 안
정 상태를 일정한 기간 동안 유지한 후에 나타나는 사후적 항상성과 같이 안

정상태의 다음에 나타나서 급변시점으로 끌고 가는 요인을 나비요인이라고 말한다.

나비요인은 분기집합의 다음과 같은 시점에서 발생한다. 나비요인은 정상요인이 유지되는 것을 방해하고, 갈래요인이나 편향요인을 발생시켜서 급변시점으로 유도한다.

첫째, 갈래요인과 편향요인이 동시에 작용하는 시점,
둘째, 급격한 변화를 유도하는 환경조건, 촉매, 끌개가 작용하는 시점,
셋째, 급격하고 다극적인 변화가 완료된 시점을 연결하면 나비요인의 상태변환이 나타나고 이러한 시점에서 나비요인이 발생한다.

이렇게 만들어진 나비모습의 상태변환은 나비형 변환점의 근처와 발생한 시점에 있는 분기집합의 요인들이 상호작용하여 급변시점으로 나타난다. 나비형 변환점은 위에서 설명한 세 가지 상태가 나타나는 시점이다. 나비요인은 나비가 날아가는 모습처럼 변환속도는 느리지만 어떤 증상의 급변시점으로 나타날지 예측하기 어려운 요인을 말한다.

앞에서 언급한 세 가지 상태의 시점에서 나타난 나비형 급변상태의 징후는 다음의 세 가지 양상을 관찰하여 식별할 수 있다.

첫째, 사전 항상성: 사소한 일의 상태변환이 일어나지 않고 항상성이 유지될 수 있도록 적극적으로 방어하는 생활 상태를 유지하는 상태로서 태풍이 시작하기 전에 잠시 동안 정적의 순간을 말한다.
둘째, 항상성: 인체가 자율조절기능을 수행하여 일상생활 중에 발생한 증상이 확산되는 과정에서도 잠시 동안 안정된 상태를 유지하는 항상성을 발휘한다. 이때는 적극적 및 소극적 대응이 조화된 공존 상태를 유지하는 안정된 상태를 지속시켜 준다. 이와 같은 시간을 회복모델의 적용시점으로 활용

할 수 있다.

셋째, 사후 항상성: 사소한 일에 대한 소극적 대응 때문에 잠시 동안 항상성을 유지한 후에 xSHEL의 상위노드에서 일어나는 급변상태와 같이 태풍이 소강상태에 들어가면서 잠시 동안 유지되는 정적인 순간의 상태를 말한다.

이와 같은 상태를 관찰하여 정상요인의 상태를 지속시킬 수 있는 회복모델을 투입시켜야 한다. 명상, 기도, 예술 감상, 휴식 등이 회복의 도구가 될 수 있다. 사전 항상성, 항상성, 사후 항상성은 정상요인을 지속시킬 수 있는 시점으로 활용할 수 있다. 독서하거나, 컴퓨터 작업을 하면서 싫증이 나거나 집중력이 떨어지는 순간을 이러한 신호라고 생각할 수 있다.

일에 집중하다가 잠시 동안 쉬는 것도 업무처리를 할 수 있는 정상요인을 지속시킬 수 있는 회복모델이 된다.

항상성을 중심으로 발생한 상태변환은 외부환경과 조건에 의해서 발생할 경우가 많다. 이 때의 상태변환 시점은 급변시점이 될 가능성이 많다. 이러한 급변시점을 회복시점으로 전환시키기 위해서는 강한 촉매나 끌개를 순간적으로 투입해야 한다.

최후의 만찬의 이미지

6.3
편향요인과 상태변환

1. 편향의 끌개

편향의 상태변환 집합은 일상의 사소한 일을 선하게 행할 수 없도록 방해하고, 악한 영의 끌개 역할을 하게 되므로 악한 영이 나타난 원인과 그 상태, 그리고 어떠한 촉매역할을 하는가를 알아보는 것이 편향의 속성을 이해하는 길이다.

분기집합의 네 가지 요인은 건강관리 시스템을 시간의 흐름에 따라서 상태변환 시키는 원인들이다. 시간이 흐름에 따라서 건강상태가 변환되지만 촉매가 작용하면 더욱 빨리 변하고 점프하여 급변하게 된다. 촉매는 외부의 자극이나 몸과 마음속 내부에서 일어나는 자극에 의해서도 발생한다. 촉매가 변환하여 연속해서 발생하고, 여러 가지 요소들이 집단적으로 발생하면 편향의 끌개가 나타날 수 있다.

편향은 잘못된 정체성을 기반으로 하여, 라이브웨어의 사소한 일을 행할 때 발생하거나, 짜증이나 스트레스에 부정적인 대응을 하게 하여 업무수행을 방해한다. 업무 중에 발생하는 편향은 5장에서 설명한 NASA/TLX를 체크하여 그 원인을 식별하고 대비할 수 있다. 본서에서는 사소한 일을 중심으로 발생하는 편향에 관해서 집합의 요소를 사용하여 설명하고, 중용의 도를 취하여 편향을 통제할 수 있는 생활방법에 관해서 이야기해 보자.

라이브웨어의 편향 상태변환 집합 = {원인, 상태, 촉매}

"걱정을 사서 한다" 는 속담은 시간과 노력을 투입하여 걱정을 한다는 뜻이다. 사소한 일에 대해서 편향된 생각을 가지고 마음속으로 근심하고 걱정하면서 행동하는 것이다. 깊은 관찰과 심사숙고 없이 감정적인 충동에 의해서 행동하면, 편향이 나타난다. 편향의 상태변환 집합의 요소를 원인, 상태, 촉매로 구분하여 설명해 보자.

- 편향의 원인집합 = {심신미약, 불안, 초조, 주의집중력 결핍, 이완력 부족, 이기심, 고집, 변명, 편견, 편중, 편파, 불평, 폭언, 시기, 질투, 미움, 집착, 폭행, 왜곡, 낙심, 절망, 원망, 두려움, 융통성 부족, 배려부족, 공감부족, 소통 부족}

편향의 상태집합은 라이브웨어의 네 가지 요소인 신체, 행동, 인지, 감정의 요소를 사용하여 정의할 수 있다. 이들 원인 요소들은 촉매나 끌개의 옆으로 가까이 유도하는 역할을 한다.

- 편향의 상태집합 = {신체적, 행동적, 인지적, 감정적}
  - ‣ 신체적 편향상태 = {행동편향, 부작위 편향, 과로, 무기력}
  - ‣ 행동적 편향상태 = {부작위 편향, 돌출행동, 과잉행동, 주의력 결핍, 침묵, 폭언}
  - ‣ 인지적 편향상태 = {이기적 편향, 자기 선택적 편향, 가용성 편향, 제로 리스크 편향, 결과 편향, 자기중심적, 편견, 고집, 편파적, 객관성부족, 완벽주의}
  - ‣ 감정적 편향상태 = {이야기편향, 사후확신 편향, 제로 리스크 편향, 생존편향, 연상편향, 권위자 편향, 편향된 공론과 허세, 오만, 분노, 불안, 자기통제 부족}

인지적 편향상태는 주의집중력 결핍, 기억력 저하 등의 인지능력을 저하시키는 촉매 역할을 하는 요소들이다. 특히 이기적 편향, 자기 선택적 편향, 자기중심적 편향, 가용성 편향은 다음과 같이 정의한 집합요소에 의해서 더 강한 촉매가 되어 건강한 몸과 마음을 장애상태로 유도하는 끌개 옆으로 유인한다.

- 이기적 편향 = {이기심, 자기자랑, 고집, 변명, 선택적 주의 결핍, 나비요인 발생}
- 자기 선택적 편향 = {동기부여 부족, 정체성 결핍, 자존감 결여}
- 가용성 편향 = {분할적주의 결핍, 적대감, 이질감, 자존감 부족}

감정적 편향상태는 슬픔, 괴로움, 근심, 걱정, 외로움 등과 같은 감정을 자극하는 촉매 역할을 하고, 연속적으로 나타나면 몸과 마음의 건강을 편향상태로 끌고 간다.

- 편향의 촉매집합 = {정체성 편향, 편향의 내부조건, 편향의 외부조건}

라이브웨어의 편향 촉매는 편향된 악한 영의 끌개 역할을 한다. 편향된 정체성이 생활 중에 나타나거나 삶에서 발생한 편향된 내부환경과 외부환경이 촉매 역할을 하고 악한 영의 끌개 옆으로 유인한다. 편향된 정체성은 이기심이 많고, 시기하고 질투하는 마음을 갖게 한다.

- 정체성 편향 = {편견, 편향된 자존심, 생활 불안, 객관성 부족, 몸과 마음의 왜곡}
- 편향의 외부조건 = {신뢰할만한 정보부족, 쉽고 편한 삶의 가치추구, 분할적주의 부족, 결과 지향}
- 편향의 내부조건 = {감정통제 부족, 편견, 자존감 결여, 이야기 편향, 몸과 마음의 불안정}

□ 선한 영의 끌개 : 중용의 상태변환 집합요소들로 채운 몸과 마음의 상태
중용의 상태변환 집합은 자신의 내면수련을 통해서 인격을 형성하는 요소들의 모임이다.
라이브웨어의 편향된 상태는 삶속에서 중용의 상태를 유지하지 못할 때 발생한다. 중용은 정의로운 생각과 의사결정, 그리고 좌로나 우로나 치우치

지 않고, 정의롭게 생각하고 바르게 행동하는 생활상태이다. 라이브웨어 상에서 중용을 지키는 삶이 편향요인을 억제하며 편향요인이 삶 속에 들어올 수 없게 하는 선한 영의 끌개가 될 수 있다. 일상생활을 선하게 사는 것에 익숙하지 못한 사람을 위해서 인생의 목표를 향하여 삶의 가용성을 높이고, 작은 자 한 사람이라도 훌륭한 사회인이 될 수 있도록 삶의 가치를 높여주는 사회적 자산을 축적하는 것이 중용의 목적이다. 중용의 상태변환 집합은 선한 영의 끌개가 될 수 있다. 중용을 위한 상태변환 집합의 목적, 상태, 촉매로 구분하여 설명해 보자.

□ 중용의 상태변환 집합 = {목적, 상태, 촉매}
= {편향 억제, 생활안정, 사회 안정, 정체성 확립, 자기인식, 자존감, 정상요인 유지, 라이브웨어통제, 자신감, 배려, 절제, 희생, 동기화}
- 중용의 목적 = {편향억제, 생활안정, 사회정의, 정체성, 자존감, 정상요인 유지}
- 중용의 상태 = {신체적, 행동적, 인지적, 감정적 상태}
  ‣ 신체적 상태 = {건강유지, 몸과 마음의 일체감 유지, 생활안정, 충동억제, 신체적 균형, 절제, 희생 }
  ‣ 행동적 상태 ={몸과 마음의 일체감 있는 행동, 관찰력, 행동의 정상요인 유지, 행동적 균형 }
  ‣ 인지적 상태 = {주의집중력, 이 완력, 기억력, 직관력, 선택적 주의, 분할적주의, 지속적 주의}
  ‣ 감정적 상태 = {감정통제, 공감, 소통, 배려, 절제, 희생, 용서}
- 중용의 촉매 = {믿음, 신뢰, 정상요인 유지, 자존감 유지, 감정통제, 배려, 균형}

마음이 왜곡되어 집중하면 집착이 되고, 집착이 오래 지속되면 편향을 가져온다. 편향은 한 쪽에만 치우쳐 생각하고 바라보게 되어 편견을 갖게 하며 편파심을 유발시켜 분당을 만들고 팀워크를 망가뜨린다.

□ 사소한 일을 선하게 행하면?

공부, 집안 일, 휴식 등과 같이 사소하게 행하는 일은 일상의 반복된 행동이다. 사소한 일을 할 때, 어깨가 뻐근하고, 머리가 띵하고 무거워서 눈이 피로한 사소한 증상은 신체적 증상이다. 책상 앞에 앉아있던 학생이 피로를 느꼈을 때, 양 어깨를 위로 올리고 쭉 펴서 피로를 푸는 것은 사소한 일이다. 피로가 풀렸다 믿고 가벼운 스트레칭을 하면 사소한 일을 선하게 행한 것이 된다.

사소한 일을 선하게 행하면,
몸과 마음이 따뜻해지고, 온유하게 행동할 수 있는 지혜가 생겨서 이웃을 감동시킬 수 있는 삶의 상태를 유지한다. 양보하고 배려할 수 있으며, 관용을 베풀 수 있고, 이웃과 공감하여 소통할 수 있다. 창조적 섭리를 일상생활에 적용할 수 있는 지혜가 생기게 된다. 창조적 섭리에 의한 지혜는 시기하지 않고, 질투를 싫어하며, 다툼을 멀리하여 몸과 마음의 혼란을 막고, 삶의 질서를 찾아준다. 창조섭리를 믿으면, 사랑하고 사랑받는 인간의 천성을 찾게 된다. 천성을 찾으면, 자연현상의 법칙을 깨닫게 되고 장래의 인생을 예측할 수 있는 논리를 전개할 수 있다. 인생을 예측할 수 있는 논리는 건강 모니터링을 위한 시나리오를 작성할 수 있다. 이와 같이 작성한 시나리오는 분기집합 요인의 특성을 가지게 되고, 분기집합 모델 기반으로 삶의 상태변환을 추적할 수 있다.

선한 영과 동행하면, 창조적 섭리를 이해하고 자연환경과 공감하고, 소통하게 된다. 자연법칙과 소통하면 휴먼요인의 상태변환을 추적할 수 있는 논리를 전개할 수 있다. 정의사회에서 이루어지는 사랑의 질서를 깨닫게 되고, 믿는 자가 사소한 일을 사랑으로 행하여 선과 동행하면 성령을 받게 된다.

믿음은, 창조적 섭리에 맞추어, 인생의 목표를 향하게 하고, 삶의 목적을 이루어 나갈 수 있는 일상생활을 유지할 수 있게 한다.

몸과 마음으로 믿고 목청을 높여서 믿는 바를 큰 소리로 부르짖으면, 믿는 대로 이루어진다.

마음으로 결단한 것을 손으로 쓰면서 뇌 속에 기억시키면, 몸은 원하는 목표를 향하여 나아가게 되고, 몸과 마음이 일체화되어 정의와 사랑의 결실로 끌고 가는 강한 끌개를 만나게 된다. 몸과 마음이 하나가 되어 믿는 대로 이루어진다. 입에서 나온 간절한 외침을 마음이 들으면 마음은 소리의 뜻을 깊이 새기고 뇌 속에 기억시킨다.

좋은 시를 낭독하면 뇌가 오래도록 기억하는 것처럼, 마음이 시의 내용대로 변하고 시와 같은 상태를 만들어 간다. 슬픈 시는 슬픈 마음을, 기쁜 시는 마음을 기쁘고 즐겁게 한다.

사랑의 시는 마음에게 사랑을 가르쳐 주고, 원하는 사랑을 이루어 준다. 몸과 마음이 하나 되어 노력한 사랑의 결실이다. 인생의 목표를 향하여 사랑의 시를 외우면 나의 삶이 사랑의 목적에 이르게 하고, 선하기를 원하면 사소한 일을 선하게 이루게 된다. 감사하면서 소리를 높여서 부르짖으면, 이웃과 함께 감동하면서 선한 일을 이루게 된다. 정의와 사랑의 조화 속으로 끌려가는 동행자가 생겨서 용기있는 커뮤니티를 만들게 된다.

정의롭고 다정한 사회에서는 구성원 모두가 아름답고 정다운 상태를 만들고, 창조적인 질서에 맞추어 자연스럽게 이루어지는 커뮤니티를 이루어 가게 된다.

2. 성화, "최후의 만찬"에서 본 유다의 편향
성경에서 예수를 고발한 유다의 정체성을 다음과 같이 생각할 수 있다.

- 재물에 집착하고 이재에 밝다.
- 그가 세상에서 얻었다고 생각하는 지식, 재물, 권력을 최고의 가치자산으로 생각하였다.

- 예수가 이스라엘의 왕이 되면 자신의 재산이 더 많아지리라고 기대하였다.
- 그 기대가 무너지자 예수를 고발하여 제자가 된 보상을 받고자 했다.

레오나르드다빈치가 그린 성화, "최후의 만찬"은 예수님이 십자가에 못 박히시기 전 날 저녁에 만찬을 시작하면서 제자 중에 한 사람이 자기를 배반할 것이라는 말씀과 동시에 서로 사랑하라, 항상 깨어 있으라고 당부하신 장면을 그린 그림이다.

예수님을 중심으로 좌우 각 여섯 명의 제자들이 앉아 있고, 세 명씩 짝을 지어서 예수님의 말씀에 경청하고 있다.

"너희 중 하나가 나를 팔아넘길 것이다."

예수님의 폭탄선언에 제자들의 놀란 표정을 볼 수 있다. 예수님의 오른편 옆에 베드로, 유다, 요한이 얼굴을 가까이 하여 소근 대고 있다. 베드로가 유다의 어깨에 손을 얹고 배반자가 누구냐고 흥분하고 있다. 돈 자루를 손에 쥐고 있는 유다는 놀란 표정을 하고 있다. 제자들은 모두 놀란 표정으로 세 명씩 머리를 맞대고 수군거리고 있다.

식사는 생명을 이어주는 고리를 넘어 한 가족을 확인하는 끈이자 삶의 정을 나누는 생활의식이다. 친밀한 사람들의 사랑을 확인하는 자리이다. 생명이 있는 한 식사는 지속될 것이고 가족들은 식탁 앞에서 공감하고 소통하며 이야기 하면서 서로 간에 사랑을 확인하게 될 것이다. 예수님께서 열두 제자와 함께한 최후의 만찬은 예수 그리스도 안에서 서로 믿고 사랑하던 스승과 제자들이 언약하고, 교훈하고, 예언을 하는 사랑을 언약하는 자리이다.

유다는 베드로와 요한의 말에는 외면하면서 예수님의 말씀에만 선택적으로 주의집중하고 있다. 예수님께서 배반할 자가 유다 자신이라고 말씀하지 않을까 불안한 표정으로 예수님을 응시하고 있다. 너무 긴장하여 앞에 놓인 소금 그릇을 엎어 버렸다.

자신의 잘못된 생각과 판단을 회개하지 않고 오히려 예수님과 친밀감을 과장하면서 걱정이 없는 척 하는 모습이다. 유다의 숙명적인 배반행위를 생각하면 자유의지를 가진 인간이 전능하신 하나님과 공감하고 소통하는 일이 얼마나 어려운 일인가를 깨닫게 된다. 예수님의 폭탄선언을 듣고 유다가 회개했더라면 거룩한 사도로서 새 역사를 창조한 선지자가 되었을 것이다.

유다의 선택적 주의는 이기적이고, 자기선택적인 마음 때문에 중용의 도를 사라지게 하고 편향된 모습을 보여주게 된 것이다. 유다는 예수님의 제자가 된 동기부터 잘못 되었다. 예수님의 권면을 받아 드렸다면 개선할 수 있는 기회가 많았다. 자기인식을 잘못했고 감정통제를 못하여 자신의 편향된 인생의 목표와 삶의 목적을 깨닫지 못했다. 예수님과 공감적인 이해를 못하고 소통하지 못했다. 왜곡되어 집중하면 집착하게 되고 집착은 편향으로 유도한다. 편향은 한 쪽으로 치우쳐서 바라보게 하고 편견을 갖게 하여 크고 높은 먼 곳을 보지 못하게 한다.

편향은, 창조섭리와 자연법칙을 일관성 있게 대응시킬 수 없게 한다. 창문을 통해서 비추인 찬란한 참 빛이 하나님의 말씀의 언약임을 깨닫지 못하게 한다. 항상 깨어서 기도하며, 서로 사랑하라는 예수님의 권면의 말씀을 듣지 못하게 한다.

"내가 예수를 여러분에게 넘겨주면 여러분은 내게 무엇을 주실 작정입니까? 그가 그때부터 예수를 넘겨줄 기회를 찾더라." 여기에서 "기회를 찾더라." 의 희랍어는 원하는 것을 간절히 찾을 때 사용하는 단어로 미완료 과거시제로 표현되었다. 과거로부터 지속적으로 기회를 찾았는데 아직까지 완료되지 않은 상태를 의미한다. 유다를 사로잡은 악한 영은 유다 곁에서 지속적으로 예수를 팔 기회를 찾고 있었다. 은밀하게 넘겨줄 수 있는 기회를 찾고 있었을 것이다. 유다를 사로잡은 악한 영의 상태변환 집합요소들은 유다가 예수를 팔게 하는 트리거(trigger)가 된 것이다. 옥합을 깨뜨려 예수님의 발에 기름을 부은 여인을 꾸짖었던 편견이 촉매가 되어 예수를 팔게 되었다. 사랑보다 논리적인 정의를 앞세웠던 유다의 편향은, 자신만이 정의롭다고 생각한 교만이 사랑을 분별할 수 없게 하였다. 여인의 전 재산인 옥합을 깨뜨려 사랑을 보여준 영원한 생명을 볼 수 없었다.

유다의 편향은 제자들의 팀워크를 방해하고 결국에는 자신을 죽이고 말았다. 유다의 정체성, 성경에 나타난 유다의 언행, 그리고 성화에서 볼 수 있는 모습을 참조하여 다음과 같은 유다의 편향을 찾아 볼 수 있다.

유다의 이기적인 편향은 자기가 체험한 일만 중시하여 자기중심적이고 자기 확증적인 모습을 나타낸다. 식탁 자리에 베드로와 요한과 같이 예수님 가까이 앉은 것도 자기중심적인 태도이다.

자기 선택편향은 예수가 왕이 될 것을 기대하고 제자가 되었는데 그 기대가 허물어진 상황에서 손해를 만회할 수 있는 기회를 찾으려고 노력하게 된다.

호감편향은 재물이나 권력과는 거리가 먼 예수의 모습을 보고 예수를 팔기로 결심한다.

가용성 편향은 자신의 기대와 다른 예수의 비전을 알게 되어 자신에게 익숙한 것을 선택하게 된다.

자기선택 편향은 유다 자신이 기대했던 제자대접을 못 받고 있다고 생각함으로서 예수의 꾸중을 받아드리지 못하고 다른 사람의 권면도 외면하여 회개하기 어려운 편향이 나타나게 되었다. 나서기 좋아하는 유다는 모든 일에 참견하는 연상편향을 가지고, 발생한 모든 사건을 자기중심적으로 판단함으로서 예수님, 그리고 다른 제자들과 소통할 수 없었다.

유다의 사후확신 편향은 예수의 이름을 걸고 자신의 명예와 영광만을 얻고자 한다. 유다는 예수의 순결하고 깨끗한 마음을 볼 수 없었고 가난한 자와 함께하시는 예수에 대해서 왜곡된 판단을 하게 되었다.

최후의 만찬을 가진 시기는 예수님에 대한 협박과 핍박, 그리고 사랑과 섬김이 교차된 정치적, 사회적 분위기가 팽대해 졌을 때이었다. 예수님 자신은 하나님 아버지께 올라갈 것을 깨닫고 결심이 선 상태이었다. 비싼 향유를 예수님 발에 부은 상황을 본 유다가 여인을 꾸짖었을 때, 예수님께서 유다를 책망함으로 유다를 당황하게 하였다.

제자들과 저녁 식사를 하는 자리에서,

"내가 떡 조각을 적셔 주는 자가 나를 팔리라."

하고 그 떡 조각을 유다에게 건네주는 순간, 유다의 분노는 극에 달했을 것이다. 유다를 포함한 모든 제자들은 이미 세상의 빛으로 오신 예수님을 깨닫고 있었다. 그런데 유다는 떡 조각을 받은 후에 밖으로 나갔다. 예수님과 공감적인 이해를 못하고 회개하지 못했다. 성경은 유다가 밤의 어둠속으로 들어갔다고 표현하고 있다. 악한 영이 벌써 유다의 마음속에 예수를 팔려는 생각을 넣었다고 기록하고 있다. 유다는 어둠속으로 사라진 순간, 스스로를 파문시키고 말았다. 악한 영은 나쁜 끌개가 되어 유다를 파문의 어두움으로 끌고 간 것이다. 유다의 마음속에 자리 잡고 있었던 편향요인이 강력한 촉매작용을 한 것이다. 예수님은 베드로에게도 심하게 책망하였으나 그는 회개하여 수제자가 되었지만, 유다에게는 악한 영이 그의 편향을 자극하고 회개하지 못하도록 충동하여 배신자로 만든 것이다.

자기 선택편향, 이기적인 편향, 호감편향, 연상편향, 사후확신 편향 등이 유다의 마음속에 부정적이고 반항적인 의식을 되살아나게 한 것이다. 악한 끌개가 몸과 마음속에 파고들지 못하게 하고, 마음속에 있던 편향이 되살아나지 못하게 하는 생활방법은 무엇일까?

표 7.1에서 볼 수 있는 것과 같이 사소한 일을 선하게 생각하고 사랑으로 행할 수 있도록, 그리고 일상생활 중에 선한 영과 동행하는 삶이 될 수 있도록 관찰하고 노력해야 한다. 분기집합 모델을 사소한 일에 적용할 수 있도록 몸과 마음의 건강관리를 하는데 사용해야 된다.

3. 분기집합 모델기반 건강 모니터링

일상생활 중에 사소한 일의 건강상태는 신체적, 행동적, 인지적, 그리고 감정적으로 나누어서 식별하고, 각 영역별로 상태변환되는 수준을 정상요인, 갈래요인, 편향요인, 나비요인의 원인으로 나누어서 상태변환을 추적한다. LW.GQM과 분기집합 모델은 사소한 일의 상태변환을 추적하기 위해서 대조적, 그리고 상호 보완적으로 활용할 수 있다. 추적하는 과정은 xSHEL 모델과 분기집합의 이론을 활용한다. LW.GQM의 문답지를 사용하여 측정한 건강상태의 데이터는 분기집합의 논리를 사용하여 분석한다. 이 데이터를 건강 모니터링에 적용하기 위해서는 사소한 일의 증상이 어떤 상태의 패턴으로 변환되는가를 파악해야 된다.

상태변환의 패턴을 이해하기 위해서는 변환의 원인과 결과, 그리고 촉매에 영향을 받는 상태를 파악해야 된다. 집단적인 원인이 발생하여 끌개에 끌려갈 때는 분기집합에서 작용하는 끌개의 특성을 분석해야 된다. 끌개의 특성은, 분기집합으로 구성된 통제공간과 분기요인들에 의해서 나타나는 증상으로 구성되는 행위공간상에 나타난 특성으로 분석할 수 있다. 사소한 일의 상태변환을 예측하고 판단하여 대비할 수 있는 분기집합의 모델은 연간 200편 이상의 논문이 발표되고 있으므로 여러 가지 수학논리에 맞추어서 상태변환을 정확히 추적할 수 있다. 그 결과만 이해하면 사소한 일에 관한 상태변환의 특성을 활용하여, 이슈모델의 설계과정을 생략하더라도 이슈를 작성할 수 있다. 8.4절에서 건강관리를 위한 상태변환의 이슈를 직접 작성하는 방법을 설명하게 될 것이고, 8장의 방정식 (1)을 이슈모델로 하면, 건강 모니터링을 위한 상태변환을 쉽게 추적할 수 있다.

□ 우울증에 관한 편향의 상태변환 이슈작성

편향에 관련된 상태변환의 이슈를 작성하기 위해서 편향을 억제하는 회복훈련에 관해서 설명한다. 스트레스에 대한 반응에 따라서 나타나는 몸과 마음의 건강상태와 증상을 분류한다. LW.GQM 문답지의 증상항목에 따라서 분류하고 항목별로 나타난 건강상태와 증상을 관찰한다. 응답의 내용을 참고하여 신체적, 행동적, 인지적, 그리고 감정적 반응에 대한 건강상태와 증상을 작성한다. 사소한 일중에 발생한 스트레스 대응에 따라서 나타난 몸과 마음의 건강상태는 분기요인에 준해서 상태변환 된다.

촉매나 끌개 가까이 가서 장애증상으로 변환될 경우에는 경계성 장애시점에 다가서게 된다. 4장에서 설명한 바와 같이 스트레스 압박이 주의력 결핍과 인지력 저하로 상태변환되는 조건은 다음과 같다.

■ 사소한 일을 실행하는 일상생활의 상태가 선형적으로 연결되어 발생할 경우,

- 주의산만 함과 같이 스트레스 압박에 촉매가 될 수 있는 민감한 상황이 일어날 경우,
- 몸과 마음속에 편향요인이 나타날 경우,
- 스트레스 압박 때문에 불안상태와 스트레스 장애증상의 쌍갈래 현상이 발생할 경우,
- 환자의 신체적, 행동적, 인지적, 감정적인 요인으로 상태변환되어 회복할 수 없는 상태가 되는 경우.

스트레스로 인해서 발생한 주의력 결핍과 인지력 저하는 우울증을 유발시킬 수도 있다.

우울증 상태의 심각성 수준을 분기집합 요인에 대응하여 구분하고 끌개에 이끌리어 급변시점의 심각한 장애증상에 도달할 수 있는 상태변환 이슈를 작성해보자. 우울증에 관한 편향의 상태변환 이슈를 식별함으로써 우울증에 대한 급변시점의 위급상태를 예측할 수 있다.

표 6.1 우울증 상태를 평가하기 위한 분기집합 요인 중심의 기준

분기집합	증상과 행동수준	지표	우울증의 상태
정상요인	정상과 장애의 경계상태, 자기인식 능력을 높여서 스스로 건강을 유지한다.	0	물리적 스트레스 : 불면증, 운동부족, 영양부족
갈래요인 (갈등)	정상과 장애의 경계점을 넘어 갈등요인을 일으킨다. 증상의 원인식별과 행동관찰이 필요하다.	1	심리적 스트레스 : 불안, 공포, 피로, 분노
편향요인 (편견)	일상생활 중에 편향과 편견이 많아서 장애에 대한 경고, 주의, 예고하는 수준	2	상대적 박탈감 : 시기, 질투, 자책, 위축, 무기력, 식욕부진 등의 사소한 일 자주발생
나비요인 (변덕)	변덕요인이 심하므로 장애증상의 관찰과 확산예측, 회복력의 강화대책이 필요함	3	만성 피로감 : 물리적, 심리적, 상대적인 박탈감을 느끼고 의사결정이 어려워 안절부절한 행동

라이브웨어의 사소한 일을 중심으로 하고 그 중에서 우울증에 관한 분기집합요소 별로 상태와 행동수준, 장애가 될 가중치 지표, 그리고 우울증의

상태수준 등을 표 6.1에서 알아보자. 장애상태 지표는 급변시점의 가능성을 나타내는 수치가 되고 각 분기집합요소에 대응된 우울증의 상태수준은 우울증이 급변하여 장애증상이 될 수 있는 상태이다.

지표는 편향이 악한 영으로 끌고 갈 수 있는 과중치를 분기집합의 요인 중심으로 정한 것이다. 편향과 악한 영의 거리감을 측정하는데 사용할 수 있다.

표 6.1 우울증에 관한 분기집합 요소의 특징에서 기술한 내용을 통해서 우울증의 상태변환 이슈를 다음과 같이 네 가지 분기집합의 요인을 기준으로 하여 작성할 수 있다. 여러 사람이 공감할 수 있고 일관성있는 상태변환 이슈를 작성하기 위해서는 표 8.1과 같은 표를 사용하는 것이 좋다. 개인별로 발생한 사소한 일에 관한 상태변환의 이슈는 한 개 또는 두 개 요인을 연결하여 작성한다. 일상생활의 체험 중심으로 우울증을 분기집합의 요인에 대응해서 분류하여, 증상과 행동수준, 우울증 상태를 나열하면 표 6.1과 같다. 이 표를 참고하여 우울증에 관련된 이슈를 작성할 수 있다.

가치자산을 축적하기 위해서 우울증에 관한 상태변환 이슈를 작성할 경우에는 분기집합 모델 기반으로 네 가지 요인 중에서 하나, 또는 두 가지 이상의 요인으로 연결된 상태변환을 작성한다. 상태변환 이슈를 작성하는 목적은 장애증상을 조기에 예측하고 예방이나 회복하는 방법을 찾기 위함이다.

우울증을 중심으로 한 STG를 먼저 그리고 최종적으로 이슈를 작성한다. LW.GQM 응답지를 참고하여 작성한 이슈에 대한 일관성을 확인하여 이슈를 제안한다. 이슈에 대한 일관성의 확인방법은 8.5절에서 상세한 예로 설명할 것이다.

우울증에 관해서 분기집합 모델 기반으로 요인별로 나열해 보자.

1. 정상요인

밤새 잠을 설쳤더니 식욕이 없고 꼼짝하기 싫다. (정상상태) 운동이 부족하고 영양도 부족한 상태이지만 건강상태는 정상이다. (회복) 항상성을 유지할 수 있도록 즐겁게 할 수 있는 사소한 일을 찾는다.

2. 갈래요인

나는 세상을 잘못 산 것 같다, 가족과 사회를 위해서 가치 있는 일을 해야 하는데, 의욕도, 능력도, 삶의 동기도 불확실하다. 이웃을 위해서 희생하고, 사회에 봉사하지 않은 삶이 걱정되고 후회 된다. (갈래증상) 너무 많은 근심과 걱정들이 생각, 말, 행동을 갈팡질팡하게 한다. 머리 아픈 증상이 하루에도 세 번 이상 나타난다. (회복) 빠른 통태성을 예방할 수 있는 휴식할 수 있는 일을 찾는다.

3. 편향요인

신체적으로 나약하고, 세상이 나를 알아주지 않고, 의지가 굳지 않으니, 나는 능력이 없는 사람인가, 여러 가지 걱정이 많아지고 짜증난 사소한 일들이 많아진다. (편향증상) 몸과 마음을 한 편으로 치우치게 하는 끌개가 있는 것 같다. 머리 아픈 증상의 회수가 많아지고 아픈 시간도 길어진다. (회복) 의사의 상담을 받고 교회의 봉사활동도 참여한다. 사전 항상성을 관찰하고 빠른 통태성을 통제할 수 있도록 즐겁게 할 수 있는 일을 찾는다.

4. 나비요인

정규적인 운동을 시작할까, 몸과 마음을 다스리는 훈련을 해볼까, 이웃을 돕는 일을 해볼까, 나의 존재가치를 높일 수 있는 생활상태는 어떤 것일까? 여러 가지 걱정과 근심 때문에 밤에 잠을 설친다. (나비증상) 나 자신, 그리고 가정과 사회를 위해서 옳은 판단을 하고 행동하기 싫다. 의기소침한 몸과 마음은 조그마한 촉매가 나타나도 장애증상으로 끌려갈 것 같다. 불안한 마음이 일주일 이상 반복되고 수면장애가 심해 졌다. (회복) 스트레스를 일으킬 수 있는 잡음 현상을 통제하고, 불안과 같은 확산현상을 통제한다.

일상생활을 조심스럽게 관찰하여 기록한 건강체험을 객관성있는 상태변환의 이슈로 작성하기 위해서는 논리적인 체계화가 필요하다. 논리적인 체계는 창조적, 상대성 이론 기반, 그리고 수학적 패턴을 구분하고, 각 패턴에서 체험한 사소한 일의 상태와 유사한 이슈 모델을 찾아서 이슈를 작성한다.

표 2.1의 LW.GQM 문답지에 일상생활 중에 나타난 사소한 일의 상태를 백분율의 단위로 기록하고, 분기집합 요인 중심으로 이슈작성의 절차에 따라서 이슈를 작성한다. 분기집합의 이해가 부족하면 전문가의 도움을 받아서 작성할 수도 있다.

작성한 이슈의 객관성을 유지하기 위해서는, 유사한 체험을 한 팀을 그룹으로 만들고 투표하여 평가한다. 그룹의 회원들을 대상으로 하여 활용가치, 비용과 시간, 기대성과 등을 중심으로 평가하고 통계처리하여 이슈를 검증하고 가치를 평가함으로서 이슈를 선정한다.

이슈로 선정된 후에는, 이슈작성의 논리적 근거를 제시하기 위해서 상태변환 추적의 가능성을 평가한다. 평가하는 방법은 7장에서 상태변환의 추적에 관해서, 그리고 8장에서는 선정한 패턴의 영역 안에서 상태변환 추적기에 맞추어서 이슈를 평가하는 방법을 설명한다.

분기집합 모델은, LW.GQM응답지의 내용 중심으로 이슈모델을 생략하고, 직접 이슈를 작성하도록 지원한다.

분기집합 모델 중심으로 상태변환을 추적하는 방법을 설명해 보자.

□ 상태변환 추적을 위한 분기집합 모델

스트레스와 우울증의 체험에 관한 이슈작성은 환자에 따라서 여러 가지 상태변환을 일으키게 되므로 이슈작성 데이터가 많게 된다. 우울증에 관한 분기집합 모델의 설명과정을 참고하여, 스트레스에 대응하는 생활체험 중심으로 이슈를 작성하기 위해서 관련된 분기집합 요인 기반으로 설명한다.

그림 3.1은 짜증의 STG요소로서, 짜증이 나면 스트레스 압박을 받는 일상생활의 상태를 보여주고 있다. 스트레스 압박이 강해지거나 장시간 지속되면, 짜증과 스트레스 요인이 상호작용하여 불안과 스트레스 장애증상으로 상태변환 되고, 짜증과 스트레스의 다극적인 상호작용으로 확산되어 우울증

과 같은 편향성 요인과 나비요인으로 점프할 수도 있다.

　시간 t에 종속되어 변환되는 상태를 모델링하기 위해서 가장 많이 이용하는 논문은, "Two person exchange model" 이다. 의견이 다른 두 사람, 경쟁하는 두 세력, 서로 다른 두 가지 환경이 상호작용하는 상태에서 요구충돌을 조절하여 최선책을 찾아내는 모델이다. 그림 3.1에서 요소들의 상태변환에 주의산만이라는 촉매가 작용하거나, 근심걱정, 집중의 방해자와 같은 끌개가 작용하면 그림 7.3에서와 같이 확장된 상태변환 과정을 보여줄 때, 회복시킬 수 있는 방법을 설계할 수 있다.

　짜증, 스트레스, 불안, 스트레스 증상의 네 가지 분기집합 요인들이 상호작용하고, 촉매나 끌개에 이끌리어 주의력 결핍이나 인지력 저하와 같은 장애증상의 발생을 예방하는 방법을 설명하고 있다.

　이와 같이 분기집합요인들의 상호작용은, 두 가지 요인의 상호작용을 기반으로 해서 상태변환을 추적할 수 있다. 분기집합 요인 중심으로 상태변환을 추적하면, 분기집합에 관한 모델과 그 특성, 관련성을 분석하여 급변시점을 조기에 예측할 수 있다.

　스트레스를 받으면 신체적, 행동적, 인지적, 감정적인 원인 때문에 짜증과 상호작용이 심해진다. 스트레스는 갑자기 발생한 것이 아니고, 여러 가지 사소한 일들에 관련된 원인과 결과로 나타나서 삶의 질서를 흔들어 버린다.

　비합리적인 판단, 편견, 욕망, 과잉부담, 부정적인 생각과 판단, 그리고 인지력의 취약성 때문에 발생하는 상호작용의 영향을 많이 받는다.

　몸과 마음속에 있는 기쁨, 슬픔, 화남, 놀람, 공포, 혐오 등의 감정이 나타나서 음성이 달라지고, 얼굴표정이 굳어지며, 어설픈 몸짓을 하게 되고, 말이 거칠어진다. 받은 스트레스에 감정요인이 촉매로 작용하여 우울, 불안, 적대감, 소외감, 의심, 불평 등과 같은 장애증상을 보여 준다.

　인지적, 또는 감정적 원인 때문에 짜증과 스트레스의 상호작용이 커지면 정상요인이 상태변환되어 불안증과 같은 갈래요인이 발생한다. 두 가지 이상으로 확산된 원인들의 상호작용에 의해서 예방과 치료, 회복을 위한 대책과 방법을 선택하기 위한 갈등도 추가 된다.

이 시점에서 주의산만과 같은 촉매, 근심걱정과 집중의 방해자와 같은 끌개가 나타나면 장애증상은 더욱 더 확산될 수 밖에 없다. 한두 가지 편향이 작용하고, 갈래요인이 편향요인이 되어 작용하면 나비요인으로 상태변환하게 된다. 주의 집중력의 결핍이나 인지력 결핍과 같은 장애시점으로 급변할 수 있게 된다.

짜증 때문에 발생한 스트레스에 부정적으로 대응하면 그림 4.1에서와 같이 여러 가지 증상이 나타난다. 이진트리를 그린 것도 분기집합 모델을 기반으로 설명할 수 있다. 분기집합 모델은 8.4절에서 설명하게 될 S(x,y;t)와 같은 방정식이 되고, 이슈모델로 사용할 수 있다.

창조섭리, 자연법칙, 수학의 논리체계로 일관성 있게 대응하여, 일상생활의 사소한 일 중심으로 발생하는 건강을 추적하기 위해서 이슈를 작성한다.

창조섭리를 믿고 이해하면, 대응된 자연법칙을 발견할 수 있고, 자연법칙을 체계화 시켜서 모델링하고 이슈를 작성한다. 자연법칙을 체계화시킨 논리에 따라서 분석하면 상태변환에 관한 이슈를 작성하기 편하다.

가족 사랑과 이웃 사랑, 그리고 하나님 사랑은, 창조섭리를 따르고, 창조적 사랑의 섭리는 자연현상의 변환법칙으로 관찰할 수 있으며, 자연법칙을 이해함으로써 휴먼요인 중심의 상태변환을 추적할 수 있는 논리를 전개할 수 있다. 논리전개에 맞춘 이슈작성은 높은 가치를 가지게 된다.

상태변환 추적을 위한 데이터 수집과 분석은, LW.GQM과 분기집합 모델을 사용하여 신뢰성을 확보할 수 있다. 분기집합 모델을 사용하여 작성된 이슈에 대한 수학적 논리를 체계적으로 설명할 수 있다.

VII

상태변환의 추적

7.1
끌개와 밀개

1. 선한 영과 악한 영

지구 북반구에서 발생하는 태풍은 시계의 반대 방향으로 회전하는 사이클이 되어 태풍을 만들고, 남반구의 열대 저기압은 시계 방향으로 돌아가는 사이클이 되어 사이클론을 만든다. 지구가 자전할 때 지구의 북반구에서는 오른쪽, 남반구에서는 왼쪽으로 기울어지기 때문이다. 때때로 북반구에서 쌍둥이 태풍과 남반구에서 쌍둥이 사이클론은 그들 사이의 거리가 200km 이상 떨어져 있으면서도 연합한 힘을 발휘하여 그 위력이 매우 커져 큰 바람의 상태변환을 일으킬 수 있다. 일본의 천문학자 후지와라 씨가 관찰하여 연구한 후지와라 현상을 만들 때도 있다. 태풍의 위력이 매우 커서 매년 일본 주변에서 매우 큰 피해가 발생 하고 있다.

태풍과 사이클론이 지구 자전의 영향을 받아서 상태변환을 한 것처럼 지구 상에서 살아가는 사람의 건강상태도 끌개의 상태변환에 따라서 아픔의 증상이 심해질 수도 있고 회복될 수도 있다. 태풍과 사이클론이 각각 북반구와 남반구에서 대기의 영향을 받아 기상변화를 일으킨 것처럼 사람의 건강 상태변환도 내부적 또는 외부적 환경조건에 따라서 발생한 끌개 상태에 이끌리어 라이브웨어의 사소한 일에 관한 초기 건강상태가 정상으로 유지되거나 더욱 심한 상태로 변환될 수 있다. 환경의 변화가 전혀 없더라도 사소한 일의 순환과정에서 특이한 끌개가 발생하여 사람의 건강은 안정상태를 유지하거나 더 심한 장애증상으로 변환되어 큰 위험이 닥칠 수도 있다. 우리가 원하는 것은 선한 끌개에 의해서 항상 안정된 건강상태를 유지하고 싶은 것이다.

건강상태는 사소한 일을 행할 때, 그 상태를 LW.GQM 문답지로 체크하고 사소한 일의 상태변환을 유도하는 촉매와 임의의 증상으로 끌고 가는 끌개의 특성을 파악함으로써 상태변환의 원인과 결과를 분석하고 이해하여 통제함으로써 안정된 건강상태를 유지할 수 있다.

그러면 안정된 건강상태를 유지할 수 있는 선한 끌개와 일상생활 중에 함께할 수 있는 생활방법은 무엇일까?

이러한 생활방법을 찾고자 끌개의 상태변환을 설명하는 것이 본장의 목적이다.

끌개(attractor)는 시간이 지날수록 건강시스템의 초기상태와 상관없이 한 개의 증상으로 수렴하는 추상적인 상태를 말하고, 밀개(repellor)는 그 주위의 모든 원인과 증상들이 그 노드로부터 밀려 나가는 특정한 상태를 말한다. 끌개상태나 밀개상태는 정한 시간에 행한 사소한 일, 또는 생활 중에 나타난 사소한 증상들의 상태집합이고, 증상으로 변환시킨 원인노드들의 상호작용이며, 촉매기능의 상태집합이다. 끌개의 요소들이 선하게 행하는 사소한 일들로 이루어졌다면 몸과 마음을 건강한 상태로 유지하고, 악하게 행하는 사소한 일이면 장애증상으로 상태변환 된다.

끌개와 밀개의 일관적인 상태는 사소한 일, 또는 증상이 상태변환하여 수렴하게 될 상태집합을 의미하고, 상태집합을 구성하는 모든 요소들은 상태변환되는 사소한 일, 또는 증상을 의미한다. 끌개와 밀개는 자연현상의 변환법칙과 수학적인 논리를 적용하여 이해하면 분석하기가 쉬어 진다. 8장에서 여러 가지 상태변환의 현상을 자연적, 수학적, 물리적으로 이해하고 분석하는 방법을 소개한다.

선한 끌개와 밀개는 일상생활의 사소한 일을 할 때 선한 마음을 갖도록 상태변환 시키고, 악한 끌개와 밀개는 일상생활의 사소한 일을 악한 상태로 변환시킨다. 휴먼요인 기반으로 상태변환하는 건강상태도 마찬가지 원리로 작용하여 증상이 회복되거나 악화된다.

끌개와 밀개는 동적 시스템을 움직이는 행위자가 아니고 동적 시스템 옆에 존재 하면서 건강이 임의의 상태변환을 하도록 여건을 조성하고 촉매 역할을 하는 상태집합이다. 우리들의 일상생활 중에 사소한 일은 건강상태, 또는 장애증상 상태로 끌고 가는 마음과 몸의 생각과 행동, 생활환경의 조건과 같은 삶의 동행자가 된다. 마음과 생각, 몸과 행동, 환경과 조건, 동료들이 모두 끌개가 되고 밀개가 될 수 있다. 동적 시스템은 시간에 종속되어 변하는 환자의 건강상태에 관련된 모든 상황을 포함한 건강 시스템으로 일상생활의 사소한 일과 연관되어 동적 시스템의 특성을 갖는다. 시스템 주변에 끌개와 밀개가 있으면 건강 시스템은 끌개나 밀개 쪽으로 이동하여 상태변환을 일으키게 된다. 다시 말해서 몸과 마음의 건강상태와 그 환경을 가진 시스템이 끌개와 밀개 옆에 있으면 영향을 받아 끌개나 밀개 쪽으로 이동하여 상태변환 된다. 몸과 마음의 건강관리 시스템이 선한 끌개와 밀개 옆에 있으면 선한 행동을 하게 되므로 회복되는 상태변환을 하고, 악한 끌개와 밀개 옆에 있으면 악한 행동이나 장애증상으로 상태변환이 된다.

이러한 상태변환은 라이브웨어의 신체적. 행동적. 인지적. 감정적인 네 가지의 사소한 요소들이 영향을 받아서 건강상태를 유지하거나 장애 증상의 상태가 된다. 선한 끌개는 라이브웨어의 상태집합으로서 기독교 신앙생활에서 추구하는 성령으로 인도할 수 있는 믿음의 결실이라 볼 수도 있다.

건강관리를 위해서 끌개와 밀개를 도입한 목적은 사소한 일의 상태변환을 추적하고, 관리하기 위해서이다.

상태변환의 추적은 일상생활 중에서 몸과 마음의 건강관리를 위해 필요한 신앙적, 철학적, 과학적 방법을 사용함으로써 생활체험으로 실현하기 위한 삶의 가치자산을 축적하기 위함이다. 라이브웨어의 사소한 일을 분기집합 요인으로 정의하여 상태변환을 추적함으로써 장애증상의 조기 발견, 그리고 회복력을 높이는 훈련모델의 설계에 적용하기 위해서이다.

선한 영은 시간과 공간의 제약을 받으면서 이 땅에서 선하게 살아가는 사람들이 노력해서 도달할 수 있는 목적지의 상태집합이다. 선한 끌개와 밀개는 일상생활 중에 사람이 노력하여 선한 일을 행함으로 동행할 수 있고 선한 영으로 이끌어 주는 촉매이다. 우리들의 삶 속에서 사소한 일을 선하게 실행할 수 있도록 촉매역할을 한다. 선한 영의 상태변환 요소들이 모여서 일상생활 중에 사소한 일을 선하게 행할 수 있도록 끌개상태의 집합이 된다. 일상생활의 사소한 일을 선하게 행하면 선한 영과 동행하게 되고, 기독교인들에게는 시간과 공간을 초월할 수 있는 성령을 받게 된다.

스트레스를 받는 환자는 삶의 환경 변화가 없더라도 절기마다 순환되는 기후 변화나 환절기에 적응하는 체력이 떨어지면 일상생활의 안정상태를 유지하기 어렵다. 자신의 일상생활을 주의 깊게 관찰하고 항상 어디에서나 선한 영과 동행하는 생활을 한다면 일상생활의 안정상태를 유지해 나갈 수 있다. 선한 끌개와 동행할 수 있는 신체적. 행동적 생활 방식과 몸과 마음의 유기적인 일체감을 유지할 수 있는 인지적. 감정적 안정상태의 건강한 라이브 웨어를 유지할 수 있어서 건강한 삶의 자산을 축적해 나갈 수 있다.

동적 시스템의 상태변환은 통제공간과 행위표면 상에서 시간의 변화에 따라 지속적으로 변하는 하나의 궤적(trajectory)으로 나타낸다. 이 궤적은 외부에서 주어지는 에너지에 의해서 요동치게 된다. 이 요동(disturbance)은 시간이 지남에 따라 나타나고 없어지면서 안정된 궤도를 유지해 나간다. 이와 같이 상태공간상에서 움직이는 상태요소들은 시간이 지남에 따라 안정된 궤도로 끌려간다. 안정된 궤도는 선할 수도 있고 악할 수 도 있다. 사소한 일을 선하게 또는 악하게 유도하는 통제공간의 활동은 분기집합 모델을 사용해서 상태변환 과정을 추적할 수 있다.

스트레스를 받고 부정적인 대응을 하면 편향요인과 같은 악한 끌개상태의 옆에 가까이 가게 되어 인지력이 저하되고, 우유부단한 생각을 하게 되어 안절부절 하게 행동하는 상태가 된다. 이러한 상태에서는 편향요인이나 나비요인으로 쉽게 상태변환되어 심한 근심과 걱정을 하게 되고, 주의집중력과 이 완력이 낮아지는 상태의 끌개에 의해서 상태변환의 급변시점에 까지 이르게 된다. 증상이 다변화 되고 치매와 같은 장애수준의 급변상태가 된다. 이러한 상태변환을 표현하고 있는 내용이 그림 7.3이다. 그림 7.3은 그림 4.1의 요소 STG 상에서 주의집중력이 산만해지는 촉매를 만나거나 근심과 걱정, 집중의 방해자와 같은 끌개상태 옆에 가면 주의력의 결핍과 인지력 저하 등과 상호작용하여 ADHD, 가벼운 치매(MCI), 또는 치매와 같은 장애상태로 급변한다.

라이브웨어의 요소인 사소한 일은 촉매나 끌개에 의해서 상태변환 되므로 체계적인 학습을 통해서 선한 영과 동행하는 일상생활 중의 건강상태를 유지할 수 있다. 학습 중에 사용할 수 있는 수학적 모델과 도구는 분기집합이나 인공지능을 사용하여 제작한 도구들이다. 분기집합 모델은 사소한 일이 분기하는 상태변환 과정을 네 가지 상태로 구분하고 추적하여 장애시점을 조기에 예측하는 모델이고, 인공지능을 사용하는 기술은 퍼지 집합을 사용하여 컴퓨터의 디지털 사고를 보완할 수 있도록 아날로그적인 생각과 판단을 지원할 수 있다.

통제 공간상에서 발생하는 사소한 일의 상태변환 결과 때문에 일어나는 신체적. 행동적. 인지적. 감정적 행위를 조기 예측할 수 있다. 시간의 경과에 따라 그려지는 점의 궤적은 통제 공간상에 나타난 초기상태에 따라서 변환되고, 궤적의 수는 초기상태의 수만큼 많다. 이들의 복잡한 곡선 중에는 어떤 점에서부터 시작해도 결국은 행위표면 상에 하나의 궤도에 귀착된다. 끌개는 통제 공간상의 사소한 일의 근처에서 발생하는 사소한 일의 상태변환을 유도하고 그 결과로 행위표면 상에서 장애상태를 나타내는 행위추적의 궤도에 수렴시키는 상태집합이 된다.

선한 일의 주변에 끌개가 있다면 그 때의 사소한 일은 끌개의 촉매작용 때문에 선한 끌개 쪽으로 끌려가는 상태변환을 하게 되고, 건강한 상태가 행위표면 상에 나타난다. 예를 들어서, 가벼운 스트레스 증상을 가진 사람의 주변에서 불안을 야기 시킬 수 있는 사고가 발생했다면, 그 사람은 더욱 심한 스트레스 증상이나 합병증으로 상태변환되고, 반대로 주변에서 음악공연과 같은 즐거운 행사가 벌어졌다면 스트레스 증상을 느끼지 못할 정도의 회복상태로 변환될 것이다.

끌개의 상태변환 집합에서 사소한 일(trivial trigger)들의 상태변환이 일어나고 이것이 원인이 되어 여러 가지 장애상태가 된다. 끌개의 상태집합은 고정점 끌개, 한계순환 끌개, 준주기 끌개, 그리고 특이한 끌개(strange attractor) 등이 있다. 특이한 끌개는 특정한 모양이 없이 프랙탈 차원에서 카오스 변환을 나타내는 끌개로써 로렌츠 끌개가 대표적인 예이다. 로렌츠(Lorenz)는 날씨의 상태변환을 특이한 끌개를 사용하여 대기 순환에 대한 컴퓨터 시뮬레이션으로 보여줌으로써 카오스가 혼돈의 의미뿐만 아니라 결정적인 급변시점으로 확대 해석할 수 있다는 것을 보여 주었고, 그 결과 미분방정식을 이용하여 시간적인 변화를 조절할 수 있다면 정해진 환경에서 발생하는 카오스를 단 세 개의 방정식으로 만들 수 있음을 보여 주었다. 예를 들어서, 건강관리를 위한 미분방정식의 모델에서 로렌츠의 날씨 모형과 대응해서 상태변환 모형을 분기집합의 상태변환 요소의 데이터를 기반으로 해서 설명할 수 있다. 미분방정식의 모델은 시점 t 에서 일정 시간이 지난 시점 (t+1)에서 증상의 상태변환을 해석하고 그 대책을 세울 수 있도록 지원한다.

변화무쌍한 자연현상처럼 인간의 일상생활의 상태변환을 끌고 가는 촉매와 끌개는 하늘에 떠 있는 별만큼 많다.

그림 7.1은 두 개의 사이클이 만나서 커다란 끌개가 된 상태를 보여 주고 있다. 그림 7.1에서 보여준 두 개의 사이클은 악한 끌개 두 개가 동시에 사소

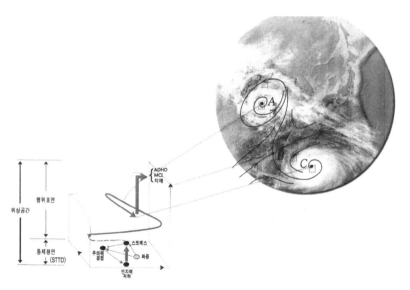

그림 7.1 후지와라 현상과 비슷한 끌개의 궤적과 컴퓨터 시뮬레이션 결과의 대응

한 일을 악하게 끌고 가는 상태변화에 대응해서 생각한 것이다. 북반구에서 발생한 두 개의 쌍둥이 태풍이다. 인간의 건강 상태변화에서 이와 같이 강력한 끌개를 만나게 되면 행위표면 상에서 어떠한 장애증상이 발생하는가를 통제평면 상에서 분기집합의 요인 중심으로 설명해 보자.

정상요인 짜증, 갈래요인의 스트레스 증상, 편향요인의 주의력 결핍이 인지력을 저하시켜서 나비요인이 되고, 결국에는 ADHD, MCI, 치매와 같은 장애증상으로 상태변환된다. 분기집합요인에 끌개작용을 한 13개 궤적은, "근심과 걱정", "집중의 방해자"와 같은 촉매요인들에 의해서 끌려가는 방정식의 모델을 보여 준다.

스트레스의 갈래요인은 부정적인 대응과 긍정적인 대응의 갈등을 일으키게 되고, 부정적인 대응이 심해지면 편향의 끌개에 이끌리어 인지력이 저하되어 나비요인의 상태가 된다. 그 과정을 거치면서 행위표면에서는 회오리치는 행동이 갑자기 나타나서 심각한 장애증상을 일으킨다.

가속도 힘의 질량으로 두개의 싸이클이 결합하여 만들어낸 뒤틀림 현상 (후지와라 현상)은 13개 궤적의 모델을 사용하여 추적할 수 있다. 통제공간 상에서 주의력을 결핍시키고 인지력을 저하시켜서 짜증, 스트레스와 같은 사소한 일들이 인지력을 저하시키는 장애증상으로 상태변환 된다.

그림 7.1과 같이 대응된 결과는 짜증, 스트레스, 주의력 결핍, 인지력 저하 등의 분기집합 요인 중심으로 상태변환되고, 이 변환을 추적하기 위해서 그림 7.2와 같은 추적모델을 사용한다. 그림 7.2의 상태변화 끌개의 13개 궤적의 방정식은 근심과 걱정, 그리고 집중의 방해자와 같은 끌개의 모형을 나타낸 것이다.

건강관리를 위한 모니터링에서 두 개의 끌개, "근심과 걱정", 그리고 "집중의 방해자"가 몸과 마음속에서 인 지력을 저하시키는 스트레스의 상태변환이 동시에 발생하면 클러스터 STG는 주의력 결핍과 인지력 저하의 두 가지 장애증상을 일으킨다. 동시에 발생한 두 개의 끌개는 상호작용하여 상태변환의 가속도를 증가시키게 된다.

그림 7.2는 두 개의 사이클이 만나는 상황을 컴퓨터 시뮬레이션으로 표현하고, 중요한 급변시점의 접점 13개를 찾아내서 해당된 방정식을 만들어 그래프로 표현한 것이다. 13개의 급변시점은 MCI, ADHD, 치매와 같은 장애로 상태변환되는 시점을 조기에 예측할 수 있는 모델을 제공한다. 13개의 방정식은 8.4절의 방정식 (4)와 같은 모델로 발표되어 있고, LW.GQM 응답지의 데이터를 사용하여 구현할 수 있다. 상태변환의 원인요소들로 구성된 분기집합 요인들, 짜증, 스트레스, 주의력 결핍, 인지력 저하 등이 분기집합 요인들의 특성에 따라서 상태변환되어, 대응된 장애증상을 행위표면 상에 나타낸 방정식 (4)와 같은 13개 궤적에 이끌리어 발생한 상태로 추정할 수 있다.

두 개의 사이클이 나비처럼 날아다니면서 사소한 일에 간섭하고 여러 가지 증상으로 끌고 다닌다면 장애증상을 회복할 수 있는 방법을 찾기가 어려워진다. 의사가 발병의 원인을 찾지 못하고 치료하기 어려울 때는 환자의 상

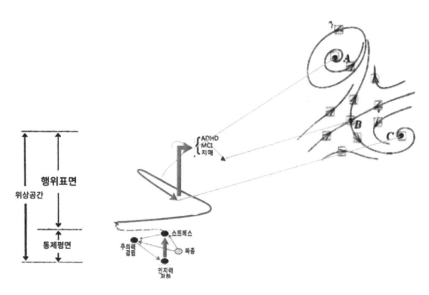

그림 7.2 상태변환을 일으키는 13 개의 궤적

태변환이 나비처럼 증상의 상태를 변화시키기 때문이다. 이와 같은 상태가 되기 전에 통제공간상에서 분기집합의 요인을 분석함으로써 증상의 원인과 급변시점을 조기에 예측할 수 있고, 빠르게 회복할 수 있는 치유방법을 찾아야 한다.

2. 선한 영 끌개와 악한 영 끌개의 상태변환 집합

2017년 6월 11일부터 12월 31일 까지 소망교회(담임; 김지철 목사)의 설교 제목은 "성령과 악령"을 주제로 하여 28주 동안 연결한 설교이었다. "창조와 혼돈"부터 시작해서 "절망의 영, 희망의 영" 까지 설교내용은 신앙생활 중에 체험하게 되는 서로 상대적인 성령과 악령을 성경 말씀 속에서 찾아내어 성령을 받을 수 있는 신앙생활, 그리고 악령을 물리칠 수 있는 신앙생활에 관한 말씀이었다.

28가지의 성령과 악령을 대조하여 신앙생활과 긴밀하게 관련된 용어 중심으로 설교하였다. 본서에서는 일상생활의 사소한 일 중심으로 신체적, 행동적, 인지적, 감정적인 상태로 구분하여 선한 영에 관해서 상태변환 집합으로 설명하고자 한다. 이러한 상태변환 집합의 요소들은 모두 선한 영과 동행할 수 있도록 끌고 가는 요소들과 대등하게 된다. 성령과 대등한 요소들은 사소한 일을 선하게 행할 수 있는 목표가 될 수 있기 때문이다. 사소한 일을 선으로 행할 때 창조적 능력이 나타나기 때문이다. 창조적 능력이 나타나기 위해서는 창조섭리를 믿고, 그 믿음대로 살아가는 삶의 상태를 유지해야 한다. 창조섭리를 믿음으로 인생의 목표를 세우고, 인생의 주변에서 전개되는 자연현상을 관찰하여 상태변환하는 법칙을 깨달아 이해하고, 자연법칙에 맞추어 휴먼요인 중심의 상호작용과 주변 환경이 만드는 영향을 예측하여 대비해 가는 삶이 거룩한 인생의 길이다.

창조섭리의 믿음을 가지고 세운 인생의 목표와 자연법칙에 적응하여 살아가는 인생은 삶의 목적을 이루어 나갈 수 있게 된다. 창조섭리를 기반으로 자연법칙에 맞춘 인생의 삶은 사소한 일을 선하게 행할 수 있으며, 악이 들어올 수 있는 틈새를 막아주게 된다.

선하게 행하지 못한 사소한 일은 악을 행하는 것이라고 깨닫게 되고, 거친 삶의 현장 속에서도 사소한 일을 행할 때 악의 틈새를 막을 수 있는 지혜를 발휘하고, 선을 행할 수 있는 의지를 굳게 다짐할 수 있다.

사람은 누구나 사소한 일을 선한 영과 동행하면서 일상생활을 지속할 수 있기를 소망한다.

삶의 동기를 실천하면서 인생의 동기를 향하여 나아가는 거룩한 인생의 목표를 이루고자 하기 때문이다. 거룩한 인생으로 살아가기 위해서, 삶 속에서 건강을 유지할 수 있고, 정상요인 상태의 삶으로 살아가기를 원하기 때문이다.

본 절에서는 성령인 창조와 악령인 혼돈을 대응해서 일상생활에서 쉽게 체험할 수 있고, 선한 영, 또는 악한 영과 동행할 수 있는 생활방법을 일상생활 중에서 사소한 일 중심으로 찾아보고자 한다. 이 방법은 일상생활 중에 수행한 사소한 일이 부딪히게 되는 선한 일과 악한 일이 사소한 일을 선하게, 혹은 악하게 행하도록 유도하는 상태변환 집합을 끌개 중심으로 이야기하면 쉽게 이해할 수 있기 때문이다.

선한 영의 끌개 상태변환 집합은 일상생활 중에 건강한 상태를 유지하고, 몸과 마음을 건강하게 회복시키는 집합이고, 악한 영의 끌개 상태변환 집합은 일상생활 중에 건강하지 못하게 하고 회복을 방해하는 상태집합이다. 선한 영의 끌개 상태변환 집합의 요소는 창조, 감사, 사랑, 감동, 순종 등과 같이 성령이나 창조에 관한 성경 말씀 중에서 찾아볼 수 있다. 그리고 악한 영의 끌개 상태변환 집합의 요소는 혼돈, 야망, 불안, 반항, 절망, 미움 등과 같이 악령과 혼동에 관한 성경말씀 중에서 찾아볼 수 있다. 성령과 창조에 관해서 완전한 공감적 이해는 인간의 제약받은 일상생활 중에서는 어렵지만 믿는 자는 창조주의 은혜로 체험할 수 있다. 일상생활의 사소한 일을 선하게 행할 때 이러한 은사를 받을 수 있다.

성령을 체험하기 위해서는, 창조적 섭리에 따라서 선한 영으로 행하는 사소한 일의 상태변환 집합 요소들을 식별하여, 일상생활 중에 사소한 일을 선하게 행할 수 있는 삶을 살아가는 것이다.

대학의 강의실에서 교수가 학생들에게 질문하였다.

"하나님이 이 세상에 존재하는 모든 것을 창조 하였는가?"

"예, 그렇습니다."

한 학생이 큰 소리로 대답 하였다. 교수가 다시 물었다.

"만약에 하나님이 모든 것을 창조 하였다면 이 세상에 존재하고 있는 악도 창조 하였네. 그리고 우리가 매일 하고 있는 일의 성과를 가지고 우리가 누구인지를 규정한다는 원리에 근거하면 우리의 생활상태는 악이다."

학생들은 조용해 졌다. 우리가 매일 하고 있는 일 중에는 선도 있지만 악도 있기 때문이었다.

교수는 스스로 만족하면서 학생들에게 하나님을 믿는 신앙은 미신임을 또다시 확인했다며 으쓱해 하였다.

잠시 후에 한 학생이 일어서서 교수님께 질문 하였다.

"교수님, 추위가 존재합니까?"

"무슨 질문이 그런가? 당연히 추위는 존재하지. 자네는 추울 때가 없었나?"

교수가 말했다.

학생들이 낄낄대며 웃었다. 학생이 다시 말했다.

"교수님, 추위는 존재하지 않습니다. 우리가 추위라고 간주한 것은 실제로 열의 부재입니다. 절대온도 0도(섭씨영하 273도)는 열이 완전히 부재한 상태를 단어로 택해서 말한 것입니다. 따라서 추위는 존재하지 않습니다."추위"라는 단어는 열이 없을 때 우리가 어떻게 느껴지는가를 설명하기 위하여 만든 단어입니다."

학생은 말을 계속했다.

"교수님, 어두움은 존재합니까?"

"물론이지."

교수가 대답하였다. 학생은 정중하게 말을 이어 갔다.

"교수님께서는 또 한 번 틀렸습니다. 어두움 역시 존재하지 않습니다. 어두움은 빛의 부재상태를 설명하기 위한 단어일 뿐입니다. 우리는 빛을 연구할 수 있지만 어두움은 그렇지 않습니다. 뉴턴이 만든 프리즘을 사용하여 불빛을 여러 가지 색으로 나누고 빛깔 별로 다양한 파장을 연구할 수 있습니다. 어떤 장소가 얼마나 어두운지 어떻게 알 수 있습니까? 빛의 양은 측정할 수 있지만 어두움을 측정할 수는 없습니다. 어두움은 빛의 부재를 설명하기 위하여 인간이 사용하고 있는 단어일 뿐입니다."

학생은 교수께 물었다.

"교수님, 악이 존재 합니까?"

"물론이지, 이미 말하지 않았나. 우리는 일상생활 중에 매일 악을 볼 수 있지 않은가?"

교수가 응답하였다. 그러자 학생이 다시 대답하였다.

"교수님, 악은 존재하지 않으며 적어도 스스로 존재하지는 않습니다. 모든 창조물은 스스로 존재 하지만 악은 단순하게 하나님의 부재, 즉 선한 영의 부재를 설명하기 위한 단어일 뿐입니다. 어두움은 빛의 부재를, 그리고 추위는 열의 부재를 설명하기 위하여 만들어 낸 단어일 뿐입니다. 하나님은 악을 창조 하시지 않았습니다. 악은 인간의 마음속에서 하나님의 사랑이 없어졌을 때에만 나타나는 상태일 뿐입니다. 이것은 마치 열이 없을 때 추위가 오고 빛이 없을 때 어두움이 오는 것과 같습니다."

교수는 그 자리에 주저앉고 말았다.

이 학생은 앨버트 아인슈타인 이었다.

하나님께서 우주와 그 안에 만물을 창조하시고 인간에게 생명력을 주시고 성령과 함께 할 수 있게 하셨다. 하나님의 속성을 가지고 출생한 인간이 하나님과 소통하면서 만물을 관리하게 하셨다. 말씀을 믿는 자가 선한 영의 삶을 살아갈 때 하나님과 소통하면서 말씀에 의한 생명력을 가지고 창조적 원리에 맞추어 우주 만물을 관리할 수 있다. 인간이 하나님과 소통하지 못할 때는 창조적으로 우주 만물을 관리할 수 없고 악한 영과 동행하게 되어 혼돈한 삶이 된다. 혼돈의 삶은 건강하지 못한 장애증상의 생활상태이다.

선한 영의 상태변환 집합을 설명하기 위하여 창조적인 영의 상태변환 집합을 정의해 보자. 창조적 선한 영을 창조의 목적, 창조의 상태, 상태변환의 촉매 등으로 구분하여 창조에 관한 선한 영의 끌개 상태변환 집합의 속성을 생각할 수 있다. 창조적인 선한 영은 일상생활의 사소한 일이 창조적인 가치 자산으로 축적할 수 있는 촉매가 되고 창조적인 생명력으로 상태변환 시킬 수 있는 끌개와 동행할 수 있게 한다.

창조적인 선한 영의 상태변환 집합은 말씀에 의해서 창조된 우주와 만물의 창조 사건을 기반으로 하고 일상생활 중에 체험할 수 있는 선한 영과 동행하는 삶 속에서 사소한 일의 요소들을 식별하여 집합으로 표현한 것이다. 사람마다 다른 삶의 생활 기준과 영역에 따라서 새로운 선한 영의 요소들을 추가하거나 삭제할 수 있다. 그러나 선한 영을 판단하는 기준은 창조적인 영, 성령, 사랑과 같이 많은 사람들이 인정할 수 있는 객관성과 일반성을 가져야 한다. 선한 영을 추가하는 것을 목표로 하는 상태변환 집합은 선하고, 사소한 일에 집중하여 생활하는 상태를 표현함으로써 건강한 일상생활을 살아갈 수 있는 생활지침을 제시한 것이다.

라이브웨어의 사소한 일은 LW.GQM의 요소인 신체적, 행동적, 인지적, 감정적 영역으로 나누어 실행한다. LW.GQM은 휴먼요인의 표준 SHEL을 확장한 xSHEL 모델을 기반으로 하게 되면 모든 사람들에게 적용할 수 있는 사소한 일의 상태변환 집합을 정의할 수 있는 기본 모형이 된다.

일상생활 중에 은은하게 들려오는 소리, 잠시잠깐 떠오르는 생각, 스쳐가는 감정 등, 사소한 일을 감성역량으로 판단하여 "사랑" 의 마음인가? 몸으로 실천할 수 있는 선한 일인가를 식별하여 선한 영과 함께 하는 삶의 상태를 유지할 수 있다. 창조적인 선한 영을 상태변환 집합으로 표현하면 일상생활의 건강관리를 위해 선한 영과 동행하는 삶을 유지할 수 있다.

기독교 신앙생활을 하는 믿는 자가 선한 영과 함께 동행 하는 삶을 살아가면 일상생활 중에서도 성령과 함께 하는 기회가 많아질 것이고, 믿지 않는 자가 도덕적인 관점에서 선한 일을 추구하면 거룩한 인격자의 목표에 도달할 수 있을 것이다.

성령과 함께하는 삶은, 항상 어디에서나 시간과 공간을 초월하여 선한 생각과 표현, 그리고 행동을 할 수 있는 삶이다. 사랑, 희락, 화평, 참음, 자비, 충성, 온유, 절제, 희생, 양보, 배려, 등과 같은 용어들이 성령과 대등하고, 선한 영의 집합에 속하는 요소들이다.

선한 영과 동행하는 삶은 시간적, 공간적인 제약을 받지만, 인간의 노력으로 도달할 수 있고, 창조주의 도움을 받아서 성령과 함께하는 길로 나아갈 수 있다.

휴먼요인 중심의 상태변환을 추적하기 위해서 상태변환 집합을 도입하면 이슈를 논리적으로 전개하기 쉽다. 창조섭리와 자연의 상태변환 법칙에 대응해서 휴먼요인에 관한 상태변환을 논리적인 체계로 추적할 수 있다. 상태변환을 체계적으로 추적하면 정확하게 예측할 수 있고, 급변시점에 대한 대책을 조기에 세우기 쉽다. 수학모델을 논리적으로 전개하여 이슈작성이 편해진다.

성경 말씀에 나온 용어를 사용하여 상태변환 집합을 설명한 것은 믿지 않는 자도 체험할 수 있도록 선한 영과 동행하는 삶의 목적에 도달하는 생활방법을 설명하기 위해서이다. 성경 말씀을 수학적으로 설명하는 것이 아니고, 말씀 속에서 자연현상과 대응한 수학적인 논리를 발견하여 일상생활 중에 동행할 수 있는 선한 영을 이해하고 확신을 갖게 하여 사람에게 신앙의 경지에 까지 나아갈 수 있도록 안내하기 위해서이다.

- 창조적 선한 영의 상태변환 집합 = { 목적, 상태, 촉매 }
  = { 말씀, 빛, 소통, 인간, 질서, 조화, 진리, 탄생, 공감, 사랑, 관계, 감동, 시간, 공간, 만물 }
  - 창조목적 = { 말씀, 빛, 소통, 인간, 탄생, 공감, 사랑 }

‣ 창조적인 사소한 일의 상태 = { 신체적, 행동적, 인지적, 감정적 }

창조적인 사소한 일의 상태변환 집합은 일상생활과 긴밀하게 관련되면서 휴먼요인 중심의 건강관리를 위한 요소를 선택하기 쉬워진다. 창조섭리를 믿고 자연법칙을 관찰하면 휴먼요인 중심의 상태변환 논리를 대응시켜서 상태변환 이슈를 작성할 수 있다. 수학논리 중심으로 건강의 상태변환을 추적할 수 있다. 신체적으로 부딪히는 사소한 일의 상태 판단과 행동으로 실천하는 배려, 인식하고 판단하여 행하는 인지적인 일, 그리고 마음으로 결정하는 다정한 감정요소들로 구성한 분기집합요인 중심의 이슈를 작성할 수 있다.

창조적인 선한 영의 상태변환 집합은 일상의 사소한 일을 선하게 행할 수 있도록 지원하는 목표가 되고, 지표가 될 수 있다. 선한 영의 상태변환 집합을 정의하면, 사소한 일을 선하게 행하기 쉽게 해준다.

- 신체적 상태 = { 인간, 질서, 조화, 탄생, 공감 }
- 행동적 상태 = { 인간, 질서, 조화, 시간, 공간, 소통, 행동, 관계 }
- 인지적 상태 = { 인간, 질서, 조화, 공감, 사랑, 인식, 판단, 행동 }
- 감정적 상태 = { 인간, 질서, 조화, 공감, 사랑, 관계, 느낌, 표현, 다정함 }

휴먼요인의 네 가지 요소들이 상호작용하고, 사소한 일을 선하게 할 수 있도록 촉매역할 하는 요소를 정체성, 외부조건, 내부조건 등으로 나누어 설명해 보자.

- 정체성 = { 말씀, 빛, 소통, 인간, 공감, 사랑, 용서, 회개 }
- 외부조건 = { 말씀, 빛, 소통, 인간, 질서, 조화, 공감, 사랑, 관계, 감동, 시간, 공간, 만물 }
- 내부조건 = { 말씀, 빛, 소통, 인간, 탄생, 몸과 마음, 공감, 사랑, 시간, 공간 }.

선한 영의 상태변환 집합은 우리들의 삶이 얼마나 선한 영과 동행하는가를 평가할 수 있는 기준으로 사용할 수도 있다. 사소한 일이 악한 영의 끌개에 끌려갈 때 상태변환 되는 과정의 "거리감"을 측정할 수도 있다. 거리감은 시간이 얼마나 걸려서 어느 정도의 장애 증상이 나타날 수 있는가를 조기에 예측할 수 있다. 그리고 퍼지 집합을 도입하면 인공지능 기법을 동원해서 여러 가지 합병증의 상태를 비율로 계산할 수도 있다.

다음 표 7.1에서 설명하는 사랑의 속성은 창조적인 선한 영의 상태변환 집합을 참고하여 사랑을 행동으로 실천하는 훈련내용과 방법을 설명하고 있다. 기독교 신앙생활을 하는 분이 사랑의 선한 영과 동행하면 성령을 받을 수 있는 기회가 많아진다. 성령 받는 것은 믿는 자 누구에게나 최고의 기쁨이고 몸과 마음으로 체험할 수 있는 창조적인 사건이다.

말씀을 믿는 자가 성령을 받았을 때 말씀의 생명력을 얻게 되고 시간과 공간을 초월한 생명력있는 능력을 체험할 수 있다. 성령을 받고, 또 유지하는 동안에는 xSHEL모델 기반의 삶의 가치자산을 축적하기 쉽고, 선한 영으로 행하는 사소한 일을 확인할 수 있는 순간을 체험할 수 있다. 휴먼요인 중심의 "100세 유산"을 가치 있게 축적할 수 있다. 앞서서 살아오신 부모님과 선배, 그리고 은사들의 삶 속에서 삶의 가치자산을 어떻게 쌓아 왔는지 이해할 수 있다. 쌓은 가치자산은 창조섭리와 자연의 상태변환 법칙에 부합하고 수학적 논리로 전개하여 일상생활에 적용할 수 있다. 창조적인 삶의 역사 속에서 먼저 믿는 자의 권면과 행위 속에서 공감하고 소통할 때 후손들에게 상속할 수 있는 가치자산을 축적할 수 있다.

선한 영과 동행하는 삶은 사도 바울이 고린도 교인들에게 권면한 15가지 "사랑"을 생활 속에서 사소한 일로 실천함으로써 이룩할 수 있다. 선한 영은 사소한 일을 창조적인 동기에 맞추어서 상태변환 시키고 몸과 마음의 건강 상태를 유지할 수 있게 한다.

3. 삶 속에서 사랑으로 실천하는 사소한 일의 감동

표 7.1는 사도 바울이 고린도 교인들에게 권면한 15가지 사랑의 실천 항목들이다. 당시에 고린도 사람들은 교만하고, 자기중심적 이었으며 여러 개의 분파로 갈라져서 분쟁하는 생활을 하고 있었다. 실천 항목들은 사랑에 관한 속성들로, 사랑의 요소, 영어표현, 사소한 일의 예, 연관된 삶의 가치자산, 그리고 선한 영으로 유도하는 촉매로 나누어서 설명하고자 한다. 사랑의 속성을 모두 동사로 설명하고 있는 것은 마음으로 생각하는 사랑과, 몸으로 실천하는 사랑을 강조하여 권면하기 위해서 이다. 마음으로 생각하고 뇌로 판단한 다음에 몸으로 실천하는 과정에서 편견과 같은 방해자가 나타나지 못하게 하는 사소한 삶의 방법을 설명하기 위해서이다. 사랑에 의한, 사랑을 위한, 그리고 사랑에 관한 사소한 일로 구분하여 설명하기 위함이다. 사랑의 실천은 몸과 마음의 일체감에서 나온 사소한 일의 선한 결실이다. 몸과 마음의 일체감으로 실천한 사랑은 선한 영의 삶의 가치를 만들어 준다.

두 번째 칼럼의 영어 표현을 포함시킨 것은 사랑의 속성을 이해하기 쉽게 하기 위해서이며, 히브리 어나 헬라 어로 표현한 성경을 참조하면 실생활 중에 체험할 수 있는 의미를 상세하게 이해할 수 있을 것이다. 사소한 일을 기록한 세 번째 칼럼은 일상생활의 사소한 일이 사랑으로 상태변환 될 수 있는 삶의 가치자산을 기록하였다. 사랑의 속성에 해당되는 일상생활 중에서 발생하는 사소한 일들을 행할 수 있는 지침으로 사용할 수 있기를 기대하며 기록하였다. 사람마다 다른 형태의 삶을 살게 되므로 LW.GQM의 응답내용을 참고하여 더 상세한 내용의 단어를 선택할 수도 있다. 예를 들어서 오래 참음은 소극적인 의미의 인내를 넘어서 선한 영과 동행할 수 있는 인내, 절제, 감정통제, 은혜, 감동 등을 실천하는 용어를 선정할 수도 있다.

NASA의 제트추진 연구소에서는 달과 화성에 보낼 위성을 싣고 갈 로켓을 제작하기 위하여 모든 참여자들이 공감할 수 있는 성취감을 달성시킬 목표로, 구성원들의 일상의 사소한 일을 체크하기 위한 NASA/TLX의 문답지를 사용하고 있다. 본서의 일차적인 목적이 건강관리를 위한 사소한 일 중심의 상태변환 이슈를 식별하는데 있으므로 자신의 건강관리 목표와 특징, 그리고 상태와 환경에 따라서 다르게 작성할 수 있다. 사랑을 실천하기 위해서는 감정을 통제할 수 있는 감성지능을 갖추어야 하고 편향과 같은 악한 영의 끌개에 대항할 수 있는 회복능력을 가져야 한다. 삶의 가치자산을 축적하고 활용하기 위해서는 자신의 정체성과 삶의 동기화 목표를 위한 감성역량을 높이는 훈련이 필요하다. EQ.GQM의 다섯 가지 세부요인의 속성을 따르되 구체적인 세부내용은 개인용도, 가정용도, 직장용도, 사회적 용도에 따라서 다를 수 있다. 자기인식의 가치자산을 축적하기 위해서는 정체성의 인식이나 자존감, 자기성찰, 안정된 삶 등, 여러 가지 용어로 바꾸거나 추가할 수 있다. 촉매는 사랑을 행동으로 실천함으로써 일상생활의 사소한 일을 선한 일로 상태변환 시킬 수 있는 촉매로 선택할 수 있다. 이상과 같이 설명한 각 셀 안에 있는 용어 선택은 창조적인 선한 영의 상태변환 집합을 참조할 수 있다.

표 7.1에서 사랑을 실천할 수 있는 용어를 세 그룹으로 나누어서 요약하면, 모든 사랑의 행동은 선한 영과 동행할 수 있는 지혜를 준다. 바울이 권면한 15가지 사랑을 세 가지로 압축할 수 있다.

첫 번째, "오래 참고, 온유하며, 악한 것을 생각지 않고,불의를 기뻐하지 않고, 진리와 함께 하며, 모든 것을 참으며" : 진리와 함께 하면 기쁨과 은혜가 넘치고, 선한 영과 동행한다.

두 번째, "시기하지 않고, 자랑하지 아니 하고, 교만하지 아니 하고, 악한 것을 생각지 않고, 불의를 기뻐하지 않고, 진리와 함께 하며" : 겸손한 자는 지혜를 얻고 진리와 함께 하므로 선한 영과 동행한다.

세 번째, "무례히 행치 아니 하고, 자기 유익을 구하지 않고, 성내지 아니 하며" : 절제하고 희생하면 선한 영과 함께하는 거룩한 삶이 된다.

표 7.1 사랑의 속성

사랑의 속성	영어	사소한 일	삶의 가치자산	촉매
오래 참고	be patient	인내, 희생	공감, 용서	감사, 감동, 배려
온유하며	be kind	온유, 친절	공감(소통), 용서	감사, 감동, 중용
시기하지 않고	not envy	공감, 소통, 친절, 칭찬	공감, 관계개선	관계회복(소통)
자랑하지 아니하고	not boast	겸손, 자랑하지 않음	자기인식 (정체성)	겸손
교만하지 않고	not proud	겸손, 배려, 섬김	자기인식 (기분통제)	배려
무례히 행치 아니하고	not rude	배려, 희생	자기인식, 감동	중용, 희생
자기 유익을 구하지 않고	no self seeking	희생, 양보	자신과 소통, 자존감	희생, 절제
성내지 아니하며	not easily anger	기분통제, 친절	타인과 소통, 희생	기분통제, 회개
악한 것을 생각하지 않고	no record of wrongs	선한 일	동기화 (삶의 목적), 정결함	자기편향 억제(감사한 마음)
불의를 기뻐하지 않고	not delight in evil	정의, 바르게	인생의 동기화	정의(바른 판단)
진리와 함께하며	rejoices with truth	질서, 삶의 목적 이웃 배려	선한 영 (인생의 목표)	회개, 선한 영과 동행
모든 것을 참으며	always protect	시련, 참음, 인내	선한 영 (삶의 목적)	시련, 절제, 희생
모든 것을 믿으며	always trust	믿음, 신뢰, 긍정적 대응	자기인식, 신뢰축적	신뢰, 긍정적 대응
모든 것을 바라며	always hope	소망, 기대	동기화 (인생목표, 삶의 목적)	소망, 긍정적 마음, 적극적
모든 것을 견디며	always persevere	절제 시련극복	감성역량	절제, 희생, 시련극복

15가지 사랑을 실천하면, 일상생활 중에 선한 영과 동행할 수 있다는 신뢰의 약속으로 요약할 수 있다.

첫째 칼럼은 사도 바울이 고린도 교인들에게 권면한 사랑의 실천 사항이고, 둘째 칼럼은 영어 표현이다. 셋째 칼럼에는 사소한 일을 사랑하는 마음으로 선하게 행하는 요소를 기재하였다. 넷째 칼럼은 사랑을 실천함으로써 얻을 수 있는 삶의 가치자산이고, 다섯째 칼럼은 사랑을 실천하도록 도와주는 촉매 기능이나 상호작용을 나열하였다. 사랑의 속성을 실천하면 촉매와 상호작용의 도움으로 사소한 일을 선하게 수행하여 삶의 가치자산을 쌓아가게 된다.

사랑을 실천하면 선한 영과 동행하는 거룩한 삶을 살아갈 수 있다는 것을 증명하고 있다. 사랑을 실천하여 받은 은혜는 자유와 해방, 생명과 치유, 지혜와 용기이다. 자유와 해방은 죄에서 자유하고, 항상 기쁘고, 편향에서 해방되는 것을 의미한다. 생명과 치유는 사랑의 생명을 유지함으로 몸과 마음이 항상 강건하다. 그리고 지혜와 용기는 날마다 사소한 일을 행하면서 선하고 악함을 식별할 수 있는 지혜를 얻어 건강한 몸과 마음을 지속적으로 유지할 수 있다.

사소한 일을 사랑으로 행하면 선한 영과 동행하는 삶이 되고 성령 받을 기회가 주어진다. 사소한 일의 선한 상태변환이 회복된 감성역량으로 감정을 통제하고, 선한 영과 동행함으로써 믿지 않는 자에게는 의인의 모습으로 거룩한 삶을 살아가게 된다.

일상생활 중에 사랑을 실천하면 삶 속의 사소한 일이 사랑으로 상태변환되어 선한 영으로 살아가게 된다.

표 7.1을 참고하여, 장애증상으로 끌고 가는 확산상수를 0 가까이 가져가고, 일상생활의 사소한 일을 사랑으로 수행하는 생활방법에 관한 상태변환 이슈를 작성할 수 있다.

□ 사랑을 실천하면?

일상의 사소한 일을 행할 때, 바울의 15가지 사랑을 실천하면 선한 일이 되고, 선한 영과 동행하는 삶이 되며, 기독교인에게는 성령 받은 증거가 된다. 사랑하는 마음으로 생각하고, 뇌로 판단하여, 몸으로 실천하는 것은 사소한 일을 사랑으로 행하는 결실을 거두게 된다. 사랑의 결실은 이웃을 감동시키고, 정의롭고 아름다운 사회를 만들어 간다.

표 7.1 사랑의 속성을 보면, 사소한 일에 관해서 사랑을 가지고 몸으로 실행하는 속성을 나타내고 있다. 사소한 일을 선하게 행함으로써 삶의 가치자산을 쌓아가게 되고, 삶속에서 선한 영과 동행할 수 있도록 촉매가 되고, 끌개가 된다.

선한 영과 동행하는 삶은 몸과 마음의 일체감으로 살아간다. 사람은 태어나면서부터 사랑을 받고 탄생한다. 어릴 때에는 가족과 이웃들의 사랑을 받고, 청소년이 되어서는 사소한 일을 함께할 동행자를 찾아 나선다. 사랑하는 가정을 위해서 땀을 흘리고, 천부적인 사랑을 쏟아 붓는다. 노년이 되면 온전한 사랑을 이루기 위해서 노력한다. 생활체험의 이슈를 작성하는 것도 이와 같은 사랑의 노력이다.

사랑을 찾아서, 사랑을 위해서, 사랑을 이루기 위해서 살아가는 것이 인생이다.

4. 선한 영의 끌개 상태변환 집합의 활용

선한 영의 끌개 상태변환 집합을 활용하여 사소한 일의 정상상태를 항상 유지하면서 비정상 상태가 나타나더라도 쉽게 회복하고, 장애가 발생할 수 있는 시점을 조기에 예측하여 대비할 수 있는 방법은 없을까?

본 절에서는 선한 영의 끌개 상태변환 집합을 활용하여 동적 시스템의 상태변환 모델을 이해하고 설계하여 사소한 일들이 상태변환 하는 특성을 분석하고 이해할 수 있도록 설명하고 있다. 동적 시스템에 속한 건강관리 시스템의 상태변환에 관한 이슈를 찾아내고 그 객관성을 검증하는 방법을 설명하고자 한다. 사소한 일이 상태변환 되는 원인과 과정은 퍼지 집합(fuzzy set) 모델과 동적 시스템의 수학적인 특성을 이용하면 장애시점을 조기에 예측할 수 있고 그 원인을 찾아낼 수 있다. 발견한 원인과 변환과정에 대비한 회복훈련 모델을 선정하거나 개발할 수도 있다. 회복이 어려운 상태가 발생하더라도 사소한 일을 요소로 한 분기집합 모델을 적용함으로써 장애의 급변상태를 조기에 예측할 수 있다. 상태변환 집합의 정의를 참고하면 선한 영의 끌개를 만들어 장애증상을 예방하고 회복시키는 훈련모델을 분기집합의 6가지 수준을 중심으로 개발할 수 있다.

객관성있는 상태변환 이슈를 기반으로 해서 각 이슈에 대응한 과제를 15가지 사랑의 속성중심으로 선한 일을 실행할 수 있고, 13가지 편향 중에서 선한 일을 방해하는 촉매를 통제하기 위해서 다음의 세 가지 요점을 고려하면서 훈련모델을 개발한다.

첫째로, 인지능력과 감성역량을 발휘하여 라이브웨어를 정확하게 관찰하고 주변 사람들과 공감하고 소통한다.

둘째로, 사소한 일을 행하면서 다른 사람들의 정체성과 호기심을 관찰하고 이해하여 소통을 하면서 편향된 생각이나 행동, 그리고 감정을 통제한다.

셋째로, 직관적인 느낌을 통해서 긍정적인 마음을 유도하고 행동한다. 다시 말해서 감동적인 지각, 생각, 느낌으로 의사결정을 하고 행동지표를 설정하여 실행한다. 행동지표는 동기화 지향, 긍정적인 관계지속, 생산적인 행동을 함으로써 행동편향에 대비할 수 있는 선한 영의 끌개와 만날 수 있도록 사용할 수 있다.

선한 영의 끌개, 혹은 악한 영의 끌개가 끌고 가는 시점을 조기에 예측하기 위해서 분기집합 모델은 다음의 6 가지 수준을 중심으로 판단할 수 있게 한다.

⑴ 건강 상태변환의 특이성(singularity)은 일상생활 중에 갑자기 나타난 임계점(장애증상의 시점)을 예측할 수 있게 한다.

(2) 항상성(homeostasis)은 사소한 일을 안정된 상태로 실행하여 안정된 일상생활을 유지하는 것이다. 신체의 자율신경계를 구성하고 있는 교감신경과 부교감신경이 모든 장기들을 연결하여 몸과 마음을 연결하여 항상성을 유지한다. 외부조건에 상관없이 심장과 맥박이 뛰고 체온을 유지하는 자율조절 기능이 우리 몸의 항상성을 유지해 준다.

(3) 완만한 동태성(slow dynamics 혹은 development)은 통제공간의 시간 축에 비해서 늦게 장애증상으로 변환하는 동태성을 식별할 수 있도록 지원한다.

(4) 복귀(feedback)는 완만한 상태변환이 회복하기 위해서 역방향으로 복귀하는 특성을 알게 한다.

(5) 잡음(noise)은 사소한 잡음이 분기집합의 다른 분기요인의 옆을 지날 때 빠르게 변환될 수 있는 촉매가 된다.

(6) 확산(diffution)은 빠른 동태성과 완만한 복귀 과정에서 나타난 반작용이 확산되려는 특성을 알 수 있게 한다. 확산을 0에 가깝도록 유지하는 생활방법이 최고의 건강관리 방법이다.

그림 7.1에서 보면, 인 지력을 저하시키는 나비요인이 발생하여 일상생활 중에 몸과 마음이 스트레스에 대응하여 부정적인 반응을 나타내게 하는 촉매가 스트레스를 악한 끌개 옆으로 가까이 끌고 가서 급변상태를 일으키는 상태변환을 추적할 수 있다. 사소한 잡음이 심각한 장애증상을 일으키는 원인을 찾아낼 수 있다. 상태변환의 추적과 그 원인을 해석하는 기준은 6가지 수준으로 정할 수 있다.

선한 영이 결핍된 몸과 마음의 상태 속에 비집고 들어 온 악한 영의 끌개는 사소한 일을 편향된 몸과 마음의 상태로 변환시켜서 건강이 악화되거나 급변현상을 만들어 장애증상이 나타난다. 앞에서 언급한 6가지 수준 중에 수준 (3)의 완만한 동태성과 수준 (4)의 복귀 현상을 위한 회복훈련을 함으로써, 멀어진 선한 영을 나의 몸과 마음속으로 끌어 드리면 선한 영의 끌개에 의해서 회복되는 상태변환이 점진적으로 일어난다. 완만한 동태성과 복귀현상은 편향된 몸과 마음의 변환 속도를 줄이고 완만하고 유연한 상태로 복귀시킬 수 있다.

선한 영이 미흡한 일상생활 중에서는, 선한 영의 상태변환 집합에서 요소를 찾아내어 회복훈련 모델을 설계하여 적용하면 편향의 악한 영이 내 생활 속에 비집고 들어오는 것을 막을 수 있다. 완만한 동태성과 완만한 상태변환으로 장애증상을 완화시키고 회복시키기 위해서 기독교인들은 기도하고 찬양하며 성경을 읽고, 또 어떤 사람들은 명상을 하고 여행을 하면서 몸과 마음을 다스린다. 그리고 일상생활 중에서 라이브웨어의 신체적, 행동적, 인지적, 감정적, 네 가지 휴먼요인을 중심으로 회복시킬 수 있는 도구를 사용한다.

이상으로 설명한 선한 영의 끌개 상태변환 집합을 활용한 예를 들어 보자.

□ 사랑을 실천하는 회복모델

표 7.1과 같이 사랑의 속성을 참고하여 사랑을 실천할 수 있는 회복모델을 작성하는 방법을 알아보자. 예를 들어서, "오래 참고"를 실천할 수 있는 회복모델을 다음의 세 가지 요인 중심으로 설명한다.

(1) 성경원어(영어, 히브리어, 헬라어)를 참고하여 "오래 참고"를 실천할 수 있도록 일상생활의 사소한 일이 "사랑"으로 상태변환될 수 있는 키워드를 나열한다.

　　예 인내, 감동, 감성역량 발휘, 신체적 통제, 행동통제, 감정통제, 주의집중, 관찰력 발휘, 사소한 일의 선한 연결, 등 신체적 통제는 마음으로 이해하고, 뇌에서 결정한 행동 수칙을 몸이 싫어하더라도 인내하고 행동하여 실행하는 활동이고, 사소한 일의 연결은 일상생활 중에 수행하는 사소한 일을 연속적으로 수행함으로써 오늘 수행한 사소한 일이 내일 선한 영과 동행할 수 있는 절제와 희생이 될 수 있다.

(2) 사소한 일을 연결시켜 사랑으로 실천하기 위해서 내가 좋아하는 명상,

음악 감상, 미술 감상, 영화감상, 운동, 여행 등의 훈련도구를 사용할 수 있다.

(3) "오래 참고" 의 사랑을 실천함으로써 삶 속의 사소한 일을 선한 영으로 상태변환 시켜서 동행할 수 있는가를 확인한다. 확인은 마음속에서 울어 나오고 뇌에서 옳은 판단을 하며 몸으로 인내하면서 실천 했는가를 검증하는 것이다. 선한 영은 성경말씀을 성령으로 받을 수 있는 생각과 결정, 그리고 실천 하도록 도와주는 요소들이다. 오래 참을 수 있는 선한 영을, 창조, 진리, 하나 됨, 살림, 깨달음, 평안, 수용, 거룩함, 섬김, 감동, 감사, 지혜, 겸손, 기쁨, 기다림, 순종, 등과 같은 요소를 통해서 실천할 수 있다.

휴먼요인 중심으로 일상의 사소한 일을 선한 사랑으로 행하면 나와 내가 속한 사회의 갈등이 없어지고 정의롭게 된다. 정의사회는 사랑이 성장할 수 있는 자양분을 충분히 공급해 준다.

□ 편향을 통제하는 회복 모델링

사랑을 실천하려는 생각이 마음속으로부터 울어 나오고, 옳은 행동을 위해 뇌에서 판단하여, 몸으로 인내하고 실천하려고 할 때, 선한 영의 역량이 부족하면 편향이 내 마음 속 깊이 파고들어 선한 생각을 방해하고, 행동계획을 실천하지 못 하도록 방해한다. 몸이 아픈 핑계, 마음을 아프게 했던 기억 등을 생각나게 하는 편향이 나약해진 선한 영속으로 파고든다. 이때 편향을 통제하는 모델을 기반으로 하여 다음과 같이 회복을 위한 훈련 모델링을 설계하여 회복훈련에 활용할 수 있다.

(1) 13가지 편향요인 중에 나에게 가장 높이 작용하는 요소와 현재의 편향을 갖게 한 요소를 식별한다.

(2) 일상생활 중에 나타난 사소한 일 중에서 몸과 마음의 건강 상태변환의 특이한 사건이 있는가를 확인하고, 이들과 상호작용할 수 있는 편향요

인을 관찰하고 식별하여 통제한다.

(3) 사소한 일의 안정 상태를 유지할 수 있는 항상성과 과거에 체험했던 이력사항을 찾아낸다. 항상성은 빠르게 변하는 시점의 요소이고, 이력현상은 과거에 나타났던 비슷한 현상이 다시 나타나는 것을 말한다. 이력현상은 끌려가기 쉬운 요인이므로 항상성이 발생하는 시점에서 이력현상을 통제할 수 있는 회복모델을 투입해야 한다.

(4) 사소한 잡음이 언제, 어떻게 나타났는가를 확인한다. 사소한 잡음은 가까운 사람이 전한 소식이나 생활 중에 들려오는 시끄러운 소리이다. 나서기 좋아하는 사람이 가까이 있으면 상황 판단을 방해하고 왜곡된 의견을 제시하도록 자극한다.

(5) 특이성, 항상성, 이력현상 등이 증상으로 확산되지 않도록 감성역량을 발휘하여 통제한다.

(6) 완만한 상태변환을 통해서 정상적인 복귀현상이 나타날 수 있도록 지속적으로 관찰하고 통제한다.

사랑을 실천하고, 편향을 통제하는 회복 모델은 서로 협력하여 일상생활의 사소한 일을 선한 영과 동행할 수 있게 한다. 퍼지 집합을 이용하여 선한 영의 끌개 상태변환을 검증하여 가장 심한 편향요인을 제거함으로써 빠르게 회복될 수 있다.

편향통제를 통해서 선한 사랑으로 실천하는 일상생활을 정상요인 상태로 유지할 수 있다.

5. 끌개의 상태변환 퍼지 집합

기독교 신앙생활은, 선한 영의 은혜를 받기 위해서 지속적인 시련과 연단을 통한 훈련의 연속이다. 모든 사람들이 연단하면서 거룩한 인격체를 형성해 나간다. 감동을 받고 감사하면서 살아갈 수 있도록 몸과 마음의 일체감을 가지고, 삶의 가치 있는 자산을 축적하고 후손들에게 물려주려고 노력한다.

사소한 일의 가치자산을 규모있게 체계적으로 축적하기 위해서는 일상생활의 사소한 일을 효율적으로 관리하고 모니터링 할 수 있어야 한다. 신체적인 사소한 아픔, 사소한 행동, 사소한 생각과 의사결정, 그리고 사소한 일에 대응하여 계획적으로 감정을 통제하기 위해서 퍼지 집합 모델을 적용할 수 있다. 건강 모니터링을 위한 몸과 마음의 상태변환 요소들을 퍼지 집합의 요소로 하여 퍼지 모델링을 하면 갑자기 변할 수 있는 몸과 마음의 장애증상과 그 수준을 XY 좌표 상에서 백분율의 수치로 기록하여 퍼지 관계를 계산할 수 있다.

스트레스 증상의 수준이 60퍼센트라고 할 때 스트레스 증상과 그 수준이 만나는 셀(cell)에 0.6을 기록한다. 이 수치를 증상별로 LW.GQM 응답지의 증상수준을 예상하여 일시적 다발적 · 지속적 · 장기지속의 퍼센트를 각 셀에 기록하면 퍼지 집합의 원시 데이터가 된다. 원시 데이터를 사용하여 최대. 최소치(min-max) 계산에 의해서 퍼지 집합을 도출하면 스트레스와 연관되어 나타나는 우울증, 정서불안 등과 같은 장애증상별로 그 수준을 계산하여 판별할 수 있다.

그 결과, 스트레스 증상 가능성 65퍼센트, 우울증 30퍼센트, 정신 불안증 25퍼센트 등과 같은 진단 결과를 얻을 수 있다. 이와 같은 장애증상을 종합하여 장애원인, 중간결과, 촉매, 최종결과 등을 분기요인 모델 기반으로 분석하면 증상의 급변시점을 예측할 수 있다. 건강에 도움이 되거나 해로운 사소한 일 중에는 절대적으로 유익한 것도 없고 절대적으로 해로운 것도 없다. 유익하면서 해로운 사소한 일이 50 대 49, 혹은 60 대 40, 격차가 심한 경우라도 90 대 10 정도가 된다.

그러므로 사소한 일의 통제는 아주 작고 사소한 영향을 주는 요소에 대해서도 주의 깊게 관찰해야 한다. 스트레스 아니면 우울증이라고 속단할 수 있는 이분법의 진단결과는 옳지 않다. 이분법에 의한 진단은 디지털 사고의 결점이며, 퍼지 집합을 도입하면 아날로그 진단을 할 수 있는 인공지능 모델이 된다. 스트레스가 65퍼센트, 우울증 30퍼센트, 정신불안증 25퍼센트 등과 같이 복합적인 증상의 결과를 얻을 수 있다. 이와 같은 결과를 참조해서 환자의 정체성, 환경조건, 몸과 마음의 일체성 등을 종합적으로 관찰해서 최종 판정을 한다. 사소한 일의 증상 판단처럼 의사결정을 할 경우에는 "그리고

(AND)" 논리를 적용한다. 컴퓨터는 입력된 데이터를 "0",혹은(OR) "1" 로 변환된 정보를 기억하여 판단 하지만 퍼지 집합 모델은 "그리고(AND)" 논리로 판단함으로써 컴퓨터의 오류를 보완할 수 있는 아날로그적인 판단능력을 제공할 수 있다.

최소. 최대치 계산방법을 설명하기 위해서 우선 A와 B의 교집합, "A 그리고 B" 라는 퍼지 집합을 구하고, "A 그리고 B" 의 가장 큰 소속 도를 구한다. A를 인지장애 가능자라 하고, B를 인지장애 장애자라고 할 때 A와 B의 소속 도에 관한 일치 도를 구하는 절차는 다음과 같다.

⑴ A와 B의 교집합(A 그리고 B)의 퍼지 집합을 구한다.

⑵ A 그리고 B라는 퍼지 집합에서 가장 큰 소속도를 A와 B의 일치도로 정한다.

그 결과는 "A 그리고 B" 라는 퍼지 집합에서 가장 큰 소속도가 A와 B의 일치도가 된다. 먼저 값이 작은 쪽(min)을 취하고, 다음에 소속도 중에서 가장 큰 쪽(max)을 취하는 연산방법인 min-max 연산방법을 사용한다.

그림 7.3은 스트레스의 압박이 인지력의 저하로 끌려가는 클러스터 STG 이다. 그림 3.1, 짜증의 요소 STG 상에서 촉매와 끌개가 작용하는 상태를 보여주고 있다."주의산만"과 같은 촉매가 작용하여 인지력을 저하시키고, "근심과 걱정", "집중의 방해자"와 같은 끌개가 주의력을 결핍시키고, 인지력을 저하시키는 장애증상으로 유도하는 상태변환을 보여주고 있다. 스트레스가 끌개에 유도되어 합병증을 유발시키는 상태변환의 과정에서 촉매와 끌개의 요소들이 작용하여 상태변환 하는 현상을 보여 주고 있다. 짜증은 스트레스를 압박하는 원인이 되고, 근심과 걱정은 스트레스 압박상태를 불안과 더욱 심한 스트레스로 상태변환시킨 끌개가 되고 있다. 불안과 심한 스트레스는 서로 촉매작용 하여 주의력 결핍과 인지력이 저하되는 상태변환을 촉진하고 있다. 이때에 집중의 방해자인 끌개가 강력한 촉매작용을 할 수 있다. 주의

력 결핍과 인지력 저하의 끌개는 상호 촉매작용을 하여 장애증상이 더욱 심해진다. 물론 주의 산만의 촉매가 추가적으로 작용한 인지력의 저하는 더욱 심한 급변시점의 장애증상이 된다. 그림 3.1에서 보여준 짜증의 요소 STG에 두개의 끌개와 한 개의 촉매가 작용하여 급변시점의 장애증상으로 끌고 가는 클러스터 STG를 보여준 것이 그림 7.3이다. 주의력을 결핍시키고 인지력을 저하시키는 끌개의 클러스터 STG이다. 스트레스의 압박으로 발생한 주의산만, 근심과 걱정이 만들어낸 불안, 그리고 집중의 방해자가 만들어낸 주의력의 결핍이 끌개가 되어 "주의력이 결핍된 인지력의 저하"의 장애증상으로 끌고 가는 상태변환을 보여주고 있다.

그림 3.1에서 보여준 짜증의 요소 STG를, 그림 7.3에서는 주의력 결핍과 인지력 저하의 장애증상으로 끌고 가는 클러스터 STG로 확산되는 상태를 확대하여 보여주고 있다.

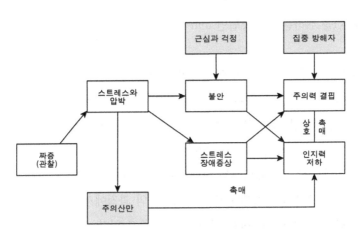

그림 7.3 인 지력을 저하시키는 끌개의 클러스터 STG

7.2
건강관리 시스템의 상태변환 추적

1. 건강관리 동적 시스템의 상태변환

시스템의 구성요소들이 시간에 종속되어 변하는 시스템을 동적 시스템이라 하고, 휴면요인의 신체적, 행동적, 인지적, 그리고 감정적 요소로 구성된 건강관리의 상태변환은 시간의 흐름에 종속되어 변하므로 동적 시스템의 상태변환으로 이해할 수 있다. 건강관리의 상태변환은 시간이 지남에 따라서 환경과 조건이 변하고 건강상태도 변한다. 세포 한 개, 물고기 한 마리의 상태변환, 그리고 인간의 건강관리 시스템도 동적시스템으로 간주할 수 있다. 생물집단, 인간집단, 지구시스템, 그리고 태양계와 우주시스템도 동적시스템이다.

동적시스템의 특성은 바다와 호수의 오염상태 관찰, 기후변화에 따른 삼림의 병충해 상태의 관찰, 강물의 오염상태, 인간의 건강상태 등을 분석하고, 이해할 수 있게 해준다.

동적시스템은 미분 방정식과 같은 수학모델을 사용하여 그 구성요소들의 상태변환을 관찰할 수 있고, 상태변환의 특징은 년 간 200편 이상의 논문이 발표되는 분기집합(bifurcation set)에 관한 연구결과를 활용하여 분석할 수 있다. 분기집합은 사소한 일의 요인들을 집합요소로 정의하고 요소들의 변환상태를 정상요인, 갈래요인, 편향요인, 나비요인으로 나누어서 분류하고 요소들의 상태변환을 제어할 수 있는 통제공간상에서 정의한다. 변환요소에 대응하여 증세를 악화 시키는 행위공간을 예측함으로써 증세를 조기에 발견하여 대처할 수 있도록 지원한다. 통제공간과 행위공간의 구성을 위상공간으로 정의하면 건강의 급변시점을 조기에 예측할 수 있다.

스트레스 증상의 상태변환은 일정한 시간이 지난 후에 다른 증세 또는 복합증세로 변환되는 것도 동적시스템의 특징이다. 일정한 시간이란 스트레스를 다른 증세로 변환시키는 사소한 일의 조건 변화가 촉매 작용하여 스트레스의 초기증세를 다른 증세로 변환되는 시간이다. 예를 들어서 환자의 건강에 부정적인 변화를 줄 수 있는 분노, 실망, 슬픔, 억울함과 같은 상호작용 요소의 촉매 기능이나 교통사고, 가족의 죽음, 이혼 등과 같은 촉매사건이 발생한 경우이다. 그리고 환자의 건강에 긍정적인 변화를 줄 수 있는 감동, 감사, 사랑, 기쁨, 소통과 같은 상호작용 기능이나 취업, 결혼, 자녀출생, 사업성공과 같은 촉매 사건이 일어나면 스트레스가 회복될 수 있다. 동적 시스템은 시간에 종속되어 상태변환 하므로 시스템을 구성하는 요소들이 시스템의 내부와 외부 환경과 조건에 따라서 변환된다. 내외 환경변화와 조건은 시스템과 그 요소에 주어지는 사소한 촉매에 의해서 상태변환 속도를 증가 시킨다.

촉매를 트리비얼 트리거(trivial trigger)라고 말한 것은 사소한 일을 변환시키는 방아쇠 역할을 하기 때문이다. 일상생활의 사소한 일은 변환 대상이 될 수도 있고, 다른 사소한 일을 변환 시키는 촉매역할을 할 수도 있다. 이러한 촉매는 집합을 구성하여 끌개의 기능을 발휘할 수도 있다.

휴먼요인을 기반으로 건강관리 시스템은 몸과 마음, 그리고 뇌가 가장 큰 역할을 담당한다. 마음으로 생각하고 뇌로 판단하여 몸으로 행동하는 과정과 결과에 따라서 건강 상태변환이 다른 모습으로 변환된다. 체화된 인지는 몸과 마음이 하나 되어 인지능력을 발휘한다. 몸과 마음이 하나 된다는 것은 건강한 몸이 건전한 마음을 갖게 되고, 건전한 마음을 유지하기 위해서 건강한 신체를 유지한다는 의미이다.

체화된 인지가 마음을 통제하면서 생활 속에서 역동적으로 상호작용한다. 마음이란 사람의 이성과 감성을 통합한 상태로 감정을 표출하고 통제한다. 사람과 상호작용하는 동물과 식물, 그리고 모든 사물들과 상호 연관되어 생활 속에서 실현된다. 체화된 인지가 생활환경에 적응해 나가면서 동적시스템의 상태변환 특성을 띄게 된다. 상태변환 특성은 뉴턴의 3대 운동법칙에 따라서 나타나며, 시간과 공간을 관찰자의 입장에서 정의하는 아인슈타인의 특수 상대성 이론에 맞추어서 건강 모니터링을 위한 상태변환을 관찰할 수 있다.

라이브웨어의 상태변환 속성을 공간, 질량, 에너지 중심으로 원자와 소자들이 움직이는 동태를 파악하는 것처럼 사소한 일의 상태변환을 뉴턴의 운동법칙과 아인슈타인의 특수 상대성 이론에 따라서 이해할 수 있다. 이와 같이 이해한 결과를 중심으로 하여 사소한 일을 삶의 가치자산으로 축적하고 활용함으로써 일상생활의 건강 모니터링을 할 수 있다.

운동법칙과 상대성이론 외에도 다음과 같은 수학모델을 적용하여 사소한 일의 상태변환을 추적하여 건강을 모니터링 할 수 있다.

- 상태변환을 표현한 미분 방정식
- 분기집합을 이용한 사소한 일의 상태변환 추적
- 상태변환을 표현하기 위한 상태변환 그래프(state transition graph)
- 상태변환 표(state transition table)
- 상태변환 데이터를 Big Data로 저장하기 위한 행렬표현
- 퍼지 집합을 이용한 인공지능
- 서비스 중심의 윈윈 게임
- 장애증상의 조기 예측을 위한 위상공간, 등

2. 상태변환 그래프와 표

상태변환 그래프(STG, State Transition Graph)는 상태변환의 원인 노드와 결과노드, 두 가지 상태노드의 관계를 방향과 크기를 가진 화살표로 표현하여 나타낸다. LW.GQM 문답지에서 응답한 사소한 일의 네 가지 수준, 즉 일시적, 다발적, 지속적, 장기지속의 증상수준 별로 구분하고, 증상의 항목별로 네 수준을 노드로 나타낸 응답지의 데이터를 선으로 연결하여 그래프를 그린다.

그래프는 일상생활 중에 일어난 이산적인 데이터를 선으로 연결하여 집약적인 상태로 나타낼 수 있는 수학모델이다. STG는 일상생활 중에 사소한 일의 증상수준으로 나타난 노드를 선으로 연결한 그림이다. 다시 말해서 건강상태 노드들 사이의 관계를 나타내는 변들을 요소로 하는 집합의 순서쌍을

STG라고 말한다.

부분 그래프(Sub Graph)는 노드와 변의 일부로 구성된 그래프이고, 요소 그래프는 건강상태 그래프 상에서 어떤 증상이나 장애상태를 추적하기 위해서 필요한 핵심적인 노드와 변으로 구성된 그래프이다. 그림 3.1의 짜증에 관한 요소 그래프는 스트레스와 관련된 상호작용을 나타내는 상태변환의 요소 그래프이다. 이 요소 그래프의 핵심요소는 스트레스 압박, 불안과 스트레스, 주의력 결핍과 인지력 저하의 네 가지 요소로 구성되어 있다. 클러스터 그래프(Cluster Graph)는 가까이 있는 몇 개의 노드가 어느 한 개의 노드(대개는 장애증상의 노드)로 수렴하는 그래프이다. 그림 7.3에서는 주의산만, 인지력 저하, 그리고/또는 주의력 결핍을 향하여 수렴하는 클러스터 그래프이다. 이때에는 요소 그래프의 범위를 벗어나서 근심과 걱정, 집중의 방해자, 주의산만 등을 포함시킨 그래프로 확대하여 생각할 수 있다. 파샬 그래프(Partial Graph)는 현재 상태로 보았을 때 증상은 없으나 차후에 발생할 수 있는 증상의 노드를 예비하여 따로 그려 놓은 그래프이다. 파샬 그래프는 특이한 사람에게만 나타날 수 있는 증상에 대비한 그래프로서, 증상이 나타날 수 있는 사소한 일의 요소를 주의 관찰하기 위해서 연결 패스, 즉 변을 삭제한 상태로 남겨둔 그래프이다.

그리고 STG를 토대로 해서 작성한 상태변환표(STT, State Transition Table)를 활용하여 건강 모니터링을 위한 데이터베이스를 구축할 수 있다.

3. 퍼지 집합을 이용한 상태변환의 추적

건강 모니터링을 위한 상태변환의 퍼지 집합은 다음과 같은 요소로 표현할 수 있다.

퍼지 집합 = { 증상원인, 증상결과, 촉매, 분기상태 }

25세에서 65세 까지의 나이 먹은 사람을 '중년'에 속할 수 있는 집합으로 보고 이 집합에서 '중년의 정도'의 의미를 퍼지 집합으로 설명해 보자. 35세 중년의 정도는 0.6, 36세는 0.65, ... 50세 중년의 정도는 0.85, 55세는 0.9, 그리고 60세는 0.4라고 조사되었다고 하자. 나이를 한 살 더 먹는 순간에 중년이 되는 극단적인 일은 일어나지 않으므로 건강 모니터링을 위한 라이브웨어의 상태변환 추적을 위해서 조사내용을 근거로 이상과 같은 표현이 가능하다.

따라서 중년이라는 퍼지 집합 요소는 { 25, 26, ... 64, 65 }가 되고 집합, '중년'의 각 요소가 나타내는 0과 1 사이에 있는 정도의 값은 퍼지 집합의 멤버십 함수가 된다.

의사들이 진료할 때 스트레스, 우울, 불안, 공포 등과 같이 엄격하게 구별하여 판정하기 어려운 증상일 때는 스트레스 20퍼센트, 우울 40퍼센트, 불안 20퍼센트와 같이 복합 증상의 비율로 진단하고 각 증상의 원인에 따라서 치료한다. 이와 같은 의사의 진단을 도와주는 것이 퍼지 모델에 의한 아날로그적인 진료방법이다. 화지집합론, 이흥천과 퍼지의세계, 김종호, 이형업의 책을 참고하면, 더 많은 응용방법을 터득할 수 있을 것이다.

지금부터 장애와 증상의 퍼지 관계를 설명해 보자.
판정 대상이 되는 장애(A)와 사소한 일의 증상(B)를 다음과 같은 집합으로 표현하면,

장애 A = { a1, a2, a3, a4 }
증상 B = { b1, b2, b3, b4 }

와 같고, 장애와 증상의 퍼지 관계는 조사한 수치 데이터를 중심으로 하여 다음과 같이 나타낼 수 있다.

표 7.2 장애와 증상의 퍼지관계

A \ B	b1	b2	b3	b4
a1	1	0.3	0.8	0
a2	0.2	0.1	1	0.3
a3	0.1	0.8	0.9	0
a4	0	0.2	0.3	1

표 7.2의 각 셀 안에 있는 숫자는 장애 ai, i=1,4, 일 때 나타나는 증상 bj, j=1,4, 가 나타날 가능성을 0과 1 사이의 숫자로 나타낸 것이다.

- 장애 a1일 때 증상의 퍼지 집합은

  B1 = { b1, b2, b3, b4 }

  가 된다. 즉 a1일 때 나타나는 증상은 b1, b2, b3, b4의 네 가지 사소한 일의 비율로 계산된다.
- 증상 b2일 때 장애의 퍼지 집합은

  A1 = { a1, a2, a3, a4 }

  가 된다. 즉 b2의 사소한 일의 증상일 때 장애가 될 수 있는 퍼지 집합의 계산은

  a1, a2, a3, a4 로서 0과 1 사이의 수치가 된다.

□ 장애가 나타날 가능성을 퍼지 집합으로 도출하는 방법

1. 환자의 LW.GQM 문답지의 응답내용, 즉 사소한 일의 증상은 다음과 같다.

   b1 = 0.8, b2 = 1, b3 = 0.2, b4 = 0

   이 수치를 사용해서 증상의 퍼지 계산 값과 장애 가능성을 판정하기 위해서 퍼지 집합을 도출한다. b1 증상의 퍼지 값 0.8을 사용하여 퍼지 집합을 도출하려면, min(0.8, A1)으로 계산하여 표 7.3과 같은 결과를 얻는다.

표 7.3 증상별 퍼지 수치와 퍼지 집합의 도출

증상명	증상별 퍼지 수치	퍼지집합 도출
b1	0.8	min(0.8, A1)
b2	1	min(1, A2)
b3	0.2	min(0.2, A3)
b4	0	min(0, A4)

2. 표 7.3에서 장애 Ai, i=1,4 를 취하면 장애의 가능성 수치는 다음과 같이 계산된다.

A1 = { 1, 0.3, 0.8, 0 }

A2 = { 0.2, 0.1, 1, 0.3 }

A3 = { 0.1, 0.8, 0.9, 0 }

A4 = { 0, 0.2, 0.3, 1 }

3. 장애 가능성을 퍼지 집합으로 도출하기 위한 min-max 방법
  - A와 B의 교집합, 즉 ' A 그리고 B'의 퍼지 집합을 구한다.
  - 'A 그리고 B'라는 퍼지 집합에서 가장 큰 소속도, 즉 멤버의 비율을 A와 B의 일치도로 정한다. 그 결과는 표 7.4와 같다.

표 7.4 A 그리고 B의 교집합에서 일치도 계산

증세 \ 장애	a1	a2	a3	a4
min(0.8, A1)	0.8	0.2	0.1	0
min(1, A2)	0.3	0.1	0.8	0.2
min(0.2, A3)	0.2	0.2	0.2	0.2
min(0, A4)	0	0	0	0

b1의 증상 강도가 0.8이라는 응답에서, b1증상에서 도출된 장애의 퍼지 집합 A1과 그 강도 0.8과 비교하여 작은 값을 추가하고, 장애의 새로운 퍼지 집합을 도출한다.

4. 표 7.3에서 볼 수 있는 장애와 증상의 퍼지 관계에서 다음과 같이 계산할 수 있다.

- 증상의 전체집합 A상에서 퍼지 집합 B를 LW.GQM의 응답지 기준으로 구하면 다음과 같다.

  b1 = min(0.8, A1) = 0.8

  b2 = min(1, A2)   = 1

  b3 = min(0.2, A3) = 0.2

  b4 = min(0, A4)   = 0.

- 표 7.2에서 장애 Ai, I = 1, 4를 취하면 다음과 같이 계산된다.

  A1 = {a1, a2, a3, a4} = {1, 0.3, 0.8, 0}

  A2 = {a1, a2, a3, a4} = {0.2, 0.1, 1, 0.3}

  A3 = {a1, a2, a3, a4} = {0.1, 0.8, 0.9, 0}

  A4 = {a1, a2, a3, a4} = { 0, 0.2, 0.3, 1}.

- b1의 증상에서 도출된 장애 A상의 퍼지 집합 A1과 그 강도 0.8과 비교하여 작은 값을 취하면 새로운 퍼지 집합을 도출할 수 있다. 각 증상 때문에 발생할 수 있는 장애의 가능성은 다음과 같다.

  증상 ; min(0.8, A1) = {0.8, 0.2, 0.1, 0}

  증상 ; min(1, A2)   = {0.3, 0.1, 0.8, 0.2}

  증상 ; min(0.2, A3) = {0.2, 0.2, 0.2, 0.2}

  증상 ; min(0, A4)   = {0, 0, 0, 0}.

5. 이상과 같은 계산결과로 장애를 판정하기 위한 퍼지 집합을 계산한다. 표 7.4에서 가장 큰 수를 선정하면 장애 Ai의 퍼지 집합 값은 표 7.5와 같이 계산된다.

표 7.5 판정된 장애 가능성의 비율

장애명	판정된 장애비율(퍼지 수치)
a1	0.8
a2	0.2
a3	0.8
a4	0.2

결과적으로 환자의 LW.GQM 응답내용에 대한 장애 가능성 비율은 표 7.5 와 같이 계산된다.

즉, 장애 a1의 가능성은 80퍼센트, 장애 a2의 가능성은 20퍼센트, 장애 a3 의 가능성은 80 퍼센트, 그리고 장애 a4의 가능성은 20퍼센트가 된다.

4. 상태변환 추적 장치

본 절에서 설명하는 상태변환 추적 장치(STTD, The State Transition Tracing Device)는 저자가 국내 및 국제특허 출원(제 10-1559717 호, PCT/KR 2016/ 005439)한 기술로써 건강관리 시스템의 상태변환을 추적하는 장치의 내용 을 중심으로 설명한다.

STTD는 빅 데이터 저장장치와 운영 인터페이스 장치를 연결하여 구성한 네트워크상에서 데이터를 전송하여 건강관리 서비스를 할 수 있도록 설계하 였다. LW.GQM, EQ.GQM, 그리고 연관된 몇가지 GQM문답지를 통해서 수 집한 데이터를 기반으로 해서 사소한 일의 상태변환을 추적함으로써 장애증 상을 조기 예측하는 기능과 상태변환의 과정과 그 결과, 그리고 원인을 알아 보는 기능을 포함하고 있다. 그리고 회복을 위한 훈련모델과 훈련 서비스, 회복율을 계산하는 기능 등으로 구성되어 있다.

STTD 구성 및 DB연결부는 순서쌍의 STG 구성모듈과 상태변환의 규칙들 로 구성하고 있다. 순서쌍의 STG 구성 모듈은 STG 및 STT 작성기능과 상태 변환을 추적하는 기능을 포함하고 있다. 상태변환 규칙의 구성은 상태변환 의 정보처리 기능과 DB의 인터페이스 기능이 포함된다.

회복력 수준 측정부는 두 개 단위의 그래프 간에 일어나는 상태변환의 소요시간 측정, 그리고 변환상태의 분석과 변환의 방향, 변위와 변량을 측정하는 모듈을 포함하고 있다. 두 개의 단위 그래프는 부분그래프, 요소그래프, 클러스터그래프를 단위로 하여 상호 연관성을 찾아서 단위 그래프 간에 상호연관성을 분석하고, 상태변환의 소요시간을 측정하는 기준을 정할 수 있게 하였다.

LW.EQM 문답지를 사용하여 일상생활을 하는 중에 발생한 사소한 일의 데이터를 수집하고, EQ.GQM 문답지를 사용하여 감성지수를 측정함으로써 감정을 통제할 수 있는 역량을 높이고 회복역량을 높여서 건강 모니터링을 효과적으로 할 수 있다. STTD는 건강 모니터링을 지원하는 도구로 활용할 수 있다.

건강 모니터링 과정에서 얻은 건강관리 체험을 통해서 개인별 건강상태의 변환이슈를 찾아내고, 객관성을 인정받으면 삶의 가치자산이 될 수 있다. 객관성을 인정받기 위해서는 개인별 정체성과 생활 환경조건 별로 유사한 생활자들을 그룹으로 묶어서 이슈에 대한 활용가치와 이슈를 만드는데 소요된 비용을 계산하여 삶의 가치자산을 평가한다. 8.5절에서 설명하게 될 가치자산의 평가는 공공의 이익을 위한 지식기여로 평가한다. 지식의 질을 세 단계로 나누고 활용 정도 및 기여도에 따라서 점수를 부여한다.

□ 상태변환 그래프 상에서 노드 간 거리감의 추정방법

상태변환 하는 노드 간의 거리감 추정은 장애증상의 시점을 조기에 예측하기 위한 방법이다. 거리감 추정을 위한 다음의 네 가지 기준은, 회복율 개선효과 및 급변시점을 예측하는데 사용한다.

- 결과 노드의 유형 : 노드가 변환된 결과의 유형은 STG상에서 결과 노드로 변환시킨 노드의 수와 변환된 노드의 변화수준을 체크한다. 변환된 노드는 문답지에서 찾아내고, 변화수준은 퍼지 집합을 사용하여 계산한다.
- 원인 노드의 유형 : 원인 노드의 변환 속도와 원인을 요소로 한 요소STG의 노드 수를 계산하고, 변환수준을 체크한다.

- 네트워크상의 위치 : 동일한 STG, 원인과 결과 노드의 동일한 위치, 작용한 촉매나 끌개의 동일성을 체크한다.
- 상태변환의 영향과 결과 : 노드의 속성이 변한 내용기준으로 계산한다.

이상과 같은 계산 기준은 환자의 유형과 증상의 유형을 참조하여 유사함의 차이를 관찰하고, 노드의 속성을 기준해서 다음과 같은 절차에 따라 변화수준을 체크한다.

(1) 환자와 증상의 유형은 LW.GQM과 EQ.GQM의 응답지를 참조하여 생활 상태를 평가한다.
환자의 일상생활 옆에 있는 촉매와 끌개, 환자와 증상의 유형에 따라서 변환속도가 달라진다. 선한 영과 동행하는 삶을 유지할 때와 악한 영과 동행할 때의 삶에 따라서 환자와 증상의 유형이 달라진다.
(2) STG네트워크상에서 원인은 중간 노드와 결과의 그래프로 표현하고, 증상이 어떤 형태의 STG상에 존재하고 있는지 관찰한다.
(3) 유사한(동일한) 통제공간과 행위표면 상에 존재여부에 따라서 위치의 동질성을 판단한다.
(4) 영향과 결과는 회복상태를 기준해서 판단하고, 급변시점에 대한 조기 경보의 신뢰성을 확인한다.
(5) 변경된 내용은 상태변환의 가속도, 변환된 노드 속성의 가중치, 또는 노드의 변환속도 가중치, 가속도의 발생회수를 체크한다. 가속도는 촉매나 끌개가 준 영향수준으로 추정할 수 있다. 원인노드의 요인 수와 촉매의 수를 체크하여 거리감 측정에 사용한다.

이상과 같이 거리감을 추정하고, 다음과 같은 기준으로 STG상에서 각 노드 간의 거리를 계산한다.

- 유사함
- 약간의 차이가 있음

- 약간의 중복성이 있음
- 근본적으로 유사하지 않음.

□ 계산 기준

1부터 5까지의 눈금자 위에 네 개의 수(1x1x2x5)로 계산한 점수로 거리를 계산한다. 거리측정의 네 가지 기준을 생각하여 거리를 계산한다.

- 노드가 변환되어 동일한 결과를 만드는 유형 : 1
- 노드를 변환시킨 원인이 동일한 유형 : 1
- 동일한 위상에 있는 노드 : 2
- 상태변환의 유형이 근본적으로 다른 유형 : 5

□ 판정 기준

환자와 증상의 유형에 따라 달라질 수 있고, 측정한 값은 이슈에 따라서 가중치를 정해 1점부터 20점까지로 평가한다.

- 8점 이하 : 위험한 근접점인가, 동일한 상태변환의 요소들인가를 확인하고, 아주 가까운 근 접점 때문에 돌연변이를 일으킬 수 있다는 것을 고려하고, 너무 가까운 노드가 근접한 위상공간 상에 있으면 급변상태가 발생할 수 있다.
- 9점 이상 20점 미만 : 비교적 가까운 노드들로서 공간적인 일관성을 가지게 되고, 임계전이가 가까워진 징조이다.

STTD에서는 STO의 속성을 분석하여 측정할 수 있다. 상태변환 객체의 속성은 교란 투입과 상태변환의 통제기능, 통제의 전제조건, 그리고 상태변환 네트워크상에서 노드 데이터의 교환을 논리적 절차로 식별한다. "거리감"의 예측은 상태변환의 이슈작성에 활용할 수 있다. 그리고 LW.GQM의 증상 수준을 관찰하는데 활용할 수 있다.

VIII

건강관리를 위한
상태변환의 이슈작성

한 청년이 서 있는 곳에서 앞과 뒤에 일정한 거리를 두고 두개의 번개가 발생하였다. 정해진 위치에 정지해 있는 청년이 보기에 두개의 번개는 동시에 발생하였다. 또 다른 청년은 앞과, 뒤 두 지역을 통과하는 기차를 타고 빠르게 이동하면서 두개의 번개를 보았다. 달리는 기차 안에서 번개를 본 청년의 관점에서는 앞쪽에서 발생한 번개가 뒤쪽에서 발생한 번개보다 더 먼저 발생한 것으로 인지되었다. 기차가 달려간 속도만큼 앞 쪽에서 발생한 번개가 더 먼저 발생한 것으로 인식되기 때문이다.

이와 같이 시간과 공간은 절대적이 아니다. 상대적으로 변할 수 있는 것이다. 뉴턴의 만유인력이 발견되고 100년이 지난 후에 아인슈타인은 상대성 이론을 발견하였다. 아인슈타인은,

첫 째, 서로 떨어진 물체 사이에서 어떤 상호작용을 하는가?
둘 째, 물체가 있는 이 공간은 무엇으로 이루어 졌는가?

라는 의문을 가졌다. 두 가지 질문의 대답으로 동일한 결론을 얻어냈다. 물체가 존재하는 공간에는 어떤 실체가 존재하는데 그것은 전자기력과 같은 힘의 파장이라는 것을 알아냈다. 이 파장은 중력장으로 정해진 방정식에 따라서 움직이고 휘어지고 뒤틀리며, 그 크기는 떨어져 있는 거리에 비례한다는 것도 발견하였다.

하나님께서 창조하신 하늘과 땅 사이에는 시간과 공간, 그리고 시공간을 퍼져 나가는 중력의 입자가 존재한다. 2015년에 워싱톤에 설치하여 중력파의 크기를 측정하는 LIGO를 사용하면 13억 광년의 거리에서 발생한 중력을 탐지할 수 있다. 하나님의 창조사업은 시공간을 초월하지만 인간이 만든 기술과 제품은 시공간의 제약아래 활용할 수 있고, 그 일상생활도 같은 제약을 받게 된다. 휴먼요인의 한 가지 요소인 라이브웨어의 사소한 일도 시공간의 제약을 받아 작용하고 변환된다.

하나님께서 인간에게 보내신 보혜사 성령은 시공간을 초월하지만, 사소한 일을 선하게 행하게 하는 인간의 선한 영은 시공간의 제약을 받기 때문에 일상생활의 상태변환으로 이해할 수 있다. 성령은 언제, 어디서나 나의 의지대로 동행할 수 있는 것이 아니고, 믿는 자가 선한 영과 동행하였을 때에 성령의 동행을 깨닫고 느끼게 된다. 믿는 자들이 회개하고, 겸손하고, 남을 배려하며, 사소한 일을 선하게 행하고 감사할 때, 선한 영과 동행할 수 있게 되고, 성령과 소통하면서 감동할 수 있다. 선한 영은 인간의 의지에 따라서 행할 수 있지만, 성령은 믿는 자가 선한 일을 행할 때 함께 할 수 있다.

인간이 목표한 라이브웨어를 정상수준으로 유지하고 축적해 나가기 위해서는 최상의 인지능력과 감정을 통제할 수 있는 감성역량이 필요하게 된다. 선한 영은 신앙과 상관없이 모든 사람이 추구하고 체험할 수 있으며, 몸과 마음이 일체화되어 선하게 살아가는 삶의 상태를 지속시켜준다.

건강관리를 위한 상태변환의 이슈를 작성하는 것은, 선한 영과 동행하여 사소한 일을 행하고 몸과 마음을 일체화시켜서 나와 이웃 간에 사랑으로 소통하는 삶의 가치자산을 만드는 일이다.

일상생활 중에 선한 영과 동행하는 삶이 건강관리를 위한 최고의 회복모델이다.

동적 시스템, 특히 시계열 데이터의 변환 속에 나타나는 건강패턴은 장애 증상으로 급변하는 임계전이에 앞서서 나타난다. 대부분의 동적 시스템은 속성이 유사한 단위끼리 연결되어 동작한다. 주식시장, 채권시장, 부동산시장과 같이 경영분석의 단위가 되는 시스템을 묶어서 동적 시스템으로 분석할 수 있고, 인간의 뉴런 세포가 서로 연결되어 상호작용하는 기능도 동적 시스템으로 이해할 수 있다. 정체성이 비슷한 사람끼리 카톡을 만들어 교제할 때, 어떤 구성원이 다른 회원의 마음을 상하게 하는 상태를 확인하기 위해서 교란을 사용한다. 공간적인 일관성을 교란시켜서 임계상황의 직전상태를 만들게 되면, 장애증상이 될 수 있다. 공간적인 일관성(spatial coherence)이 증가한다는 것은 더 가까운 개체들이 멀리 떨어져 있는 개체들보다 더 많은 특성을 공유하게 되고, 그 개체들은 정상요인으로 상호작용 한다. 교회에서 구역예배를 같이 드리고 공동으로 성경공부 하는 것도 공간적인 일관성을 높여서 협력할 수 있는 공동체를 만드는 활동이다. 세포나 뇌의 동기화 현상은 자연에서의 위상결합과 공명현상(resonance phenomena)에 해당된다. 몸과 마음의 위상결합이나 공명현상도 같은 속성으로 이해할 수 있다. 이러한 현상은 모두 동적인 특성으로 분석하고 이해할 수 있다. 공간적인 일관성이 대등한 사소한 일이 상호작용하는 공간패턴을 만들어 관찰하면 일상생활 중에 발생할 수 있는 장애증상을 예측하기 쉽다. 선한 영은 사소한 일의 공간패턴을 만들어 주기 때문에 사랑의 공동체를 만들어서 회복력을 높이는 훈련을 도와준다. 동적 시스템의 특성은 수학논리로 분석하고 전개할 수 있다.

한편, 교란은 사소한 일을 할 때, 방해요소들의 공간패턴을 만들어 선한 영을 방해하기 때문에 장애증상을 발생시킨다. 교란의 영향도 수학논리로 해석하면 편리하다. 몸과 마음속에 숨어있던 편향은 일상생활의 교란이 되어 선한 영과 동행하는 것을 방해한다. 선한 영의 활동이 멈춘 사이에 교란의 악이 들어올 수 있다. 휴먼요인의 주의력과 직관력을 방해하는 12가지의 교란요소는 일상생활을 방해하는 것을 관찰하여 통제하면 주의력과 직관력을 높여주고 선한 영과 동행할 수 있도록 지원할 수 있다.

12가지의 교란요소와 그 대책은 다음과 같다.

- 소통부족 : 공감적인 이해를 토대로 해서 배려하고 소통하는 훈련이 필요하다.
- 주의산만 : 일상생활과 맡은 업무에 대한 공간적인 일관성을 유지하여 집중력과 이 완력을 높여서 주의 집중력을 회복시킨다.

- 리소스 부족 : 스토리 중심의 텔링을 작성할 수 있는 정보를 확보해야 한다. 이 정보는 사소한 일의 체험을 통해서 확보할 수 있다.
- 스트레스에 부정적 대응 : 항상 긍정적인 대응을 할 수 있도록 대비하고 몸과 마음의 일체감을 유지해야 한다.
- 자기만족(complacency) : 자기인식에 의한 자존감을 유지하고 동기화에 맞추어서 사소한 일을 행해야 한다.
- 팀워크 부족 : 토론과 의사결정의 체계화를 통해서 공감하고 소통해야 한다.
- 압박 : 단호한 자기주장을 강하게 하기 위해서는 자존감과 동기화를 토대로 회복훈련을 지속해야 한다.
- 인지부족 : 감성역량을 높이고, 주의집중력을 높여서 주변을 옳게 인식하고, 이해하여 판단하는 훈련이 필요하다.
- 지식부족 : 리소스가 풍부하도록 훈련함으로서 주의력과 직관력을 높인다.
- 피로(fatigue) : 스트레스에 대응한 긍정적인 대응훈련을 일상생활로 실행한다.
- 단호한 주장의 부족 : 문제점을 옳게 인식하고 자존감을 높여서 굳은 의지를 높인다.
- 노름(norms)의 기준설정 부족 : 선과 악, 좋고 나쁨, 안전과 위험 등을 분별하여 정확하게 판단할 수 있는 기준과 척도를 준비한다.

일상생활의 사소한 일을 특이하게 실행하려는 욕구가 너무 강하면 갈래요인을 촉진시켜서 편향요인이 될 수 있다. 안정과 변화의 갈림길인 갈래요인이 확산되면 악한 영에 이끌리어 편향요인이 되기 쉽다. 갈래요인이 변환되어 편향요인이 되면 조그마한 촉매에 의해서도 나비요인으로 상태변환 되어 급변상태가 되거나, 악하고 강한 끌개에 의해서 급변시점에 도달하게 된다.

몸과 마음의 일체화, 그리고 세포와 뇌의 동기화를 통해서 편향요인을 억제하면, 선한 영과 동행할 수 있다.

1장에서 박완서 씨의 시, "우리들 이야기" 는 우리들의 노년관에 관한 이야기로 일상생활의 사소한 일에 대해서 항상 감사하면서 살아가면 일상의 기적을 보게 된다고 노래하고 있다. 마음이 몸에게 감사하면서 다정하게 살아가도록 권면하고, 몸이 마음을 위로하고, 사랑하면서 살아가도록 독려하고 있다. 이어령 박사의 이야기는 몸과 마음이 함께 서로 사랑하라고 권하고 있다.

기쁜 마음으로 행한 일은 이웃을 감동시키고, 함께 정의로운 사회를 만들어 가면서, 각자의 마음속에 사랑이 싹트고 성장하게 하면서 삶의 에너지를 쌓아간다.

몸과 마음이 일체감을 가지고 서로 소통하면서 살피고 이해하고 판단하여, 사소한 일을 겸손하고 다정하게 행하면, 성공한 인생, 거룩한 인격을 만들어 갈 수 있다.

사소하지만 선하게 행한 삶, 몸과 마음의 일체화, 그리고 세포와 뇌의 동기화를 통해서 편향을 억제하고 감동을 줄 수 있다. 일상생활을 유지하면서 삶속에서 사소한 일에 관한 상태변환의 이슈를 찾아내는 것이 중요하다. 나의 생활체험을 통한 이슈를 제안하여, 많은 사람들의 인정을 받고 건강관리를 위해서 사용하면 훌륭한 삶의 가치자산이 된다. 후손들을 위한 "100세 유산" 으로 남길 수 있다.

창조섭리를 믿으면 그 원리를 이해할 수 있고, 원리에 대응해서 이루어지는 자연법칙을 깨닫게 되며, 세상의 이치를 깨달아 나의 체험을 수학논리로 전개할 수 있다. 수학논리를 전개하여 제작된 이슈는 우리들의 건강을 지켜주는 100세 유산이다.

건강관리를 위한 상태변환의 패턴

1997년 스티브 잡스가 애플의 최고 경영책임을 맡고부터 디자이너 조너선 아이브와 함께 매일 산책을 하면서 대화를 나누었다. 아이 폰에 관한 잡스의 철학을 이야기하면 아이브가 잡스의 경영철학을 상품의 디자인으로 구현하였다.

제품개념에 관한 철학을 디자인으로 설계하여 상품으로 만들어내는 콤비가 잘 어울리게 된 것이다. 잡스의 시공간을 초월한 미학의 아이디어를 아이브는 시장의 서비스 요구에 맞는 상품으로 구현하였다.

창조적인 섭리를 믿고 이해한 건강관리의 상태변환은, 자연법칙에 따라서 관찰하고 수학논리로 분석하면 이슈작성이 편해진다. 창조섭리, 자연법칙, 수학논리를 기반으로 한 패턴과 모델에 맞추어 대등한 이슈 모델을 설계하여 건강 모니터링을 위한 서비스를 구현할 수 있다. 이슈제작은 후손들을 위한 가치자산이 되고, 노후에 남길 수 있는 100세 유산이 된다.

스티브 잡스가 사망한 2011년에는 애플 주가가 0.23% 하락하였지만, 아이브가 애플을 떠난다고 발표한 2019년 6월에는 1%까지 하락하였다.

건강관리의 서비스 상태를 이슈 중심으로 식별하고, 서비스 상태를 패턴과 모델에 맞추어서 이슈를 작성하면, 사소한 일에 관한 삶 속의 체험이 인생의 목표를 향하고, 삶의 목적을 위한 후손들의 가치자산이 될 것이다.

7.1절에서 소개한 대학 강의실에서 교수와 학생 아인슈타인의 질의응답을 상기해 보면, 빛과 어두움의 존재에 대한 상대적인 규칙을 찾을 수 있고, 악은 사소한 일을 선하게 행하지 않았을 때만 나타난다는 것을 알 수 있다. 따

라서 일상생활 중에 사소한 일을 선하게 행하면 몸과 마음속에 사랑의 에너지를 쌓아갈 수 있고 건강한 삶의 상태를 지속할 수 있다.

건강한 삶을 위한 상태변환은 동적 시스템의 자연현상과 그 상태변환과정을 지배하는 규칙을 이해하여 사소한 일에 관한 데이터를 측정하고, 패턴을 인식하여 분류하기 위해서는 정형화된 의사결정으로 상태변환의 이슈를 수집해야 된다. 정형화된 의사결정이란 다음과 같은 세 가지 절차에 따라서 정하고, 식별하여 정한다.

- 상태변환에 관한 소통의 주제를 정한다.
- 상태변환의 패턴을 식별하여 모델을 설계한다.
- 패턴과 모델을 기반으로 한 이슈를 절차에 따라서 작성한다.

그리고 변환된 증상을 식별하는 기준을 체계화시키고, 일관성 있도록 만들어야 한다. 증상의 식별기준은 창조섭리, 자연법칙, 수학논리를 기반으로 하여 상태변환의 패턴을 식별하고, 이슈모델을 설계하기 위해서 자연현상의 상태변환을 관찰하고, 수학논리를 분석하여 판단하는 절차와 방법을 설명하고자 한다.

상태변환의 시계열 패턴은 시간집단, 원인집단, 계절집단별로 구분하여 시계열 데이터의 점프현상을 분석할 수 있다. 패턴의 유형은 분기요인, 환자의 정체성, 상태변환의 환경조건들의 내부 상호작용변수, 그리고 촉매작용이 그 유형결정에 중요한 영향을 준다. 촉매작용을 식별하기 어려울 때는 끌개의 패턴으로 식별하면 쉬워진다. 촉매의 패턴은 몸과 마음의 변화에 큰 영향을 줄 수 있는 사람과의 관계, 환경과의 관계 안에서 공감적인 이해를 하고 소통할 수 있도록 휴먼요인 중심으로 설명한다.

상태변환 이슈를 작성하기 위한 세 가지 절차와 주제를 찾아서 패턴을 식별하고, 이슈모델을 설계하여 이슈를 작성하는 방법에 관해서 알아보자.

1. 상태변환 이슈의 주제 찾기와 패턴 식별

상태변환 추적의 목적을 달성하기 위해서는,

첫째, 상태변환을 추적하기 위한 주제와 패턴을 식별하고,

둘째, 경계성 장애증상의 시점을 예측할 수 있는 논리를 찾아서 패턴별 속성을 파악하고, 이슈모델을 설계하여 이슈를 작성한다.

건강관리를 위해서 관심있는 주제와 패턴을 관찰하여 식별하고, 논리적 판단을 위한 창조적, 물리적, 수학적 패턴을 선택한다. 선정한 패턴기반으로, LW.GQM 응답지의 증상수준을 기반으로 하고, 환자의 정체성과 환경의 내외 작용요소, 사소한 일에 관한 시간, 장소, 외부조건 등을 고려하여 모델을 설계한다.

이슈를 식별하기 위해서는 자연법칙에 따른 상태변환 모델에서 하인리히 법칙을 사용할 수 있다.

하인리히 법칙(Heinrich's Law)은 대형사고가 발생하기 전에 그와 관련된 경미한 사고와 징후들이 반드시 나타난다는 법칙이다. 모든 사고는 우연히, 그리고 갑자기 나타나지 않고 사고를 조기예측을 할 수 있는 사소한 사건이 먼저 발생한다. 하인리히 법칙을 건강관리 시스템에 적용하면 상태변환의 사소한 징후를 예측하여 더 큰 장애증상에 대한 사전예방을 할 수 있다. 심각한 사고, 경미한 사건, 사건의 위험요소 발생에 대한 확률적인 비율은 1 : 29 : 300 로 발생한다는 확률통계에서 하인리히 법칙을 발견하였다. 공항, 자동차 도로, 놀이터, 공공장소, 일상생활 중에 발생한 사건과 사고가 하인리히 법칙을 따른다.

상태변환의 패턴을 식별할 때 하인리히 법칙을 참고할 수 있다.

2. 동적 시스템의 상태변환 추적을 위한 이슈 모델의 설계

동적 시스템의 상태변환은 시스템의 요소들이 시간의 흐름에 따라서 상태가 변환되어 가는 과정과 변화된 상태를 분석하고 이해하여 건강을 모니터링 할 수 있다. 휴먼요인에 관한 xSHEL모델을 기반으로 하면 사소한 일들과

연관하여 일상생활에서 발생할 수 있는 업무의 계획수립을 위한 개별적인 사항과 업무수행을 위한 개인의 사정까지 확대하여 관찰할 수 있다. 여기에서는 LW.GQM 문답지의 기본적인 요소만 대상으로 하고, 요소들이 시간에 종속되어 상태변환되는 과정과 그 과정에서 나타나는 중간결과의 증상, 그리고 최종 장애증상을 가능한 빠른 시간 안에 예측하여 예방하고, 그 대비책이 될 수 있는 회복방법을 찾아서 이슈모델을 설계한다.

상태변환되는 LW.GQM의 증상수준은 일시적, 다발적, 지속적, 장기지속의 네 가지 수준으로 구분하고, 수집한 사소한 일의 데이터를 분기집합의 요인과 대응해서, 요인별 특성 중심으로 상태변환을 분석하여 선택한 패턴 중심으로 이슈모델을 설계한다. 상태변환의 패턴을 찾기 위해서 하인리히 법칙을 고려하면서 사용할 수 있는 상태변환 패턴은, 다음과 같은 모델을 사용할 수 있다.

- 창조적 패턴
- 수학적인 패턴
- 통제공간과 행위표면 간의 연계성 패턴
- 뉴턴의 3대 운동법칙의 패턴
- 아인슈타인의 상대성 이론 패턴.

스트레스의 부정적인 대응과 긍정적인 대응에 관한 상태변환의 과정을 보여준 그림 4.1과 4.2의 2진트리를 참고하여 7장에서 설명한 STTD를 사용하고, 하인리히 법칙을 적용하면, 상태변환을 추적하기 쉬운 이슈를 작성할 수 있다.

3. 상태변환 이슈의 작성

이슈작성을 위해서는 다음과 같은 세 가지 절차를 따른다. 이러한 절차와 기준은, 상태변환의 특성을 이해하고 추적하기에 편리하며 장애증상의 조기예측을 돕기 위해서이다. 건강관리를 위한 상태변환의 추적은 사소한 일에 대한 이슈를 찾는 일부터 시작한다. 이슈란 일상생활에서 체험한 사소한 일을 다음과 같은 절차에 따라서 정리하고 여러 사람의 건강관리를 위해서 사용할 수 있게 한다. 장애증상을 조기에 예측하고 회복하는 체험을 공유하기 위해서이다.

(1) 상태변환 추적에 참조할 모델설계를 위한 패턴을 선정한다.

영역과 모델은 전문가들이 미리 작성하여 공개한 내용을 참고한다. 8.4절에서 모델을 예시하고 서비스할 때 정기적으로 새로운 모델을 패턴별로 제시하게 된다.

(2) 패턴별 이슈모델 기반 이슈작성 방법
- 패턴의 영역식별과 참조모델의 선정
- 논문, 논설, 임상 보고서 등을 참고하여 모델을 설계한다.
- 분기집합의 네 가지 요인이나 LW.GQM 문답지에서 나열한 증상항목의 네 단계 수준에 맞추어서 작성한다.
- 격언과 스피커의 @요약문 중에서 자신의 체험과 유사한 이슈를 작성한다.

(3) 참가자들이 참여하는 상태변환 이슈작성과 가치평가

제시된 모델 중에서 내가 체험한 사소한 일과 가장 비슷한 모델에 대응해서 가능한 본서나 전문 보고서 등에서 사용한 용어를 사용한다. 특히 상태변환 집합의 요소로 정의된 용어를 사용하면 쉽게 작성할 수 있다. 작성한 이슈를 대상으로 하고, 윈윈 게임을 사용하여 이슈에 대한 활용성과 사용가치를 평가한다.

윈윈 게임의 가치평가 방법은 8.5절에서 설명한다.

이상과 같이 설명한 모델링과 이슈를 작성할 때는 다음과 같은 7가지 사항을 유의해야 한다.

- LW.GQM 문답지 중심으로 사소한 일에 관한 초기상태를 조사하고, 보고서 또는 빅 데이터를 참조하고, 다음과 같은 네 가지 항목에 주의해서 작성한다.
  - 신뢰할 수 있는 패턴별 모델을 분석한다.
  - 상태변환 추적의 객관성과 일관성을 유지할 수 있도록 작성한다.
  - 응답지의 내용을 데이터로 하고, 분기집합의 요인에 따라서 작성한다.
  - 새로운 응답자의 데이터를 관찰하고 비교 검토하여 장애증상의 수준을 쉽게 판단할 수 있어야 한다.
- 요소 STG나 클러스터 STG와 같은 그래프와 대응한 표를 작성한다.
- 표의 각 셀 안에 기재한 단어가 LW.GQM응답지 내용이나 분기집합 요인 중심의 상태변환 용어들이 일관성을 유지해야 한다.
- 일관성을 체크하는 과정에서 증상상태를 추가하여 응답지를 개선할 수 있다.
- 패턴 안에 표현된 데이터를 사용하여 2진트리를 그리기 쉽게 한다.
- 몸과 마음으로 행하는 사소한 일에 관한 데이터의 비선형 모형을 모델 기준으로 표현한다.
- 2진트리를 사용하여 두 갈래의 상태변환을 쉽게 설명한다. 비선형 모델의 기준은 사소한 일, 선한 영, 몸과 마음의 일체성, 정체성, 가치기준 등과 같은 집합표현이나 절차와 기준을 의미한다.

8.2
상태변환 이슈의 작성절차와 기준

건강관리를 위한 상태변환의 추적은 사소한 일과 같은 생활체험에서 얻은 이슈를 찾는 일부터 시작한다. 이슈는 일상생활 중에 신체적, 행동적, 인지적, 그리고 감정적으로 일어난 사소한 일에서 체험한 상황을 영역별 패턴에서 검색하고, 이슈모델을 참고하여 작성한다. 작성한 내용은 LW.GQM이나 분기집합 모델과 대응되어야 한다. 영역별 패턴과 이슈모델은 신뢰할 수 있도록 검증되었으므로 일상생활의 상태변환을 추적할 수 있는 신뢰성을 보증해 준다.

□ 이슈작성 절차
1. 체험한 사건을 대응시킬 수 있는 패턴의 영역과 이슈모델을 정한다. 모델 작성은 전문가들이 작성한 패턴의 영역과 모델을 검색하여 참조한다. 그 사례를 다음 절에서 예시한다.
2. 패턴영역을 구분하고 검증하여 발표한 논문이나 보고서 등에서 검색할 수 있다. 선정한 영역별 모델을 참조하여 이슈모델을 만든다. 이때에 LW.GQM 문답지와 분기집합 모델을 참조한다.
3. 일상생활 중에 발생한 사소한 일을 네 가지의 증상상태, 또는 분기집합의 요인에 대응해서 작성한다. 가능한 본서나 전문가들이 사용한 용어를 사용하는 것이 공감과 소통을 위해서 좋다.
4. 가치자산의 축적과 활용을 위해서 이슈 항목별로 가치자산을 평가하고, 여러 사람들이 활용할 수 있도록 등록하여 관리한다.

□ 이슈작성의 기준

1. (대등한 상태의 그룹선정) 유사한 일상생활을 하고 있는 생활자들을 한 그룹으로 묶어서 공동으로 활용할 수 있도록 한다. 그룹은 LW.GQM 응답지를 참고하여 선정할 수 있고, 서비스가 확산되면 감성역량이나 회복능력에 따라서 확대하고 세분할 수 있다.

2. (표준용어의 사용) 상태변환 집합의 요소와 GQM응답지에서 사용한 용어와 전문가들이 사용한 용어를 사용한다. 서비스가 확산되면 자체적으로 DB를 구축하여 사용한다.

3. (내용구성 범위 결정) 청킹 단위로 구성하되 주의집중을 위해서 자극, 대상, 정보를 연결시키고 기억하기에 적당한 크기의 청킹단위를 그룹별로 다르게 정할 수 있다.

4. (공감과 소통의 이슈) 이슈에 대한 공감적인 이해와 소통을 위해서 사건, 상황, 상태의 연결에 중점을 둔다.

5. (STG 구성) 그림 4.1의 요소STG와 그림 7.3의 클러스터STG를 연결하여 설명할 수 있도록 단위구성을 참고한다.

6. (상태변환 추적) 표 3.1과 같은 증상의 상태 노드와 수준에 따라서 표의 셀 안에 기재할 내용을 정하고, 촉매나 끌개의 작용이 나타날 경우에는 표8.1과 같이 확장된 표를 사용하여 작성한다. 상태변환 과정에서 사전 항상성과 사후 항상성이 나타날 가능성을 감안하여 청킹 단위의 크기를 정한다. 청킹 단위는 주의집중력에 맞춘 기억단위를 정하고, 증상의 수준에 따라 회복을 위해서 사용할 수 있도록 준비한다.

7. (편향요인에 대비한 직관법) 상태변환 과정에서 발생할 수 있는 편향요인을 억제하고 사소한 일을 선하게 행하도록 지원하는 끌개상태를 식별하기 위한 직관법(intuition)을 다음과 같은 점을 고려하여 사용한다.

- 상황예측과 상태변환의 거리감에 대응한 예비대책,
- 회복시켜야 할 문제의 식별과 그 속성 관찰,
- 회복할 수 있는 방법의 선정과 실행방법,
- GQM의 응답지 중심으로 다른 사람의 체험과 비교 분석한다.

8.3
상태변환의 이슈작성

1. LW.GQM기반 스트레스 중심의 상태변환 이슈모델의 설계

스트레스 때문에 발생한 증상의 상태변환에 관해서는 4.3절에서 설명하였다. 상태변환이 발생하는 원인과 단계, 반응과 증상으로 나누어서 살펴보았다. 스트레스를 원인으로 하여 발생한 상태변환은 환경요인, 사회요인, 그리고 네 가지 휴먼요인, 즉 신체요인, 행동요인, 인지요인, 감정요인별로 구별하여 설명할 수 있다. 스트레스 때문에 나타나는 증상을 스트레스 STG의 상태변환 노드를 중심으로 설명하면, 상태변환 노드 간의 상호작용과, 사소한 일 중에 나타난 잡음이나 돌발 사건사고들이 촉매나 끌개가 되어 상태변환된다. 상태변환 이슈를 작성하기 위해서는, 노드간의 상호작용과 노드를 끌고 가는 촉매와 끌개에 관해서 STG를 먼저 그리고 표를 작성한다.

요소 STG, 클러스터 STG, 파셜 STG 등을 선택하여 상태변환 그래프를 그릴 수 있다. 그림 7.3의 클러스터 STG를 기반으로 하여 상태변환의 표를 작성해 보자. 그림 7.3은 그림 3.1에서 보여준 짜증의 요소 STG에 주의산만이 촉매로 작용하고, 근심과 걱정, 그리고 집중의 방해자가 끌개로 작용한 "스트레스와 압박" 중심의 클러스터 STG를 설명하고 있다. 상태변환의 결과는 주의력 결핍과 인지력을 저하시키는 장애증상을 가져온다.

표 8.1은 그림7.3에서 보여준 클러스터 STG를 LW.GQM의 증상수준 중심으로 작성하여 이슈작성에 활용할 수 있도록 제공한 자료이다. 상태변환 노드를 중심으로 증상수준별로 나타날 수 있는 상태를 셀 안에 기재하였다. 본 절에서는 셀 안에 기재된 상태를 사용하여 LW.GQM과 분기집합의 요인 중심으로 이슈를 작성하는 사례를 설명한다.

표 8.1 LW.GQM응답지 중심으로 관찰한 스트레스의 상태변환에서 나타나는 수준과 증상

증상수준 노드	일시적(초기)	다발적 (하루3회)	지속적(3일 이상1주일)	장기지속(2주 에서 1개월)	장애증상
스트레스와 압박	호흡이 빨라짐	근육 긴장	맥박과 혈압 상승	피로, 흥분	불안, 건망증
불안, 두통	음주, 흡연	긴장, 신경과민	갈등, 사회적 고립	불면 주의력 결핍	과잉행동, 반항적 행동
주의력 결핍	피로감 주의산만	외적-공격성 내적-분노	정신건강 둔화	주의집중력 저하	주의력결핍 증상
스트레스의 장애증상	화냄	공격성, 불안초조	울분	분노 인 지력	절망, 주의력 결핍
인 지력 저하	근심 걱정	주의산만	기억력 저하	문제해결 능력부족	편향된 의사결정
끌개- 근심과 걱정	사소한 일의 근심걱정	스트레스 압박	성급함, 불안	불면, 공포	스트레스 증상
끌개-집중의 방해자	잡념, 소음증가	주의력 저하	주의력과 인 지력의 상호촉매	주의력 결핍	문제해결부족 인지장애
촉매- 주의산만	설득력부족, 잡념 증가	인 지력 저하	주의력과인지 력의상호작용	주의력 결핍	인지장애, 팀워크 부족

스트레스에 관한 상태변환 표 8.1를 보면, 일시적인 초기증상은 일상생활의 사소한 일을 정상적으로 행하는 상태임을 알 수 있다. 일주일을 기준해서 하루에 1회 이하로 나타나는 정상요인의 수준이다. 다발적인 상태는 일주일 기준해서 하루에 3회 이상 발생하는 갈래요인의 상태이고, 지속적인 증상은 3일 내지 한 주일동안 지속하는 편향요인 증상의 상태이다. 장기지속은 1주일 이상 한 달이 넘도록 지속하는 나비요인의 상태이다. 이와 같은 표를 중심으로 이슈를 작성할 때에는 증상수준에 해당된 두 개 이상의 노드를 택하여 상태변환의 이슈대상을 택하는 것이 좋다. 경우에 따라서 상태변환이 다극성이 될 때에는 그 이상의 노드를 연결하여 이슈를 작성한다.

표 8.1에서 보여준 스트레스의 반응과 증상은 LW.GQM 응답지의 다발적인 수준으로 이슈를 작성할 수 있다. 그림 7.3에서 보여준 주의력 결핍과 인지력 저하에 관한 상태변환을 표 8.1 과 같이 다발적인 수준으로 나타낸 것

이다. 다발적인 수준으로 관찰한 것은 상호 촉매작용과 촉매에 끌려가는 상태변환이 동시에 발생하는 것을 보여 준다.

근육이 긴장하고, 흡연회수가 증가할 수 있는 스트레스의 압박을 받아서 마음이 불안하게 되어 장애증상이 발생할 수 있다. 불안과 스트레스의 장애 증상이 상호간에 촉매작용하여 주의력 결핍 상태가 되고 인지력이 저하되는 상태로 변환된다. 상태변환을 다발적인 수준으로 관찰하기 위해서는 분기집합의 갈래요인에 의한 상태변환부터 관찰하면 쉬어진다.

2. 분기집합 모델 기반 스트레스 중심의 상태변환 이슈모델의 설계

상태변환의 이슈를 작성하는 목적은 상태변환을 추적하여 장애증상을 조기 예측하는데 있다. 일상생활의 사소한 일을 중심으로 증상의 상태를 나열하면 이슈가 될 수 있지만, 표 8.1이나 8.2를 사용하여 이슈를 작성하면 여러 사람들이 체험하고 활용할 수 있는 가치를 가지게 된다. 표 8.2는 LW.GQM 문답지 대신에 분기집합 모델 기반으로 부정적으로 대응한 스트레스의 상태변환 과정을 설명하고 있다.

분기집합은 경사형 동적시스템 안에서 상태변환하는 요인들로 구성하고, 요인들을 노드로 한 STG를 그림 7.3과 같이 그리고 상태변환의 과정을 추적할 수 있는 수학모델로 표현할 수 있다. 동적시스템은 시간에 종속되어 변환하는 요인들을 노드로 하여 상태변환 한다. 경사형이란 기울기를 가지고 변환하는 상태이다. 건강관리 시스템은 기울기를 가진 경사형 동적시스템이다. 건강요인들이 상태변환할 때는 변환하는 비율, 즉 속도를 가지고 변한다. 상태변환 비율은 변환의 속도를 의미한다. 경사형 동적시스템을 미분 방정식으로 표현했을 때 요인들이 상태변환 하는 가속도는 2차 미분으로 계산한다. 가속도는 상태변환의 속도가 촉매나 끌개에 의해서 높아지는 비율을 계산한다. 외부 조건에 의해서 속도가 빨라지거나 늦어질 때는 가속도로 계산한다. 건강관리를 위한 경사형 동적시스템의 상태변환을 추적하기 위해서 분기집합의 속성을 생각해 보자.

분기집합 모델 기반으로 이슈를 작성하기 위해서는 분기집합에서 사용하는 용어를 이해하는 것이 좋다. 관련된 논문, Zeeman,197, 65-78, "장애증상 수준을 말하는 6가지"를 참고하여 이슈작성에 필요한 항상성과 같은 용어를 사용하여 설명한다.

□ 항상성(homeostasis)

항상성은 상태변환 도중에 잠시 동안 유지되는 안정상태를 말한다. 항상성의 상태 전에 발생한 상태를 사전항상성이라 하고, 후에 발생하는 상태를 사후항상성이라고 말한다. 항상성은 다음의 다섯 가지 속성을 갖게 되고, 한 가지 속성을 가지면 나머지 4가지 속성은 모두 존재한다고 생각할 수 있다. 항상성은 요인의 다변성과 다극 성을 가진 상태변환에서 자주 나타나고, 빠른 동태성과 같은 특성을 동반한다.

⑴ 양 방향성 : 두 가지 이상의 요인에 의해서 상태변환하는 방향성
⑵ 접근 곤란성 : 중간 영역의 속성을 갖기 어렵고 사소한 일의 작은 변화에도 순간적 도약 가능성이 높다. 회복 또는 장애증상 상태에서도 한쪽으로 강하게 상태변환 한다.
⑶ 순간 도약성 : 촉매나 끌개 옆에 가면 순간적으로 이끌리어 급하게 상태변환 한다.
⑷ 흥분현상 : 편향성이 증가하여 흥분하면 순간적으로 도약(점프)한다. 갈래요인이 편향의 촉매를 만나면 나비요인으로 점프한다.
⑸ 발산현상 : 여러 가지 변덕요인과 변환결과를 가진 상태변환으로 다극적 상태의 원인이 되기 쉽고, 세 가지 이상으로 상태변환하여 양방향성으로 확산될 수 있으며 나비요인으로 급변하게 된다.

□ 이슈 작성을 위한 상태변환의 속성
⑴ 건강의 상태변환은 급변상태가 발생할 수 있는 경사형 동적체계이다. 경사형 동적체계는 시간에 종속되고 속도와 가속도를 가지고 상태변환 한다.

(2) 회복의 비용이 낮으면 치료의 선택은 쉽게 결정되고 위험이 클수록 치료요구가 높아진다.

(3) 회복비용이 높고 위험이 크지 않다면 의사결정의 의견은 치료와 보류의 두 가지로 갈라져서 결정하기 어렵다.

(4) 비용이 많고 위험이 크다면 치료하는 의견으로 기울어진다.

(5) 비용이 많고 위험이 적다면 치료를 보류한다.

(6) 회복될 수 있는 확신이 있다면 치료한다.

(7) 장애위험, 비용, 치료의 취약성이 보통이라면, 의사결정은 시간이 지남에 따라서 절충하는 쪽으로 기울어진다.

□ 이슈모델의 설계

이슈모델은 이슈를 작성하는 절차와 기준을 정해주고, 모델기반으로 건강상태변환의 특성에 맞추어서 이슈를 작성하기 쉽도록 설계한다.

1. 이슈작성 절차

(1) LW.GQM 문답지를 사용하고, 짜증과 스트레스를 원인으로 하여 발생한 주의력 결핍과 인지력 저하에 관한 증상의 수준을 관찰하고, 분기집합 모델에 맞추어서 이슈를 작성한다.

(2) 수학의 패턴 영역에서 상태변환의 방정식을 유도할 수 있을 경우에는, 그 방정식을 이슈모델로 하여 이슈를 작성한다.

(3) 그림 7.3, "주의력 결핍과 인지력 저하" 에 관한 사소한 일 중심의 상태변환을 LW.GQM응답지를 중심으로 설계한 모델이나 분기집합모델 중심으로 이슈를 작성한다.

(4) 작성절차와 기준에 따라서 "스트레스를 원인으로 하는 주의력 결핍과 인지력의 저하"에 관한 상태변환 이슈를 "원인-결과" 중심으로 작성한다.

2. 이슈작성 기준을 위한 모델링

⑴ (대등한 상태의 그룹핑) 그림 3.1, 짜증의 요소 STG와 그림 7.3, 주의력 결핍으로 인지력을 저하시키는 증상의 상태변환과 대등한 증상의 대상자를 선정하여 블록을 구성하여 그룹을 만든다.

⑵ (표준용어 사용) 예방과 회복을 위한 이슈작성은 사소한 일을 선하게 행하는 상태변환 집합에서 정의한 요소 중심으로 선정하여 작성하고, 증상이 발생하는 이슈작성은 사소한 일을 악하게 행하는 상태변환 집합의 요소를 중심으로 선정하여 작성한다.

예방이나 회복, 또는 증상에 관한 상태변환은 "주의력 결핍과 인지력의 저하" 에 관한 건강 모니터링 시스템을 경사형 동적시스템의 속성으로 분석하고, 필요한 용어를 사용하여 작성한다. 동적시스템의 속성은 상태변환의 속도가 그림 3.1에서 보여준 변환요소 자체의 변환 속도, 그리고 그림 7.3에서 보여준 촉매와 끌개에 의해서 변환속도가 가속될 수 있는 이슈로 작성한다.

⑶ (이슈의 내용구성) 주의집중을 위한 자극, 대상, 정보를 연결하고 기억하기에 적당한 청킹 단위를 환자의 기억역량에 맞추어 이슈를 작성한다.

⑷ (공감과 소통) 이슈작성을 위해서 관련자들이 그림 3.1과 7.3을 참고하여 사건, 상황, 상태를 연결하여 스토리텔링 형식으로 이슈를 작성한다. 상태변환 추적을 위한 스토리는 사소한 일을 체험한 사실 중심으로 작성하고, 예방과 회복을 위한 이슈는 환자의 취미와, 흥미. 그리고 관심을 끌기 위한 텔링을 추가하여 이슈를 작성한다. 스토리는 회복훈련을 위한 콘텐츠의 시나리오가 된다.

⑸ (STG) 그림 3.1의 요소 STG에 촉매와 끌개 요인으로 확대한 그림 7.3의 클러스터 STG와 같이 확대한 그래프를 그려서 이슈를 작성한다.

⑹ (상태변환의 추적) LW.GQM 응답지에 촉매나 끌개가 될 수 있는 증상요인을 추가하고 응답한 내용 중심으로 분기집합 요인 기반으로 상태변환을 추적할 수 있도록 이슈를 작성한다. 다시 말해서, 표 8.2와 같이 작성하여 셀(cell) 안에 증상의 정도를 퍼센트 단위로 수치를 기록하고,

퍼지 집합의 모델을 사용하여 상태변환을 추적할 수 있다.

(7) (편향요인 대비 직관법) 상태변환 과정에서 발생할 수 있는 편향요인을 억제하고, 사소한 일을 선하게 행할 수 있도록 끌고 가는 끌개를 식별하기 위해서 다음과 같이 직관법을 사용한다. 직관력을 방해하는 12가지 요소 중심으로 환자가 일상생활의 사소한 일을 수행할 때, 선한 영과 동행할 수 있는 생활 태도와 방법을 환자의 편향요인과 연관시켜서 예방과 회복모델을 식별하고 이슈를 작성한다. 특히 인지력 저하에 대비한 방해요소인, 소통부족, 주의산만, 리소스 부족, 스트레스, 인지 부족, 피로 등을 관찰하여 선한 영과 동행할 수 있도록 노력하는 회복모델을 참고한다.

□ 12 가지의 방해요소(선과 악의 분별기준)

선과 악을 분별하기 위한 기준은 아래에 나열한 선행을 방해하는 12가지 교란요소를 중심으로 하여 선과 악을 분별할 수 있다. 선이 부족하면 악에게 틈새를 내어 주게 되는데, 이는 직관법에 의해서 대비할 수 있다.

교란요소 ; 소통부족, 주의산만, 리소스 부족, 스트레스, 팀워크 부족, 압박, 인지부족, 자기만족, 지식부족, 피로, 단호한 주장 부족, 노름의 기준.

■ 직관법

‣ 상태변환의 과정을 관찰하고, 그 속도와 상태변환된 거리감을 측정하여 회복방법을 찾는다.

‣ 통제해야 될 요인과 상황을 식별하여 그 속성을 관찰하고, 이슈작성을 위한 직관 법에 의해서 방해요소별로 관찰한다.

‣ 편향요인에 대응해서 회복시킬 수 있는 생활방법을 택한다.

‣ GQM 응답지 중심으로 그룹 안에서 다른 사람의 체험과 비교분석한다.

‣ 주의집중력의 회복훈련에 적용하기 쉬운 모델과 콘텐츠, 도구를 선정한다.

‣ 감성역량의 회복이슈에 관한 모델, 콘텐츠, 도구를 선정하여 회복도구로 사용한다.

3. 회복을 위한 이슈 모델링

이슈모델은 표 8.2와 같은 응답지를 작성하고, 6가지 상태에 관해서 설명하여 갈래요인 중심의 이슈를 작성해 보자. 증상수준에 따라서 복합적인 장애의 비율을 퍼지 집합 모델에 의해서 계산하는 데이터로 사용하게 된다. 표 7.2를 백분율로 표현한 데이터를 사용하여 복합적인 장애수준을 판정할 수도 있다. 원인, 상태, 증상은 사실 중심의 스토리로 기술하고, 예방과 회복은 일상생활 중에 실행 가능한 텔링으로 기술하여 회복훈련을 할 수 있도록 다음과 같은 내용으로 이슈를 작성한다.

표 8.2 스트레스 중심의 LW.GQM 응답지, 단위 %

증상수준 노드	일시적 (초기)	다발적 (하루3회)	지속적 (3일 이상 1주일)	장기지속 (2주 이상)
짜증	90	80	10	
스트레스 압박	80	70	10	
두통, 불안	80	70	10	
주의력 결핍	60	50	0	
스트레스 증상	60	50	0	
인 지력 저하	60	50	0	
근심걱정	60	50	0	
주의산만	60	50	0	

(1) 원인 : 짜증에 대응한 부정적인 생각 때문에 스트레스의 압박을 받았다.

(2) 상태 : 두통이 자주 발생하여 사소한 일을 행할 때, 짜증을 자주 낸다. 그리고 특이한 상태 중심으로 기술한다.

(3) 증상 : 근심걱정이 많아지고, 초조하고 조바심이 자주 발생하여 스트레스를 받으면 부정적인 대응을 하게 된다.

(4) 예방 : 짜증과 스트레스를 받을 때, 긍정적인 대응을 하도록 노력한다.

(5) 회복 : 근심걱정을 하지 않도록 가벼운 운동이나 여행, 그리고 가족들과 즐거운 시간을 갖도록 노력한다.

(6) 감성기반 회복 : 근심걱정을 억제하는 수단으로 감성역량의 회복도구를 선정한다. 디.트리비, ACER도구 등과 같이 근심걱정을 통제할 수 있는 콘텐츠를 선택하여 감성 요소 중심으로 회복훈련을 할 수 있다.

4. 감성 중심의 회복모델

감성역량을 높여서 짜증이나 스트레스를 원인으로 해서 발생하는 증상을 예방하거나 회복시키는 모델을 설계할 수 있다. 이와 같은 회복모델을 기반으로 하여 이슈를 작성한다. 표 8.3은 회복이 필요한 상호작용에 관해서 회복해야 될 내용과 사용할 감성지수 요소를 식별하고 있다. 감성 중심의 회복모델은 상태변환의 속도를 줄이거나, 촉매나 끌개에 의한 가속도를 줄이기 위한 모델이다. 가속도가 0이 되면 상태변환의 확산상수가 0이 되고, 상태변환 속도는 그림 3.1에서 설명한 요소 STG의 요소들의 상호작용만으로 상태변환 된다.

표 8.3은 그림 7.3에 관해서, 증상으로 변환시키는 확산상수를 0에 수렴하도록, 원인과 결과 노드 간에 상호작용할 수 있는 회복요소를 식별하기 위한 표이다. 스트레스에 관련된 작용 요소들을 식별할 수 있는 감성역량의 요소 중심으로 설명하고 있다.

표 8.3 감성역량 기반 회복훈련의 이슈작성 표

회복할 요소	회복할 내용	회복에 사용할 EQ 요소
짜증 통제	부정적 대응 억제, 긍정적 대응 노력	그림4.1과 4.2 참조, 짜증과 스트레스의 긍정적 대응 훈련
스트레스에 긍정적 대응	주의산만 통제, 불안 통제, 스트레스증상 통제	부딪힌 문제에 관해서 상대방과 공감적인 이해를 바탕으로 소통한다. 상대방의 입장, 상황, 상태를 관찰하고, 배려하여 양보한다.
불안 통제	정상요인과 갈래요인의 경계시점에서 불안, 공포, 피로, 분노, 흥분, 의기소침, 갈등	몸과 마음의 일체감으로 사소한 일을 선하게 행할 수 있는 생활방법을 찾는다. 긍정적인 스트레스 대응으로 몸과 마음의 정상요인을 유지한다.

회복할 요소	회복할 내용	회복에 사용할 EQ 요소
주의력 높이기	소음을 줄이고 인 지력을 높이는 일상생활을 하면서 집중 방해자를 억제	자신감, 신뢰감, 안정감, 자기성찰의 훈련으로 기분조절. 감성능력을 동원하여 스트레스에 긍정적인 대응.
인 지력 높이기	주의집중력 높이기, 상황에 적응능력과 문제해결능력 높이기	정체성으로 자존감을 높이고, 자기성찰로 감정을 통제할 수 있는 회복모델을 찾는다. 정체성과 자존감을 연계한 인식, 이해, 평가의 생활.
근심과 걱정의 차단	근심걱정 때문에 주의산만하고, 다발적증상발생	기분조절로 자신감 유지, 유연한 생각과 일관된 생활로 정체성을 유지한다.
주의산만 억제	근심걱정 때문에 주의산만하고, 인 지력이 저하.	자신감, 신뢰감, 안정감, 자기성찰을 통해서 집중력 높이고, 잡음, 근심걱정을 차단한다.
집중 방해자의 차단	작은 소음에 신경과민, 스트레스에 공격성발생	사소한 일을 즐겁게 행하고, 여유 있는 취미활동을 즐긴다.
불안과 스트레스에 대응자세	스트레스 증상의 경고기가 저항기 가는 길차단	자신과의 소통, 상대방과의 공감과 소통을 위한 회복모델 선택.
주의력 결핍과 인 지력 저하의 상호작용	불안과 잡음으로 주의력 결핍되고, 인 지력의 증상이 발생함	동기화의 확인으로 부딪힌 문제 해결, 사소한 일 중심으로 일상생활의 인식, 이해. 판단을 정상요인 중심으로 생각하고 판단한다.
불안과 인 지력의 상호작용	동기부여를 망각하고, 인 지력이 저하된다.	자기인식으로 감정통제, 몸과 마음의 일체감으로 동기부여 확인, 이웃과 소통하고, 협동함
스트레스 장애 증상이 주의력 결핍으로 변환	근심걱정, 초조불안, 공격성, 신경과민 상태발생	그림 4.2를 참조하여 스트레스에 긍정적인 대응 훈련
스트레스장애 증상이 인 지력 저하로 변환	스트레스에 긍정적으로 대응하여 폭언, 공격성, 과잉행동의 발생	그림 4.2를 참조하여 스트레스에 긍정적인 대응 훈련
불안과 주의력 결핍 상호작용	동기부여에 합당하지 않는 인식, 이해, 판단	자기인식으로 감정통제, 몸과 마음의 일체감으로 팀워크 발휘

스트레스가 회복되지 않고 만성적인 상태로 변한다면, 이를 원인으로 하여 새로운 상태변환이 발생한다. 표 8.2는 표 8.1과 동일하게 부정적인 대응을 했을 경우 상태변환을 추적하기 위해서 LW.GQM 응답지와 분기집합 모델기반으로 이슈를 작성한다. 표 8.3은 그림 7.3에서 설명한 증상과 상호작용 등을 감성역량에 의해서 회복할 수 있는 이슈작성에 활용할 수 있다.

6하 원칙에 의해서 작성하는 이슈내용은, 누가(who)? 언제(when)? 왜(why)? 어떻게(how)? 누구 또는 누구에게(whom)? 누구의(whose) 6하 원칙과 기간

(time, term, period)?을 선택하여 기재하는 것이 좋다. 신문 기사와 같은 사실 중심의 스토리 작성에 사용할 때와 같이 회복을 위한 스토리텔링을 작성할 때도 6하 원칙을 사용한다. 스토리텔링을 작성할 때, 6하 원칙 뒤에 숨은 땀과 노력, 눈물, 희생, 배려까지 표현해야 일상생활의 가치 있는 이슈가 될 수 있다.

□ 분기집합의 요인을 선택할 때는 다음과 같은 요인별 특성을 고려한다.

- 정상요인 : 정상적인 일상생활을 유지하지만, 사소한 장애증상을 일으킬 수 있는 사소한 일이 발생할 수 있다. 가능한 많은 스택홀더들이 체험한 STG와 대등한 패스를 가진 노드를 중심으로 선정한다.

  예 짜증, 스트레스

- 갈래요인 : 두 가지 이상의 노드로 갈라지는 상태변환의 발산현상을 나타낸다. 사소한 일의 작은 변환에도 갈래요인이 증가하여 상이한 경로를 여러 개 만드는 분기를 일으키게 되고, 많은 패스로 분기할 수 있는 요인이 된다.

  예 부정적 반응의 스트레스 압박과 같은 촉매, 감정기복, 2진트리 활용

- 편향요인 : 한 쪽으로 강하게 치우쳐 상태변환되는 분기요인이다. 몸과 마음속에 숨어있던 편견과 편향적 특성이 중용을 취하기 어려운 상태로 끌고 갈 수 있다.

  예 주의산만, 집중력 결핍

- 나비요인 : 다극적인 변덕요인으로 변화무쌍하여 세 가지 이상의 상태변환을 촉매로 하고 양방향성을 가지고 확산하게 된다. 노드의 패스 방향이 전진과 후진이 많은 노드를 중심으로 선택하고, 통제한다.

  예 상호 촉매작용 하는 불안과 스트레스 장애증상, 주의력 결핍과 인지력 저하, 감정기복 때문에 나타나는 중언부언, 엉뚱한 행동.

스트레스가 만성적인 상태로 지속되는 경우에는, 부정적인 반응을 일으킬 만한 상태가 돌발적으로 발생하여 새로운 촉매나 끌개 가까이 가는 상태이

다. 근심과 걱정의 촉매나 집중의 방해자와 같은 끌개보다 더 강한 끌개 옆에 가는 경우이다. 가족 중에 교통상해를 당한 사고가 발생했거나 직장을 잃게 되는 상태의 끌개를 만날 때 더 강한 유도를 받게 된다.

표 8.4는 만성적인 스트레스 증상을 주의력 결핍 증상으로 상태변환시킬 수 있는 요인들을 분기집합의 네 가지 요인 중심으로 설명하고 있다. 그림 3.1의 요소 STG에 속한 요인들이 상호작용하여 갈래요인으로 상태변환될 수 있는 정상요인들을 휴먼요인과 사소한 일로 구분하여 나열하고 있다. 그림 7.3에서 보여준 촉매와 끌개의 클러스터 STG 요인들, 즉 주의산만, 근심 걱정, 집중의 방해자들에게 끌려 갈 수 있는 편향요인과 나비요인을 식별하여 설명하고 있다.

표 8.4 분기집합 모델기반 주의력 결핍의 상태변환 요인

정상 요인	갈래 요인	편향요인	나비 요인
• 휴먼요인 ▸ 소통부족 ▸ 리소스 부족 ▸ 피로 ▸ 근심걱정 • 사소한 스트레스 ▸ 사소한 통증 ▸ 우울 ▸ 불안 ▸ 면역체계 손상	• 외적현상 ▸ 어긋난 계획 ▸ 주의산만 ▸ 체험부족 ▸ 팀워크 부족 • 내적현상 ▸ 인지부족 ▸ 주의산만 ▸ 잡다한 생각 ▸ 책 대충 읽기	• 자기만족 • 문제해결능력 부족 • 대화 중 방금 한 말이 생각안남 • 아침의 출근상황 생각이 안남 • 부정적인 스트레스 대응 • 심각한 건망증 • 주의집중력의 저하	• 단호한 주장 부족 • 이 완력 저하. • SNS편향 • 공포증 • 우울증 • 불안증 • 가벼운 치매 • ADHD 증상

지금까지 설명한 내용을 참고하여 분기집합 모델의 갈래요인을 중심으로 한 상태변환의 이슈를 작성해 보자.

□ 갈래요인 중심으로 업무스트레스 원인에 대비한 이슈모델 설계

두 갈래 이상으로 상태변환 되는 갈래요인의 발산현상을 중심으로 하고, 표 8.2 응답지 내용에 따라서 이슈를 작성한다. 사소한 일의 발산현상에 갈래요인의 비중이 높아져서 새로운 경로를 만들면서 상태변환한다. 이때에

나타난 편향요인에 대응하지 못하면 상태변환이 확산되어 다극성이 나타난다. 표 8.2를 보면 LW.GQM 응답지에서 하루 3회 이상의 증상이 50~80%가 다발적으로 발생하는 갈래요인의 상태변환을 하고 있다. 갈래요인에 대응해서 더 확산되지 않도록 회복할 수 있는 이슈를 다음과 같이 작성할 수 있다. 표 8.2와 8.4를 보면서 7.1절에서 설명한바와 같이 편향을 통제하기 위한 회복모델을 참조하고, 갈래요인 중심의 이슈를 작성하기 위해서 먼저 갈래요인의 현상과 그 회복방법을 기술하고, 증상수준을 식별한다.

1. (외적현상) 주의가 산만해져서 약속을 어기게 되고 팀워크에 방해가 되었다는 죄책감 때문에 우울해 진다.
   1-1. 사소한 일의 스트레스를 받아도 원인과 결과를 크고 강하게 생각한다.
   1-2. 불안한 생각 때문에 맡은 일을 자신 있게 수행하기 어렵다.
2. (내적현상) 맛있는 음식을 먹을 때 맛을 음미하면서 즐기지 못한다.
   2-1. 식사 중에 주고받은 대화내용을 기억하지 못한다.
   2-2. 근심스러운 여러 가지 생각 때문에 문제해결을 위한 의사결정을 하기 어렵다.
3. (회복방법)
   3-1. 확산과 잡음 현상을 유의하고 사전적인 항상성을 세밀하게 관찰한다.
   3-2. 스트레스에 긍정적인 반응을 할 수 있는 회복방법을 찾는다. 스트레스의 유익한 점을 찾아내서 적극적인 반응과 대응을 유지한다.
   3-3. 내가 맡은 업무 특성과 연관된 업무 수행의 편향요인을 통제할 수 있는 훈련을 한다.

갈래요인을 일으킬 수 있는 외적. 내적 현상을 극복하고, 정상요인의 회복 상태를 유지하기 위해서는, 감성역량 기반으로 업무 스트레스에 긍정적으로 대응할 수 있는 상태변환 이슈를 다음과 같이 작성할 수 있다. 원인에 대비한 이슈모델을 중심으로 하여 갈래요인의 회복이슈를 작성할 수 있다.

□ 업무 스트레스 및 갈래요인 중심의 이슈작성

갈래요인의 원인, 촉매, 끝개, 증상, 회복을 위한 이슈를 다음과 같이 작성한다.

1-1 (요인) 두 가지 업무를 병행 처리함으로서 발생하는 업무 스트레스의 압박이 일상생활의 짜증과 스트레스에 부정적인 대응을 가져온다.

1-2 (증상) 하루에 한 두 번씩 근육이 긴장되고, 몸이 뻐근하며, 맥박과 혈압이 상승하여 업무의 진척이 느려서 근심걱정이 많아진다.

2-1 (요인) 몸과 마음의 일체화 유지가 어렵고, 건강상태가 걱정되어, 마음의 결단을 몸으로 실행하기 힘들다.

2-2 (증상) 주의산만해지고, 작은 잡음에도 신경과민 되어 하던 일을 중단할 때가 있다. 주의 산만한 생활상태가 하루에도 두 세 번씩 발생한다.

2-3 (회복) 외적현상과 내적현상을 주의 깊게 관찰한다.

3-1 (요인) 불안하고 초조해 지면서 주변 환경과 상대방의 의견 및 행동에 대응해서 과잉 반응을 한다.

3-2 (증상) 일상생활 중에 주의가 산만해지고, 업무에 소극적으로 임하게 되어 문제해결 능력이 저하된다.

3-3 (회복) 나에게 취약한 편향요인, 특히 자기선택 편향과 이기적인 편향이 나타나지 못하도록 통제할 수 있는 회복모델을 선정하여 훈련하면서 일상생활을 지속한다.

4-1 (촉매) 생활 스트레스 때문에 사소한 일을 할 때에도 짜증이 나고, 업무수행 중에 스트레스 압박 때문에 주의가 산만해 진다.

4-2 (증상) 일상생활 중에 상황인식이 늦어지고, 부딪힌 문제에 대응하기가 어려워진다. 공감적인 이해가 부족하고, 주의산만 하여 일처리가

서툴러진다.

4-3 (회복) 사소한 일을 악하게 행하도록 끌고 가는 촉매나 끌개를 관찰한다.

5-1 (끌개) 업무수행 중에 근심걱정이 많아져서 업무처리 속도가 늦어지고, 문제해결을 위한 해법 찾기가 어려워진다.

5-2 (증상) 몸과 마음속에 압박감이 커지고, 인지력과 집중력이 낮아져서 문제해결이 어렵고, 마음의 갈등이 많아진다.

5-3 (회복) 나의 편향요인을 식별하고 관찰하여, 업무 중에 끼어들지 못하도록 통제한다.

6-1 (끌개) 일하는 즐거움을 느끼지 못하고, 근심걱정 하는 시간이 많아진다.

6-2 (증상) 직장의 즐거움과 가정의 행복을 느끼기 어렵다.

6-3 (회복) 정상요인을 오래 동안 유지시킬 수 있는 마음과 업무환경을 만들면서 일한다. 업무에 관련된 이력현상을 찾아서 마음을 다스리면서 업무를 수행한다.

7-1 (끌개) 근심과 걱정, 잡음과 같은 집중의 방해자가 나타나서 주의집중력이 낮아지고, 업무성과가 오르지 않는다.

7-2 (증상) 업무성과에 대한 걱정이 다발적으로 발생하고, 주의력이 낮아져서 문제인식이 어렵고, 판단력이 흐려지며 자신감을 가지고 업무를 수행하기 어렵다.

7-3 (회복) 마음을 편안하게 하고, 주변에서 발생하는 잡음을 억제할 수 있는 업무환경을 조성하면서 일을 한다.

□ 감성역량 중심의 회복모델기반 이슈작성

감성요인의 5가지 요소, 자기인식, 기분통제, 동기부여, 공감적 이해, 그리고 소통의 능력을 높여서, 요인간의 상호작용, 촉매와 끌개, 그리고 증상을 완화시킬 수 있는 회복훈련의 이슈를 작성한다. 특히, 외적. 내적 현상 때문에 나타날 수 있는 편향요인을 통제할 수 있도록 노력하여 갈래요인의 확산을 억제하고, 정상요인을 오래 동안 지속할 수 있도록 감성역량을 발휘한다. 분기집합의 정상요인 중심으로 회복시킬 수 있는 사소한 일의 이슈를 작성한다. 원인에 대비한 갈래요인의 이슈모델 중심으로 감성역량에 의한 회복 훈련의 이슈를 작성해 보자.

8-1 (자기인식) 감정을 통제하면서 자신의 정체성을 자주 점검하는가?
- 나는 누구인가?
- 나는 무엇 때문에 이 자리에 있는가?
- 내가 하는 일은 어떤 의미가 있는가?
- 말과 행동을 하기 전에 자기반성과 성찰을 하는가?
- 내가 한 말과 행동이 누구에게인가 부담을 주지 않는가?

8-2 (기분통제) 몸과 마음의 안정감, 신뢰감, 자신감을 높여 가면서 회복을 위한 이슈를 작성한다.
- 자신의 몸과 마음을 살펴서 확신과 불신, 긍정과 부정의 생각을 식별하고, 인지하여 행동한다.
- 자극적, 다발적인 생각과 편향을 억제하여 단순하게 생각하고 주의 산만을 통제하여 기쁘게 생각하고, 즐겁게 실행한다.
- 수행중인 업무에 집중을 방해하는 소음, 시선 등을 차단한다.
- 자기인식으로 기분을 통제하여 신경회로가 활성화 되도록 노력하고, 심호흡을 통해서 집중력을 높인다.
- 잠깐 동안 손 박수를 치면서 몸과 마음을 즐겁게 하고 긴장을 풀어 준다.

8-3 (동기부여) "나는 어떤 사람인가?"를 다음 사항 중심으로 확인하면서 인생의 목표, 삶의 목적을 날마다 점검하고, 동기를 바라보면서 살아간다.
- 성취 지향적인가?
- 인식, 이해, 판단의 인지능력을 발휘하는가?

- 통제능력이 강한가?
- 실패를 두려워하는가?
- 성공지향적인 마음이 너무 높지 않은가?
- 나의 동기와 요구가 너무 높지 않은가?
- 나에게 부여된 동기에 합당한 관찰과 생각, 이해와 의사결정, 그리고 행동하는가?

8-4 (공감적인 이해) 이웃과 교제하면서 배려와 양보하는 마음을 가지는가?
- (역지사지) 상대방의 입장을 고려하면서 생각하여 말하고 행동하는가?
- (역지감지) 나의 앞에 끼어드는 사람의 입장과 마음을 이해하는가?
- (역지행지) 상대방의 입장을 생각하고 소통하면서 행동하는가?
- (양보) 양보하는 즐거움을 만끽하는가?
- (중용) 가정, 직장, 사회 안에서 발생한 문제에 대해서 중용의 도를 취하는가?

8-5 (이웃과의 소통) 이웃과 소통을 잘 하고 있는가?
- 이웃의 권리 침해를 하고 있지 않은가?
- 이웃에게 부여된 동기를 이해하고 그 가치를 인정하고 있는가?
- 이웃과 감성 공감을 공유하고 있는가?
- 이웃의 여건을 고려하면서 소통하고 있는가?

8-6 (자신과의 소통) 자신의 자유 함을 위한 노력을 하고 있는가?
- 죄의 억눌림에서 자유?
- 근심걱정과 불안에서의 자유?
- 세상에서 소통하는 자존감의 확신
- 나의 장점과 단점에 관한 이해
- 삶의 목적을 이루어 나가는 자신감
- 인생의 목표를 향한 의지와 노력의 확신

감성역량은 감성공학, 균형감각, 관심, 그리고 관계를 회복할 수 있도록 일상의 사소한 일을 실천해 나가는 능력이다. 감성공학은 이웃의 아픔에 공감하고, 기쁨에 감동하는 몸과 마음의 표현을 기반으로 한 회복기술이다. 균형감각은 소통하면서 교제할 때, 이웃의 마음을 살피고 배려심을 발휘할 수 있는 인지능력이다. 인지능력은 주변 환경의 인식과 이해를 바르게 하고 옳게 판단하여 실천하는 행동능력이다. 관심은 이웃을 사랑하는 마음의 표현으로 공감하고 소통하면서 유지시켜 나간다. 양보는 자존감을 유지하면서 겸손하게 배려 심을 발휘해 나가는 행동이다.

관심과 균형감각을 발휘하여 역지사지를 생각하고, 감성 공감과 균형감각을 발휘하여 역지감지로 판단하며, 양보와 균형감각을 발휘하여 역지행지를 실행한다.

감성지수가 높아지려면 자존감을 높여서 기분통제를 즐겁게 해야 한다. 정체성을 확립시켜서 사소한 일을 사랑으로 행하면서 편향을 억제해야 된다. 동기부여의 목표와 목적을 달성하기 위해서 이웃이나 자신과 공감하고 소통하는 감성역량을 높여야 한다.

감성역량이 높으면, 편향에 흔들리지 않고, 이웃과 협력하면서 부여된 동기를 이룩할 수 있다. 인생의 목표와 삶의 목적을 이룰 수 있고, 거룩한 인생에 도달할 수 있다.

감성지수와 역량을 높이기 위해서는 그릿을 실천하고, 사소한 일을 선하게 실행하면 회복효과가 높아진다. 그릿을 실천하기 위해서는 자기 조절능력을 기르고, 일상의 스트레스를 긍정적으로 대응하여 감정을 통제할 수 있는 감성역량을 발휘하는 삶을 유지시켜 나가야 하다. 사소한 일을 할 때 마다 마음이 몸을 사랑하는가를 묻고 시작한다.

그릿은 자기인식 기반으로 기분을 통제한다.
- 자신의 능력을 성장시키면서 발전하는 확신을 가지고,
- 역경에 굴하지 않고,
- 동기부여에 맞추어서 삶을 유지한다.

그릿은 동기부여를 하면서 공감하고 소통한다.
- 동기부여를 위한 목표와 목적에 맞추어서 사소한 일을 선하게 수행한다.
- 이웃과 공감하면서 협력한다.
- 이웃과 소통하면서 협동관계를 발전시켜 나간다.

□ 100세 유산을 쌓기 위한 이슈작성

지금까지 상태변환의 추적과정에서 발생할 수 있는 이슈를 작성하는 방법과 그 사례를 설명하였다. 표 8.3에서 상태변환의 속도를 줄이고, 가속도를 0으로 만들기 위한 예방과 회복모델을 선정할 수 있는 방법을 감성역량 중심으로 설명하였다. 이와 같은 내용을 참고하여 건강상태를 정상요인으로 유지하기 위한 이슈작성 과정을 정리하면 다음과 같다.

1. 표 8.2의 작성 : 환자, 대상자, 또는 회원 중심으로 "스트레스 중심의 LW.GQM응답지"를 작성한다.
2. 이슈 모델링 : 표 8.3과 같은 이슈모델, "원인과 결과의 노드 간에 작용하는 회복요소 식별"을 작성한다. 본 절에서 설명한 내용을 이해하기 어려우면, 처음에는 전문가의 도움을 받고, 두세 번 작성해 보면 쉽게 이해할 수 있을 것이다.
3. 이슈 작성 : 회원이 작성한 이슈를 전문가의 도움을 받아서 작성자가 확인하고 최종 이슈를 결정한다. 이슈는 분기집합 모델 기반으로 작성한

다. 정상요인, 갈래요인, 편향요인, 나비요인의 상태 중에서 가장 심하게 나타난 증상 중심으로 작성한다. 표 8.2에서는 일시적인 증상수준에서 다발적인 수준을 보여주므로 갈래요인 중심으로 회복이슈를 작성하였다.

이슈를 작성할 때, 회복 모델의 기본개념을 중시해야 한다. 기본개념은, "사소한 일을 선하게 행한다." 는 상위개념을 의미한다. 정의사회는 사랑을 성장시킬 수 있는 자양분이 충분하다. 정의사회에서 사랑이 왕성하면 평화를 만들어 간다. 강한 자가 스스로 약한 자가 되어 정의 사회를 섬기는 삶이 사랑이다. 이와 같은 논리가 휴먼요인의 상위개념이다. 선한 영과 동행하는 삶은 정상적인 건강생활을 유지할 수 있기 때문이다. 그러나 각 자의 몸과 마음속에 내재되어 있는 편향이 정상유지를 방해하게 되므로 근심걱정, 주의산만, 잡음의 방해를 통제하는 것이 중요하다.

다음의 8.4절에서는, 건강 모니터링 시스템을 동적 시스템으로 보고, 미분 방정식 (1)과 같은 모델을 설계한 보고서를 활용하여 회복을 위한 이슈를 작성한다. 창조섭리, 자연법칙, 수학논리를 기반으로 하면, 이슈 모델링의 과정이 쉬워지거나 생략하고 이슈를 작성할 수 있게 된다. 미분 방정식을 이해하기 어려운 회원이라도 믿고 기억하면, 미분 방정식 (1)을 모델로 하여 이슈를 작성할 수 있다.

8.4
상태변환의 이슈작성

1. 창조적인 패턴

날은 날에게 말하고 밤은 밤에게 지식을 전한다. 언어도 없고 소리도 없이 전하는 지식은 온 땅에 살고 있는 사람들에게 낮에는 일하고, 밤에는 쉴 수 있는 창조적 섭리를 이해할 수 있도록 지혜를 준다. 광명체가 땅을 비추는 시간은 낮이고, 달과 별들이 비추는 시간은 밤이다.

큰 광명체, 작은 광명체들, 그리고 땅에는 우주공간에 창조된 만물들이 살아간다. 밤이 오늘과 내일의 사이에 있고, 어제와 오늘의 사이에 있는 것은 시간의 연결이라는 창조적인 섭리를 알려주고, 창조적인 산물로 만들어진 낮과 밤은 사람들이 우주만물을 관리할 수 있는 삶의 지혜를 전해준다. 낮에 바쁘게 행했던 사소한 일을 잠간 멈추고 밤에는 휴식을 취하는 것이 창조적인 섭리이다. 창조섭리로 만들어진 밤은 낮에 수고한 인간들에게 휴식을 취하도록 권한다.

산은 골짜기와 봉우리가 연결된 자연적인 형상이다. 골짜기에서 봉우리로 올라갈 때 곡선을 만들고 봉우리에서 골짜기로 내려올 때 대응을 만든다. 이러한 곡선은 모두 창조섭리에 의해서 만들어졌고, 자연법칙에 대응하여 상태변환한다. 우주 만물은 일정한 패턴을 가지고 상태변환하므로 그 패턴의 논리와 질서를 이해하면 인생의 목표를 세우고, 삶의 목적을 이루는 첩경을 찾을 수 있다.

자연은 오늘 행한 일을 돌아보고 내일 행할 사소한 일의 패턴을 예측할 수 있는 지혜를 주고, 창조적인 패턴은 우주와 그 안에 있는 만물을 관찰하고 공감적인 이해를 함으로써 땅과 사람을 창조섭리에 맞도록 대응시켜서 관찰하고, 이해하며, 판단하여 행동할 수 있는 법칙과 논리를 가르쳐 준다. 창조섭리를 기반으로 자연법칙에 대한 공감적인 이해와 소통할 수 있는 논리를 깨달으면, 선한 삶을 살아갈 수 있는 정의사회를 이루어 갈 수 있다.

창조적인 자연의 질서, 물리적인 상태변환의 법칙을 이해하고, 수학적인 변환논리를 깨달아 이해하고 판단하여 삶 속에서 실천하는 일상생활은 건강 관리를 위한 최선의 길이다.

창조적 섭리와 자연법칙에 순응한 삶의 사소한 일은 휴먼요인의 의지력으로 선한 영과 동행하게 하며, 몸과 마음의 일체감으로 건강하고 정상적인 상태를 유지해 준다. 창조적 패턴에 대응해서 건강관리를 위한 이슈모델을 식별하고, 이슈모델에 일상생활의 사소한 일을 적용하여 삶의 체험이슈를 "100세 유산"으로 제안할 수 있는 것은, 삶의 목적을 이루는 첩경이고, 인생의 목표로 향하게 하는 거룩한 길이다.

인생의 목표를 향하고, 삶의 목적을 위하여 살아가기 위해서는, 몸과 마음이 건강해야 하며, 건강관리를 섭리와 법칙에 맞추어서 실행해야 한다.

건강 모니터링을 위한 이슈를 작성하기 위해서는,

- 패턴을 이해하고, 패턴을 기반으로
- 이슈모델을 설계하고, 이슈모델을 기반으로 하여
- 이슈를 작성한다.

패턴은 창조적인 질서 안에서 발생하는 자연현상과 휴먼요인 중심의 현상, 그리고 사회적인 현상에 관한 상태변환을 식별하고 추적하기 위해서 도입한다.

본서에서는 창조적 패턴, 자연법칙에 따른 상대성이론 패턴, 그리고 수학 패턴을 구분하고, 패턴 안에서 건강 모니터링을 위한 이슈작성 방법을 설명하고 있다. 가치있는 이슈를 작성하기 위해서는, 선정한 패턴 안에서 건강관리를 위한 상태변환을 추적할 수 있도록 이슈모델을 먼저 설계한다.

- 창조적 이슈모델 : 시간과 공간을 초월한 상태변환과 창조섭리와 자연법칙에 따라서 변환되는 높고 넓은 의미의 이슈모델이다.

- 상대성이론 기반 이슈모델 : 아인슈타인의 상대성이론을 기반으로 변하는 자연현상은 그 법칙에 따라서 상태변환되는 이슈모델을 설계할 수 있다.
- 수학 이슈모델 : 상태변환 집합, 그래프, 퍼지 집합, 미분 방정식 등과 같은 수학논리를 기반으로 한 상태변환의 이슈모델이다. 수학 논리로 설계한 이슈모델을 이해하면 모델의 설계를 하지 않고도 직접 이슈를 작성할 수 있다.

이슈는 이슈모델과 상태변환의 속성을 파악하여 작성한다. 상태변환의 속성은 LW.GQM 응답지와 분기집합을 참조하여 식별함으로써 이슈를 작성하는 기준으로 사용할 수 있다. 이슈제안은 요인, 증상, 예방과 회복을 위한 절차에 따라서 기술한다. 요인은 직접원인, 간접원인, 촉매와 끌개 등으로 구별한다. 회복은 식사, 운동, 휴식, 심리적 치유, 생활 습관 등, 일상생활의 사소한 일 중심으로 기술한다.

감성역량을 기반으로 하는 회복훈련은 다섯 가지 감성요인 중에서 부족한 요인을 식별하여 회복할 수 있는 도구나 콘텐츠를 사용할 수 있다

☐ 창조적 패턴 (1)

1. 밤마다 별들은 자기들만의 행성을 따라 원호를 그리며 하늘 한 쪽에서 다른 쪽으로 우주공간을 걸어간다.

☐ 이슈 모델

1. 일상생활의 사소한 일들은 환자의 정체성, 자기인식, 기분통제, 그리고 인생에 부여된 동기와 삶에 부여된 동기에 따라서 여러 가지 곡선을 그리며 상태변환되고, 주변 한경의 자연법칙에 따라서 건강상태가 변환된다.

☐ 창조적 패턴 (2)

2. 밤에는 달 주위에 어슴푸레한 달무늬가 나타난다.

2-1. 상태변환의 한 가지 원인과 결과가 또 다른 상태변환의 원인이 되고 결과가 된다.

2-2. 사소한 일은 분기집합의 모델에 따라서 상태변환하고 촉매가 나타나거나 끌개의 옆에 가까이 가면 그들이 이끄는 추적곡선에 따라서 끌려간다.

2-3. 끌개의 추적곡선은 전형적인 13개의 방정식에 준해서 그릴 수 있고, 이들 중에 어느 한 가지는 나의 사소한 일의 상태변환을 추적할 수 있는 모델이 될 수 있다.

□ 창조적 패턴 (3)

3. 무지개를 보면서 빛의 분산과 물방울이 구형임을 알 수 있다.

□ 이슈 모델

3. 로렌츠의 궤적을 보면서 궤적에 따라 끌려가는 사소한 일의 상태변환을 예측할 수 있다.

□ 창조적 패턴 (4)

4. 바다의 해수면에는 복잡한 파도가 이리저리 뒤얽혀서 바람을 일으키고 지구 주변의 기후를 변화시킨다.

□ 이슈 모델

4. 몸과 마음의 스트레스는 근심, 걱정, 불안, 불면, 우울증의 상태변환 그래프를 그리고 서로 뒤얽히면서, 자연법칙에 따라서 주변 환경과 휴먼 요인 중심의 건강상태를 변환시킨다.

□ 창조적 패턴 (5)

5. 파도는 달의 끌개를 따라서 사리와 조금에 세거나 약해진다. 달의 공전

은 지구의 공전과 자전의 영향을 받는다.

□ 이슈 모델

5-1. 스트레스는 계절, 날자, 시간에 따라서, 그리고 날씨나 주변 환경, 그리고 지구의 공전과 자전에 따라서 심해지거나 가벼워진다.

5-2. 몸과 마음의 장애증상은 계절, 날자, 시간, 날씨, 주변 환경 등의 촉매작용에 의해서 심해지거나 가벼워진다.

5-3. 몸과 마음의 장애증상은 계절의 기후 상태, 지구의 공전과 자전 그리고, 날자와 시간이 지나면서 항상성이 발생하여 정적인 상태가 나타난다.

□ 창조적 패턴 (6)

6. 사막은 모래를 움직이는 기후 환경에 따라서 비슷한 사구를 형성하면서 움직인다.

□ 이슈 모델

6-1. 스트레스와 우울증은 일상생활 중에 나타나는 기쁨과 슬픔에 따라서 심해지거나 가벼워진다. 사랑하면 기쁘고, 미워하면 슬퍼진다.

6-2. 스트레스와 우울증의 끌개는 계절과 시간, 날씨, 그리고 내부와 외부의 자극에 따라서 상태변환의 곡선이 높거나 낮아지고 장애증상으로 끌고 가는 속도가 달라진다.

6-3. 상태변환의 급변시점은, 일상생활의 상태에 따라서 결정되는 사전 항상성, 항상성, 사후 항상성을 관찰하여 예측할 수 있다.

창조적 패턴은 우주만물이 창조된 섭리에 따라 살아가면서 체험할 수 있는 창조적 섭리에 관한 패턴이다. 패턴에 대응해서 일상생활을 살아온 체험 중에서 건강관리와 연관된 사소한 일에 관한 이슈를 모델로 정의해서 삶의 동기를 이룩해 나갈 수 있다. 이슈모델을 참고하여 나의 건강상태를 LW.GQM 응답지나 분기집합 모델 기반으로 정리하면 여러 사람들이 활용할 수 있는 상태변환의 추적 이슈가 될 수 있다. 이와 같은 이슈는 나의 생활체험 중에서 얻은 "100세 유산"이 될 수 있다.

2. 상대성 이론을 기반으로 한 패턴

1915년, 아인슈타인은 우주 공간상에 중력파의 존재를 주장하였지만 당시에는 실감하지 못했다. 2015년, LIGO를 워싱톤과 버지니아에 설치해서 우주 공간에서 발생하는 중력파의 연구결과를 얻게 되고, 남극에도 설치하여 태양계 안에서 발생하는 중력파를 실시간으로 조사하고 있다. 이 사실은 뉴턴이 몰랐던 "물질적 우주에 관한 진실"을 밝히고 검증할 수 있는 이론과 기술이다. 상대성 이론은 자연법칙의 관찰을 통해서 찾아낸 논리이다.

시간과 공간의 뒤틀림에 의해서 중력파가 발생하고 우주의 광명체들이 충돌하여 우주가 출렁거린다는 사실을 확인할 수 있게 된 것이다. 뒤틀림 현상은 일상생활 중에서도 건강의 위험신호로 나타난다.

만일 수명이 다한 두개의 별이 충돌하여 중력파가 발생한다면 태양이 만들어낸 커다란 곡면 상에서 태양을 선회하던 지구는 태양이 만들어낸 곡면 속으로 빨려 들어가게 된다. 트램펄린 위에서 뛰놀던 아이가 트램펄린이 움푹 파지는 휘어짐으로 인해서 생기는 곡면 속으로 빠져들어 가는 사실을 보면서 지구의 운명을 예측할 수 있고, 인간의 미래도 바라볼 수 있다.

우리는 빛을 통해서 물질의 존재를 인식하므로 빛과 눈 사이에 물체가 놓이게 되면, 빛 때문에 눈이 부셔서 물질의 인식이 어렵다. 그러나 중력파에 의하면 언제, 어디서나 물질 인식이 가능하다. 질량을 가진 두개의 물질 사이에는 서로 밀고 끌어당기는 힘이 존재한다. 끌어 당기는 힘이 공간을 뒤틀리게 하고 그 사이에 있는 물질은 공간의 뒤틀림에 의해서 엄청난 가속도로 움직이게 된다. 속도를 가진 건강의 상태변환도 같은 특성을 가지게 된다. 건강상태의 노드가 변환속도를 가지고, 상호작용을 하면 건강상태 공간상에서 뒤틀림이 발생하여 급변시점을 만들 수도 있다. 두개의 물질이 서로 끌어당기는 힘은 건강상태의 상태변환 중에 두개 증상의 노드를 동시에 끌고 가는 끌개의 힘으로 대응해서 관찰할 수 있다.

인간의 몸과 마음속에 있던 두 가지 증상 노드가 충돌하여 뒤틀리게 되고 건강의 급변시점이 된다. 두 개의 마음상태 노드가 충돌하는 것은 두 가지의 몸과 마음 상태가 상호작용하여 더욱 빠르게 상태변환하는 촉매작용으로 이해할 수 있다. 이러한 급변시점을 미리 예측하고 예방하는 것은 창조섭리와 자연법칙이 인간에게 전해준 지혜이다. 창조섭리, 자연현상의 변환법칙, 그리고 변환의 수학논리를 중심으로 상태변환을 추적할 수 있다.

몸과 마음의 일체화는 건강의 급변시점을 예방하는 회복모델이다.

대등한 상태변환을 관찰하여 장애시점으로 끌려가는 상태를 클러스터 STG로 표현한다. 클러스터 STG는 급변시점으로 끌려가는 노드의 상태변환의 경로를 추적할 수 있는 도구이다. 클러스터 STG의 요소들을 식별하기 위해서는 표 8.1과 8.2에서 보여준 바와 같이 상호 상관관계가 높은 요소들로 구성되어 있는 사실을 확인할 수 있다. 아인슈타인의 상대성이론은 건강관리 시스템의 상태변환 이슈를 작성할 수 있는 패턴이고 모델이 될 수 있다.

아인슈타인의 상대성 이론을 기반으로 하여 동적 시스템의 상태변환 패턴을 이해하고 각 패턴에 대응하여 건강 모니터링하기 위한 상태변환 모델을 설계하고, 이슈를 작성해 보자.

□ 상대성이론 패턴 (1)

1. 당기는 힘이 존재하고, 그 힘은 몸과 마음속에 존재한 두개의 증상 간에 상태변환의 힘, 즉 변환 가속도와 대응한다.

□ 이슈 모델

1-1. 사소한 일의 상태변환 속도와 가속도는 몸과 마음의 상태변환 속도와 가속도에 대응하여 변환한다. 사소한 일이 서로 연결된 요소들의 상호작용으로 상태변환의 속도가 정해지고, 촉매나 끌개에 이끌리어 가속도가 정해진다. 속도는 방정식의 1차 미분으로 계산하고, 가속

도는 2차 미분으로 계산한다.

1-2. 몸과 마음의 상태변환은 다음과 같은 항목을 이해하고, 차원, 질서, 기준에 의해서 관찰하여 추적한다. 차원과 질서, 기준은 상대성 이론에 의한 패턴의 변환속성을 기반으로 하여 찾을 수 있다. 차원, 질서, 기준은 몸과 마음의 일체감 상태를 기준해서 정한다.

- 차원 : 나의 마음으로 다른 사람의 마음을 인식하고 공감적 이해와 소통하는 차원
- 질서 : 몸과 마음을 통제하는 감성역량의 통제질서
- 기준 : 몸과 마음을 통제하는 질서의 기준과 수준.

□ 상대성 이론 패턴 (2)

2. 빛은 입자의 흐름으로 가정하고 그 에너지를 계산할 수 있다.

□ 이슈 모델

2-1. 상태변환을 STO흐름으로 가정하고 변환하는 속도와 거리를 계산할 수 있다. 속도와 거리로 계산하는 변환 에너지는 장애증상으로 끌고 가는 끌개의 힘, 또는 회복상태로 끌고 가는 끌개의 힘으로 계산할 수 있다.

2-2. 상태변환의 객체(STO)는 사소한 일에 관한 상태변환의 원인과 결과를 분석할 수 있는 속성을 포함한다. STO기반 상태변환의 통제는 저자의 특허(5559717, STTD 구현장치)에 기술되어 있다. 상태변환의 원인(요인)과 결과(증상)를, 그래프의 수학패턴에서는 노드(node)라 하고, 모델에서는 객체(STO)라 칭한다. 노드와 객체의 표현은 이슈작성의 일관성과 대응 성을 설명하기 위해서 사용한다.

2-3. 상태변환 시간과 그 속도는 노드 간의 변환속도, 촉매나 끌개의 힘에 따라서 변한다.

2-4. STO를 통해서 상태변환을 통제할 수 있는 전제조건 AoC를 추가하여 상태변환에 관한 전제조건을 추가할 수 있다. (AoC. Assumption of Control)

2-5. STO를 통해서 교란을 투입하거나 상태변환을 통제하는 기능, ToC 를 투입하여 교란에 의한 상태변환의 변화를 통제할 수 있다. (ToC. Transfer of Control)

2-6. 상태변환 추적을 위해서 데이터를 교환할 때 논리적인 절차(LAM)을 정해서 추적한다. (LAM. Logical Acknowledgement)

□ 상대성 이론 패턴 (3)

3. 빛의 입자를 광자라고 한다. 광자는 우주만물이 상태변환하는 최소의 기본 단위이다.

□ 이슈 모델

3. 일상생활의 STO(State Transition Object)는 사소한 일의 상태변환에 관련된 노드의 데이터 속성을 설명하는 객체로써 각 노드를 측정하고 분석하여 평가하기 위한 요소이고, 우주 만물의 광자에 대응시킬 수 있다. STO는 상태변환 도중에 항상 최신의 상태변환 정보를 기억하고 필요할 때 알려준다. 상태변환 정보와 함께 STO를 분석하여 장애시점의 조기 경고신호를 식별한다. 상태변환 정보는 변환의 방향, 변위, 변량에 관한 정보이다. 이와 같은 STO속성을 이용하여 STTD구현 장치를 설계할 수 있다.

□ 상대성 이론 패턴 (4)

4. 시간과 공간은 고정된 것도 아니고 절대적인 것도 아니다.

□ 이슈 모델

4-1. 사소한 일의 상태변환은 LW.GQM 문답지 또는 분기집합 모델기반 으로 분석할 수 있고, 끌개와 밀개의 상태는 관찰자가 제한받고 있는 시간과 공간에 종속되어 변한다.

4-2. 관찰자가 제한받고 있는 시간과 공간은 관찰자의 정체성과 감성역량에 따라서 변한다. 관찰자는 의사와 환자를 포함하여 건강상태를 모니터링하고 치유하는 전문가들이다.

4-3. 상태변환의 속도는 관찰자의 상태에 상관없이 일정하게 변하고, 변환속도는 증상에 관한 "거리감" 으로 측정할 수 있다. 거리감을 예측하는 방법은 8.5절에서 설명한다.

□ 상대성 이론 패턴 (5)

5. 물체의 질량은 그 물체의 용적과 무게를 측정하는 척도이다.

□ 이슈 모델

5. 상태변환 노드의 질량은 상태변환 에너지의 크기를 측정하는 척도이고, 노드의 질량은 변환의 속도와 거리로 측정한다.

□ 상대성 이론 패턴 (6)

6. 에너지의 양은 질량과 속도를 곱해서 계산한다.

□ 이슈 모델

6-1. 휴먼요인 중심의 상태변환 크기는 물체의 에너지양에 대응하고, 상태변환의 크기는 속도와 변환되는 양, 즉 변위와 변량으로 계산한다.

6-2. 상태변환의 가속도는 원인 때문에 발생한 두 번째 증상의 결과부터 가속도의 영향을 받아서 변한다. 두 번째 증상은 촉매나 끌개에 의해서 발생하는 경우가 많다.

6-3. 두 번째 노드 이후의 증상을 설명하는 STO는 바로 직전 노드에 비해서 상태변환의 요인이 많아지고 강해진다. 그래서 가속도가 발생하게 된 것이다. 가속도는 상태변환 방정식의 2차 미분으로 계산한다.

3. 수학 패턴

사물의 모형은 공간, 점, 선, 면, 거리, 연결, 연속, 관계 등의 속성으로 분석할 수 있는 도형이다. 사물의 위치는 거리, 근방, 경계, 방향 등으로 이해할 수 있다. 도형을 이루고 있는 요소들이 상호 연결된 관계를 보면 동일한 상태인가를 알 수 있다. 위치를 정해주는 요소들의 위치관계를 이해하면 상태가 얼마나 변했는가를 판단할 수 있다. 이러한 논리는 위상수학에서 연구하는 해석학의 논리이다.

사물의 모형과 위치를 이해하고 표현하는 수학을 위상수학이라고 말한다. 그림 7.2에서 설명한 위상공간은 분기집합으로 구성된 통제공간과 그 요인들의 상태변환 때문에 발생하는 행위(증상)들로 구성된 행위표면으로 구성된다. 수학적 패턴은 위치와 도형의 상태변환들이 일정한 규칙과 구조를 가진 것만을 대상으로 연구한다. 상태란 사물의 도형이 갖는 위치를 말하고 도형을 이루는 점집합 상호간에 대응관계를 분석할 때 변환이라고 말한다.

일정한 구조와 관련성 규칙을 가진 공간을 위상공간으로 정의하고, 상태변환 요인들로 구성된 분기집합과 그 요인들에 의해서 상태변환되는 증상 수준의 관계를 위상공간의 특성 중심으로 분석할 수 있다. 분석한 결과에 의해서 장애증상 수준을 조기 예측할 수 있다.

상태변환이란 사물의 위치와 변환의 소요시간에 대한 요소 상호간에 이루는 대응관계의 결과로 표현한다. 상태변환에 관한 수학 패턴은 건강 상태변환을 이해하는데 가장 기초적이고 논리적인 모델을 설계할 수 있도록 지원한다. 통제공간과 행위표면이 구성하는 위상공간은 사소한 일을 행한 원인에 따라서 발생하는 증상에 관한 연계성 패턴과 이슈를 이해하기 쉽게 해준다. 사소한 일의 분기집합 요인과 그 상태변환의 결과로 발생하는 증상간의 관련성을 위상공간으로 정의하고, 상태변환을 추적한다.

산은 골짜기와 봉우리들로 연결되어 곡선을 만든다. 산을 오르내리는 관점에서 보면 경사도를 가지고 시간에 종속되어 조건에 따라 속도가 변하게 되므로 경사형 동적시스템의 속성을 갖는 것으로 생각할 수 있다.

경사형 동적시스템을 설명하는 미분방정식 (1)은, 시스템이 시간 t에 종속되어 상태변환되고, 변환 속도는 조건에 따라서 변하는 가속도를 가지게 된 것을 설명하고 있다. 가속도는 곡선의 굴곡 정도를 나타내고, 그 크기는 기울기로 측정할 수 있다. 건강 상태변화의 가속도는 주변에서 작용하는 촉매나 끌개에 의해서 정해진다. 가속도의 변화에 따라서 산이 얼마나 가파른가를 짐작할 수 있다. 산이 생긴 모양에 따라 기울기가 달라져서 속도가 변하게 되고, 오르내리는데 소요된 시간도 달라진다. 가파른 산은 가속도가 크고, 그만큼 급변시점이 빠르게 발생한다.

이와 같은 상태변화의 특징은 방정식 (1)과 같이 표현할 수 있고, 이 방정식은 위상공간을 구성하는 통제공간상에서 요소 간 관련성을 기반으로 하여 작성할 수 있다. 요소간의 관련성은 분기집합 요인을 중심으로 하여 분석하고, 하나의 방정식으로 표현한다. 이 방정식을 분석하여 통제공간상에서 상태변환 되는 분기집합 요인들을 분석하여 행위표면 상에 대응하여 발생하는 장애증상을 조기 예측할 수 있다.

이와 같은 수학 모델을 건강관리 시스템에 적용하기 위해서 산의 형세와 대응해서 설명해 보자.

깊은 골짜기에서, 짜증으로 인한 스트레스와 우울한 상태가 정상요인의 수준으로 발생했다고 하자. 깊은 골짜기에 안정되게 자리 잡고 일상생활을 평안하게 정상으로 유지하는 상태는 분기집합의 정상요인으로 유지한다고 정의한다. 짜증이라는 상태로 사소한 일을 정상으로 행하는 정상요인의 상태를 오랫동안 유지하게된 것은 스트레스와 우울한 상태변화에 긍정적인 대응을 취했기 때문이다. 정기적인 운동을 지속하였거나, 산보, 여행, 독서와 같이 즐거운 일상생활을 유지함으로서 자존감을 가지고 기분통제를 적극적으로 실행함으로서 촉매나 끌개의 영향을 배제할 수 있기 때문이다.

반면, 짜증이나 스트레스를 받은 후에 부정적인 대응을 함으로서 스트레스 압박이나 우울증 같은 증상이 발생한다. 이와 같은 상태변화 중에 근심걱정을 할 수 밖에 없는 사건이나 사고가 주변에서 발생하면 증상은 불안과 스트레스 장애증상과 같은 상태로 악화되고 이들은 상호 촉매작용을 하여 주의력 결핍과 인지력 저하의 장애증상이 될 수밖에 없다. 정상요인의 상태를 넘어서서 갈래요인이 발생한 상태를 말한다. 깊은 골짜기 밑에는 장애증상이 자리 잡고, 또 다른 끌개가 더욱 심한 장애상태로 산봉우리까지 끌고 가는 상태를 보여준다고 가정하자.

골짜기에서 봉우리까지 끌고 갈 수 있는 끌개는 상당히 강한 힘을 가져야 된다. 불안증상이 주의력 결핍과 인지력을 저하시키고, 스트레스 장애증상도 마찬가지로 인지력을 저하시키면서 주의력도 저하시키는 끌개 역할을 하게 되면 강한 힘을 갖게 된다. 이 때 환자의 편향요인이 발동되면 끌개의 힘은 더욱 강해져서 증상이 악화될 수 있다. 더욱이 주의력 결핍과 인지력 저하가 상호 촉매작용을 하게 되어 다극적 상태의 나비요인이 되고, 가벼운 치매증상인 경도인지장애가 된다. 나비요인은 잠시 동안 안정된 항상성을 유지하다가 사소한 잡음만 발생해도 연상편향이 발생하여 근심걱정이 많아지고 직무평가를 걱정하는 불안감 때문에 증상을 악화시키는 특이점을 만들게 된다.

이 때 내부적으로 작용한 촉매 중에는 평소에 환자 자신이 가지고 있던 편향이 나타나서 증상을 더욱 악화시킨다.

미분방정식 (1)은 이와 같은 경사형 동적시스템의 상태변환을 나타내는 수학적인 표현이다. 여러 개의 골짜기와 봉우리를 연결한 형태의 곡선으로 표현하여 변환되는 속도와 소요된 시간을 계산해 주고, 곡선의 상하, 좌우에서 나타나는 촉매나 끌개의 역할과 크기도 측정할 수 있는 모델이다. 장애증상의 확산을 억제할 수 있는 조건과 치료방법을 찾아낼 수 있는 계기를 만들어 주는 모델이다.

수학 패턴을 기반으로 하여 방정식 (1)과 같이 작성한 이슈모델을 일상생활의 사소한 일에 적용하여 가치있는 이슈로 작성하는 방법을 설명해 보자. 이렇게 작성한 이슈는 분기집합 모델과 대응시켜서 장애시점을 조기예측하고, 회복할 수 있는 방법을 찾아낼 수 있다.

□ 수학 패턴 (1)

1. 수학 모델이 휴먼요인 중심의 몸과 마음에 관련된 여러 가지 패턴을 인지하고 활용할 수 있도록 정형화된 사고와 표현을 위한 체계를 발전시켜 왔다. 건강의 상태변환 추적을 위해서는 미분방정식과 분기집합의 논리전개를 효과적으로 사용할 수 있다.

□ 이슈 모델의 이해

1. 일상생활의 사소한 일을 분기집합 요인의 데이터로 사용하여 상태변환 곡선을 그리고, 사소한 일의 상태변환을 추적하고 급변시점을 조기 예측할 수 있다.

□ 수학 패턴 (2)

2. 수학 패턴을 이용하면 휴먼요인을 체계화시키고 모델링하는 과정에서 자연현상의 패턴에 대응하여 신뢰성있는 상태변환의 이슈를 추적할 수 있다.

□ 이슈 모델의 이해

2. 소프트웨어, 하드웨어, 환경, 라이브웨어의 네 가지 휴먼요인들의 상호관계의 패턴을 기반으로 하여 미분방정식과 같은 모델로 작성할 수 있다. SHEL 표준을 확장한 xSHEL응답지의 데이터를 사용하여 증상의 네 가지 수준에 따라서 분류하여 모델을 설계하고, 분기집합 기반으로 분석하여 상태변환을 추적할 수 있다.

□ 수학 패턴 (3)

3. 자연현상에서 관찰할 수 있는 패턴들은 그 패턴을 만들어내는 원인과 비교해서 더 작은 패턴으로 세분해서 관찰하고, 이들을 연결할 수 있다.

□ 이슈 모델의 이해

3-1. xSHEL의 분류체계에서 상위 노드보다는 하위 노드들이 더 상세하고

많은 대칭을 이루게 된다.

3-2. xSHEL의 세 번째 단계 증상의 노드는 네 번째 단계 증상의 노드로 세분할 수 있는데 대칭되는 속성을 찾아서 증상의 원인과 결과의 연관성을 찾기 쉽다. SHEL표준의 분류체계, "라이브웨어-감정적 증상-스트레스"를 확장한 모델 xSHEL은 스트레스를 네 번째 노드로 세분하고, 직업스트레스, 육아스트레스, 가정스트레스, 사회 스트레스 등으로 확장하여 이슈를 작성할 수 있다.

3-3. 클러스터 STG의 설계지침을 활용하면 다음과 같은 방법으로 공간적으로 가까운 노드를 찾을 수 있다.

(지침) 공간적인 일관성(spatial coherence)을 가진 노드를 모아서 트리를 작성한다. 공간적인 일관성은 공간적으로 가까운 노드들이고, 이들 간의 상태변환 속도는 일관성있게 변한다.

(공간적으로 가까운 노드 찾는 방법)

변량(Quantity)이 큰 노드를 중심으로 다음의 두 가지 방법에 의해서 공간적으로 가까운 노드를 찾는다. 변량은 교차점 노드에서 상태변환의 목적지 노드까지 변환 도중에 소요된 시간과 각 노드에서 지연되는 시간을 포함한 수치이다.

- 유사한 상태변환 노드나 경로의 수가 많은 노드는 공간적으로 가까운 관계를 가지게 된다.
- 유사한 STO특성을 가진 노드는 공간적으로 가까운 노드들이다.

3-4. 패턴의 유형은 분기요인, 환자의 정체성, 건강관리 시스템의 환경조건들의 내부 상호 작용변수, 촉매특성 등이 패턴유형과 상태변환 모델, 그리고 이슈를 결정하는 중요한 역할을 한다.

□ 수학 패턴 (4)

4. 경사형 동적시스템의 모델,

(1)
$$\frac{\partial S(x,y;t)}{\partial t} = a(x,y;t) + D \times \frac{\partial^2 S(x,y;t)}{\partial x \partial y}$$

편미분방정식 (1)은 시간 t 동안에 상태변환되는 건강관리 데이터를 측정하여 설계한 편미분방정식 모델이다. 방정식 (1)의 데이터는 LW.GQM 응답지에 의해서 데이터를 수집하고, 분기집합 모델 기반으로 분석하고 설계하여 상태변환을 추적할 수 있다. 이 모델은 건강 모니터링을 위한 상태변환을 추적하고 장애시점을 조기예측하기 위한 모델이다. 방정식 (1)은 건깅 모니터링 시스템의 상태변환을 설명하고 있다. 상태변환에 의한 장애증상 수준은 분기요인의 상호작용과, 촉매와 끌개에 의한 가속도에 확산상수를 곱해서 더한 값으로 계산한다. 모델의 특성을 이해하면, 방정식으로부터 건강의 상태변환 이슈를 쉽고 정확하게 작성할 수 있다.

- (x,y:t) : 시간 t 동안에 통제공간과 행위표면상에서 일어나는 상태변환의 위치, 즉 속도의 결과로 변환된 공간좌표 상에서 이동한 위치의 일반적인 표현이다. x 좌표는 통제평면상에서 증상의 원인 노드 값이고, y 좌표 값은 행위표면상에 나타난 증상결과의 노드 값이다.

- S(x,y;t) : 시간 t 동안에 S(x,y)가 상태변환되는 위치를 계산하는 값으로서, 한 노드에서 증상이 지속된 시간(time delay)과 증상노드 간의 변환에 소요시간을 더해서 계산한 값이다. 변환된 양은 증상노드 간에 확산된 노드 수와 소요된 시간으로 정해진다. LW.GQM 문답지의 사이클에 의하면, 일시적, 다발적, 지속적, 장기적의 네 가지의 상태노드 중심으로 측정할 수 있는 변량(Quantity)이다. 현재 상태의 한 가지 수준만을 대상을 하여 노드 간에 상태변환된 변량을 측정한 데이터를 사용할 수도 있으나, 이 경우는 LW.GQM 응답지의 내용과 동일한 값이 될 수 있다. 분기집합의 네 가지 요인 간에 연계된 변환이나 하나의 요인 안에서 노드들이 변환된 상태의 값을 사용하면 더 정확한 추적을 할 수 있다. 변량은 STG의 "The minimum function" 모델을 사용하여 계산한다. 변환된 상태의 값은 변환된 노드의 위치와, 다른 노드로 확산되어 변환된 비율, 그리고 다른 상태변환의 촉매가 된 수준 등을 의미한다.

- $\dfrac{\partial S(x,y;t)}{\partial t}$: S(x,y;t)로 표시된 노드의 위치가 시간 t에 종속되어 변환된 비율의 값으로, 변환의 속도를 계산한 값이다. 변환비율은 원인 노드에서 증상의 결과노드로 변환된 노드 수(촉매 수)와 소요된 시간의 비율이다. 즉 변환 속도와 변환시킨 노드의 수, 그리고 촉매작용을 한 기회의 수를 변수로 한 변환속도가 된다.

- a(x,y;t) : 원인 x와 증상 y에 관한 일반적인 공간좌표, (x,y;t)에 구체적인 x, y값을 대응한 통제 공간좌표의 방정식이다. 변환요인 x는 일상생활의 사소한 일의 데이터로서 내적요소와 외적요소로 나누어서 측정한다. 내적요소는 인지요인과 감정요인으로서 우울, 불안, 스트레스, 등이다. 외적요소는 신체적, 행동적인 요인으로 측정되고, 사고, 상해, 이별 등과 같다. LW.GQM 응답지 데이터를 수집하여 상태변환 곡선의 다항식들이 개발되어 있다. a 값은 응답지 데이터를 사용하고, 분기집합의 네 가지 요인 중에서 상태의 수준이나 정도에 따라서 구할 수 있는 상수이다. 분기집합의 요인 중심으로 분석한 데이터를 블록 단위로 정하고, 그룹별로 분석하여 계산한다. 분기집합을 사용하면 방정식 (2)와 같은 식을 도출할 수 있다. 방정식 (2)는 나비요인의 특성을 가진 상태변환의 곡선이다. 급변시점이 발생할 수 있는 상태변환 방정식으로 포물선을 이루는 곡선의 예는,

(2) $S(x,y;t) = x^2 y \pm y^4 + ax + by + cx^2 + dy^2$

와 같은 방정식이 발표되어 있다. a(x,y;t)는 상태변환 곡선의 일반화된 표현이고, S(x,y;t)는 상태변환된 위치와 발생한 증상의 위치로 표현된 곡선을 나타낸다.

- $\dfrac{\partial S}{\partial x}$: 상태변환 시키는 원인의 증가비율이며, 분기집합 요인의 상태변환 속도이다.

짜증의 갈래요인이 스트레스 압박을 받아서, 불안과 스트레스의 장애증
상으로 상태변환된 속도를 계산해 준다.

- $\frac{\partial S}{\partial y}$: 원인이 증상으로 변환되는데 소요된 시간으로 장애증상의 상태변
환 속도이다. 짜증, 스트레스 압박, 불안 요인의 상태변환을 원인으로
하고, 근심걱정과 집중 방해자의 끌개에 이끌리어, 주의력 결핍의 장애
증상이 행위표면상에 나타나는 속도와 소요된 시간을 계산한다.

- $\frac{\partial^2 S(x,y;t)}{\partial x \partial y}$: S(x,y;t)의 변량을 나타내고, 계산하는 방법은 "The minimum
function" 모델에 의해서 만들어진 방정식 S를 2회 미분하여 상태변환
의 가속도를 계산한다. S변량은 원인이 증상으로 변환되는 가속도를 계
산하는데 사용된다.

- D : 확산 억제상수, 회복 율을 낮추는 요인을 소멸시키는 상수, diffusion
coefficient 이다. D=0 이면, 상태변환은 노드 간에 상호작용이 통제되
고, 환경조건에 영향을 받지 않기 때문에 증상의 상태도 변함없다. 스트
레스를 받더라도 긍정적으로 대응하면 D값은 0에 수렴된 값으로 계산
된다. D값은 그룹을 단위모델로 하여 분석한 회복모델 기반으로 하여
계산한다. 그림 7.3과 같이 회복으로 끌고 가는 끌개의 13개 궤적 모델
을 사용하여 계산할 수 있다.

- 최소함수, The minimum function : 두 개의 실수 a, b 중에서 계산하는
방정식을 사용하여 최소값을 구하고, 최대값을 취하여 계산한다. 7.2절
에서 설명한 퍼지 집합을 이용한 상태변환의 추적 방법에서 예를 들어
계산하였다.

□ 이슈모델의 이해

방정식 (1)의 이슈모델 기반으로 그 특성을 분석하고, 이해하여 이슈를 작성한다. 본서에서는 여러 가지 증상에 따라서 분기집합 요인에 관한 속성에 관해서 표를 작성하여 설명하였다.

4-1. STG 상에서 허브 노드 찾기 : 장애증상으로 상태변환하는 클러스터 STG를 만들어서 신뢰성있는 장애시점을 찾기 위해서 다음과 같은 방법과 절차로 허브 노드를 정한다.

- 변량 값이 높은 노드를 허브로 정한다.
- 상태변환 과정에서 새로 생긴 노드는 허브 노드와 연결한다.
- 연결과정에서 면담이나 LW.GQM 응답지를 통해서 허브 네트워크를 검증하고 다른 노드나 부분 STG 와 연계하여 검토한다.
- 그래프의 연결에서 상위의 허브 네트워크 중심으로 복잡도를 줄인다.
- 어떠한 연결 상태에서도 근처에 더 강하고 큰 연결체계를 가진 허브 네트워크를 발견하면 그 허브노드 중심으로 다시 연결해서 더욱 강한 클러스터, 변량이 높은 클러스터 STG의 연결체계를 만들어 간다.

4-2. 식 (1)은 통제 가능한 분기집합 요인들의 상태변환을 예측하고 D값을 찾아서 상태변환의 확산을 억제하고 회복율을 높일 수 있는 미분방정식이다. 이슈모델을 영역별로 구분하여 D값을 최소화시키는 조건을 찾아내는 것이 가장 효율적인 회복방법이 될 수 있다.

4-3. 식 (1)은 시간 t 동안에 S(x,y;t)의 상태가 변환된 값을 계산한다.

4-4. 상태변환(S)을 촉진시키는 환자의 정체성과 내외 환경들은 촉매가 된다.

4-5. 한 노드에서 시작한 상태변환은 LW.GQM의 네 가지 증상과 분기집합의 네 가지 요인에 맞추어서 상태변환 한다.

4-6. 확산상수의 값이 D=0이면 상태변환은 초기상태, 즉 사소한 일의 초

기상태, 다시 말해서 분기집합 모델의 정상요인이 된다.

4-7. 수학패턴 모델에서 상태변환의 추적곡선을 표현한 미분방정식 (1)을 이슈모델로 선정하고, 그림 7.3에서 보여준, 주의력 결핍과 인지력 저하의 장애증상에 관한 이슈 제안서를 작성하면, 짜증과 스트레스 압박을 초기 원인으로 한 상태변환의 이슈를 작성할 수 있다

□ 방정식 중심으로 회복을 위한 이슈작성

방정식 (1)을 기반으로 이슈 제안서를 작성하기 위해서 다음과 같은 사항을 참조한다.

1. 이슈모델 선정 : 상태변환 곡선의 미분방정식 (1)
2. STG 및 STT작성 : 그림 7.3
3. 분기집합 모델 설정 : 표 8.2에서는 그림 7.3에 관한 정상요인 중심의 이슈를 작성하였다.
   정상요인이 갈래요인, 편향요인의 수준으로 악화되고, 결국에는 나비요인이 발생하여 급변시점에 도달할 수 있는 상태변환에 관한 이슈를 작성한다.
4. 이슈작성 : 업무 스트레스 중심의 상태변환 이슈를 작성한다.

네 가지 참조사항을 고려하여 분기집합 요인 중심으로 이슈를 작성해 보자. 수학 패턴에서는 이슈모델이 수학논리로 설계되기 때문에 방정식으로부터 직접 이슈를 작성할 수 있다.

1) 정상요인 중심의 이슈 작성 : 업무 스트레스를 받았을 경우
   1-1(요인) 과중한 업무 때문에 스트레스를 받고, 부여된 업무 때문에 불평이 발생하였다.
   1-2(증상) 맡은 업무에 대한 근심걱정 때문에 밤잠을 설쳤다.
   1-3(회복) 내가 수행하기 어려운 문제를 식별하여 동료들과 협의하거

나 전문가의 도움을 받는다.

1-4(회복) 안정된 항상성을 유지할 수 있는 일상생활과 업무수행을 할 수 있는 전략과 방법이 필요하다. 사전 항상성과 사후 항상성을 주의 깊게 관찰한다.

1-5(회복) 항상성 중심으로 관찰한다. 빠른 동태성, 주변의 잡음, 확산현상, 특이성, 연상현상 등을 주의 깊게 관찰하고, 상태변환의 속성이 어떻게 작용하였는가를 분석한다. 업무에 관한 부정적인 불평이나, 근심걱정에 의한 연상현상을 차단해야 한다.

2) 갈래요인 중심의 이슈작성

갈래요인의 상태에서는 주변의 잡음에 취약하여 근심걱정 등에 쉽게 끌려간다. 업무수행에 관한 근심걱정, 촉박한 시간에 관한 근심걱정, 비용에 관한 근심걱정, 전문가의 상담 등의 여러 가지 갈래요인이 많다. 근심걱정하는 동안에 마음속에 있던 편향요인이 되살아나서 불안증상으로 확산되고, 몸으로 행하는 편향요인 때문에 팀원들을 실망시키는 일이 발생할 수 있다.

2-1(요인) 체험했던 업무와 부여받은 업무와의 연계성이 낮아서 집중력이 떨어지고 문제해결 방법을 찾기 어렵다.(주의력의 결핍원인)

2-2(요인) 두 가지 업무특성이 다르고, 업무처리 시간이 더 많이 필요할 것 같아 자존감이 발동되고, 팀워크에 지장을 주지 않기 위해서 혼자서 걱정하였더니 주의가 산만해졌다.(주의산만의 촉매)

2-3(증상) 업무 중에 주의가 산만해지고, 근심걱정이 많아져서 불안한 생각이 자주 나타나고 외부의 잡음이 업무수행을 방해한다.

2-4(증상) 계획된 시간 안에 업무를 마칠 수 있을까? 팀장의 요구수준에 맞춘 결과를 만들 수 있을까? 하는 걱정이 많아져서 마음속에 잠재되어 있던 편향이 되살아나서 불만이 발생하고, 불안과 스트레스 증상이 심해졌다.

2-5(회복) 체험 많은 선배와 의논하고, 팀장과 업무분담 방법을 찾는다.

2-6(회복) 전문가와 상의하여 시간과 비용 문제 때문에 더 이상 근심걱정을 하지 않는 방법을 모색한다.

3) 편향요인 중심의 이슈 작성

갈래요인 때문에 발생한 주의력 결핍을 원인으로 하여 몸과 마음속에 있던 편향요인이 나타나서 나비요인으로 끌려가는 상태변환 과정에 관한 이슈를 작성한다. 그리고 나비요인 때문에 발생할 수 있는 항상성과 빠른 동태성, 잡음, 특이성, 확산현상, 연상현상 등을 주의 깊게 관찰하고 대비할 수 있는 이슈를 작성한다. 주의력 결핍 증상이 중용을 취하기 어렵게 하여 몸과 마음속에 있는 편향요인을 자극하고, 나비요인이나 급변상태까지 끌고 간다. 편향요인은 스트레스에 대한 촉매작용을 하여 분기집합의 편향요인 상태에 도달하게 한다.

3-1(요인) 나의 마음속에 잠자고 있던 부작위 편향, 이기적인 편향, 자기선택편향이 발동하여 부여 받은 업무에 부정적으로 대응하는 몸과 마음 상태가 발생한다.

3-2(증상) 스트레스의 압박을 받아 업무처리 진도가 늦어지고 주의 산만하여 인지력이 낮아지고, 문제해결 능력이 부족함을 느낀다.

3-3(증상) 문제해결을 위한 키워드 중심의 인터넷 검색 속도가 늦어진다.

3-4(증상) 회사에 출근할 때 마음이 무겁고, 사무실에서 동료들과 대화가 적어지고, 소통이 어려워진다.

3-5(회복) 몸과 마음속에 숨어있는 편향요인을 통제할 수 있는 회복모델을 찾는다. 나의 정체성과 관련된 편향이 나타나는지 관찰한다.

3-6(회복) 항상성, 빠른 동태성, 잡음, 특이성, 확산현상, 연상현상 등에 대비할 수 있는 회복모델을 찾는다. 자신의 정체성과 생활환경 때문에 자주 나타나는 촉매에 대비할 수 있는 회복모델을 준비해 놓는다.

4) 나비요인 중심의 이슈작성

다극적인 변덕요인이 발생하고, 주의산만의 촉매나 두 개 이상의 끌개, 근심과 집중의 방해자에 이끌리어 주의력 결핍과 인지력 저하의 양방향성으로 확산된 상태변환이 발생한다. 이와 같은 상태변환은 나비요인이 되어 언제, 어떠한 장애증상으로 급변할지 예측하기 어렵다.

4-1(요인) 다극적인 변덕요인, 업무배정의 적합성과 짧은 업무완료 기간 때문에 불안해 진다.

4-2(요인) 불안과 스트레스 장애의 상호 촉매작용, 불안 때문에 발생한 주의력 결핍과, 스트레스 장애 때문에 발생한 인지력 저하, 등 네 가지 변덕요인들이 다극 적으로 상호 촉매작용하게 되고, 근심과 걱정, 집중의 방해자가 끌개가 되어 급변 시점으로 상태변환 된다.

4-3(요인) 주의 산만하여 회복을 위한 최적한 키워드 선정이 어렵다.

4-4(요인) 근심걱정 끌개에 이끌리어 업무처리가 늦어지고, 자질부족으로 평가받을까 걱정된다.

4-5(증상) 불안하여 주의력 결핍과 인지력 저하의 양방향으로 확장되는 상태변환이 나타난다.

4-6(회복) 과중한 업무를 원인으로 하여 나타난 상태변환은 촉박한 완료 기간에 대한 자격지심이 발동하여 상태변환의 속도가 빨라지고, 공간적인 일관성이 증가하게 되므로 급변시점에 대비해야 한다.

4-7(회복) 몸과 마음의 일체감을 정립하여 편향요인과 나비요인에 대비할 수 있는 회복모델을 찾고, 사소한 일을 행하는데 적용해야 한다.

□ 이슈 작성 : 가정생활 중심으로 관찰한 공격성 과잉행동의 상태변환 이슈

일상생활 중에 발생한 스트레스에 부정적인 대응을 했을 경우에 즉시 나타나는 행동 중에 공격성 과잉행동이 있다. 대화 중에, 식사 중에, 등 일상생활의 사소한 일을 하는 중에 갑자기 화를 내거나 큰 소리로 대항하면서 주변

에 있는 물건을 집어 던지고 파괴하는 과잉행동이 나타날 수 있다. 과잉행동은 아니더라도 언성을 높이면서 장시간 동안 화풀이하는 상태는 가족을 실망시키고 불안하게 한다. 자신의 흥분과 울분을 참지 못하고 상대방을 당황하게 하고 마음을 상하게 한다.

업무 스트레스 중심의 이슈와 비교할 수 있도록 부모의 공격성 과잉행동과 자녀의 주의집중력 결핍 과잉행동을 연관시켜서 이슈를 작성해 보자.

과잉행동을 하게 된 부모 중 한 사람이 인격적으로 손상을 받았다고 생각하고, 자신이 설정한 자격지심에 미치지 못했다고 판단하거나, 자신이 가족으로부터 무시당했다고 판단하여 공격성 과잉행동을 하게 된다. 본 이슈작성은 자녀교육을 위한 훈육과정에서 발생할 수 있는 상황을 중심으로 하고, 자녀의 주의집중력 결핍 과잉해동과 연결하여 이슈를 작성한다. 자녀의 훈육을 위한 공격성 과잉행동은 부모와 자녀 간에, 그리고 부부간에도 발생할 수 있다.

일상생활의 정체성, 가정의 정체성, 건강의 정체성, 휴식의 정체성, 부부관계의 정체성, 그리고 자녀들의 학습 성과가 기대 수준에 미달하면 불안한 생각 때문에 나타나는 증상이다. 이러한 상태가 장시간 지속되거나 짧더라도 강하게 나타나고 자주 발생할 경우에는 공격성 과잉행동으로 볼 수 있다. 이 증상이 발생하면 일상생활 중에 점프현상이 나타나서 정상요인이 쉽게 갈래요인으로 변하여 극단적인 언어와 난폭한 행동을 하게 되고, 분기집합모델의 편향요인으로 점프하게 되면, 평소 마음속에 숨어 있던 자신의 편향요인이 촉매로 작용하여 증상이 악화되고, 빈번하게 발생하면 나비요인이 되어 심각한 행동장애로 점프할 수 있다.

공격성 과잉행동을 예방하기 위해서는 가벼운 걷기 운동을 일상화 시켜서 마음의 안정을 취할 수 있는 생활습관이 필요하다. 의사의 진료를 받거나 전문가의 상담을 받는 것도 좋다. 부모의 공격성 과잉행동과 자녀의 주의 집중력 결핍 과잉행동이 부딪혀서 상호작용하면 회복하기 어려운 가정의 장애상태로 확산될 수 있다.

표 3.5는 청소년의 주의 집중력 결핍 과잉행동(ADHD)을 분기집합의 네 가지 요인 중심으로 살펴본 것이고, 표 3.6은 증상을 유도하는 상태변환을 가정에서 일어나는 사소한 일 중심으로 설명하고 있다. 본 이슈 작성은, 표 3.5와 3.6을 참조하여 자녀의 훈육을 위해서 지도하는 과정에서 발생할 수 있는 부모의 공격성 과잉행동, 특히 엄마의 행동 중심으로 상태변환의 이슈를 작성한다. 자녀와 엄마가 작성한 LW.GQM 응답지를 참고해서 분기집합 모델 기반으로 작성한다.

5-1(가정의 정체성 요인) 공부 잘하는 자녀교육의 자만심, 엄격한 통제, 강한 경쟁의식, 가정의 우월성 중시, 사랑의 공감과 소통 부족.

5-2(결과요인) 자녀의 성적 부진, 부모의 다른 의견, 소통 부족, 엄마의 독선적인 간섭, 왜곡된 자녀 사랑, 자녀의 인격존중 부족.

5-3(자녀요인) 느슨한 시간관리, 몸과 마음의 일체감 부족, 자기인식 부족, 주의 집중력 부족

5-4(부모요인) 엄격한 아빠, 간섭이 심한 엄마, 자녀의 인생목표와 삶의 목적에 관한 공감적 이해와 소통부족, 자녀의 취미와 능력의 인식 부족.

5-5(증상 : 사소한 일, 정상요인)

　자녀 : 짜증나요! 혼자 있고 싶어요,

　부모 : 공부 좀 해라!

5-6(증상: 갈래요인)

　자녀 : 거친 행동, 반항심

　부모 : 누구를 닮았니? 무엇이 되려고 그래! xx를 좀 닮아라!

5-7(증상 : 편향요인)

　자녀 : 현혹, 게임에 몰두, 방황, 불만

　부모 : 왜 그 모양이니? 내가 못 살아! 편향된 감정 표현

5-8(증상 : 나비요인)

　자녀 : 부주의, 충동적인 행동

　부모 : 화낸 표정, 짜증스러운 소리, 무시하는 언어표현, 교육적이라고

착각한 체벌

5-9(장애 : 나비요인)

자녀 : 과잉행동, 가출, ADHD, 자폐증 같은 행동

부모 : 폭언, 폭행, 공격성 과잉행동, 무시한 것 같은 언어

5-10(회복 : 신체적) 공격성 과잉행동의 회복훈련

(원인과 증상) 교감신경의 흥분 때문에 발생한 공격성 과잉행동

위산분비가 많아져서 변비와 불면증이 나타남

울거나 불안해지고, 화를 내면서 주의가 산만해짐

몸이 무력해지고 우울증상이 발생한다.

(회복훈련) 육식이나 찬 물을 먹으면 교감신경이 더 흥분한다.

- 손 박수 치기 : 손가락 사이를 오가는 에너지를 활성화 시킨다.
- 선한 마음 갖기 : 표 3.3을 보면서 스트레스에 대응한 몸과 마음을 관찰하고 일체성을 유지하도록 노력한다. 감성, 감정, 뇌, 몸, 행동을 선하게 행할 수 있는 회복훈련을 찾아서 실행한다.

5-11(회복 : 몸과 마음의 일체화) 정체성은 인생의 목표와 삶의 목적을 몸과 마음의 일체화로 이룩해 나가는 원동력이다. 정체성의 원동력을 유지하고 키워나가기 위해서는 사소한 일을 선하게 행하는 생활 태도가 필요하고, 선한 영과 동행할 수 있도록 노력하는 삶의 상태에서 이루어질 수 있다. 정체성을 기반으로 한 기분통제와 몸과 마음의 일체감으로 선한 영과 동행하는 삶으로 회복시킬 수 있는 팁을 다음과 같이 나열한다. 표3.3을 참조하여 일상의 사소한 일에 선한 영과 동행할 수 있는 생활 방법을 강구한다.

- 마음은 나의 것이 아니라 내 인생의 동행자이고 삶의 동역자이다.
- 인생의 동행자는 같은 목표를 가지고 같은 길을 걸어간다.
- 즐거운 일, 슬픈 일을 같이 겪으면서 서로 기뻐하고 위로한다.
- 삶의 동역 자는 어렵고 힘든 일이 발생하더라도 힘을 합해서 인내하면서 함께 실행한다.
- 마음이 좋아하는 일을 찾고 몸이 기쁘게 할 수 있는 일을 행한다.

- 자신과 소통함으로서 몸과 마음이 서로 배려하고 독려하면서 자존 감을 높여 나간다.
- 이웃과 공감하고 소통하면서, 서로 배려하고 독려하면서 동행한다.

5-12(회복 : 가정의 정체성 순화)

- 자녀의 꿈과 비전을 이해하고 지원한다.
- 꿈과 비전은 인생의 목표, 삶의 목적을 위해서 이룩해야 될 결실이다.
- 자녀는 가정의 동역자이고 삶의 동행자이다.
- 부모의 생활 체험에서 얻은 삶의 가치자산을 자녀에게 물려주어야 한다.
- 자녀의 정체성은 자녀를 중심으로 정립시켜 나가야 한다.

5-13(회복 : 스트레스 극복) 스트레스와 연관되어 발생하는 공격성 과잉행 동의 상태변환 단계는 경고기, 저항기, 소진기로 나누어서 관리할 수 있다. LW.GQM과 분기집합의 요인의 네 가지 수준에 대응해 회복 모 델을 적용할 수 있다.

- 경고기 : 스트레스에 대응할 수 있는 준비 단계로서 정상요인의 단계 이다. 교감신경의 활성화가 시작되는 단계로 체온, 대사활동, 심장 활동, 혈당량이 증가하는 현상이 나타난다. 짜증을 느끼는 수준의 정상요인을 유지하기 위한 회복훈련을 시작하면 상당한 기간 동안 항상성을 유지할 수 있다.
- 저항기 : 몸과 마음이 스트레스에 대응하고, 적응하려는 단계로서 신 진대사가 활발해지고 여러 가지 증상이 나타난다. 부정적인 대응과 긍정적인 대응에 따라서 증상이나 회복이 나타난다. 긍정적으로 대 응할 경우에는 항상성이 유지된다.
- 소진기 : 몸과 마음이 스트레스에 더 이상 견디지 못하고 장애증상으 로 확산되는 단계이다. 신체적 조절능력이 상실되어 협심증, 당뇨, 불안, 초조와 같은 장애증상이 발생한다. 포기하지 않고 노력하여 몸과 마음의 항상성이 회복되면 스트레스가 없어진다.

5-14(회복 : 증상과 함께 살아가기) 일상생활 중에 발생하는 공격성 과잉행동은 사소한 일을 하는 도중에 나타난다. 공격성 과잉행동과 함께 더불어 일상생활을 살아 나가는 것은 정상요인의 상태를 오랫동안 유지하도록 기다리는데 좋은 회복 방법이다.

6) 이슈작성 : 자녀의 주의 집중력 결핍증상에 대비한 상태변환 이슈

본 이슈는 가정의 일상생활 중에 발생한 부모의 공격성 과잉행동을 원인으로 해서 일어나는 자녀의 주의 집중력결핍 증상에 대한 상태변환의 이슈를 작성하는 예를 설명한다.

- 부모의 공격성 과잉행동이란, 밖에서 일을 보고 귀가한 부모가 현관에 들어서면서 정돈되지 않은 신발을 보고 과격한 잡음을 만들어내는 상태와 같은 행동을 의미한다.
- "신발 흩어져 있는 것 좀 봐라, 이런 환경에서 공부가 되겠니? 정돈 좀 하고 살자!"
- 자녀에게 들려온 잡음과 그 영향 : "또 잔소리 하네. 짜증이 난다!"
- 짜증난 스트레스에 대한 자녀의 긍정적 대응 : "나를 위해서 말씀하신 꾸중이겠지! 공부만 열심히 하면 되겠지." 하는 생각으로 긍정적인 대응을 하면 공부를 지속할 수 있는 정상상태를 유지할 수 있다.
- 부정적인 대응 : "엄마는 항상 잔소리야! 공부할 의욕도 없어지고, 집중도 안 되네!" 와 같이 부정적인 대응을 하면 정상요인을 자극하여 갈래요인으로 상태변환 된다.

부정적인 대응에 대한 상태변환에 관해서 자녀의 주의 집중력 결핍 증상에 관한 이슈를 작성해 보자.

(6-1) (가정의 정체성) 엄격한 훈육, 성적우선, 경쟁의식이 강하고 가정의 우월성을 중시하는 가정환경, 사랑의 공감성과 소통 부족.

(6-2) (증상) 학습을 위한 자녀의 주의 집중력 결핍과 성적부진, 그리고 자녀의 장래에 대한 부모의 기대가 낮아졌다.

(6-3) (증상 원인)

- 부모요인 : 부모의 지나친 간섭과 공격성 언어와 행동은 자녀의 학습을 위한 정상요인을 갈래요인으로 상태변환 시킨다.
- 부모와 자녀간의 공감적인 이해와 소통 : 발생한 문제를 선하게 해결하기 위해서 공감적인 이해를 도모하고 소통하기 위한 가정 환경 조성과 분위기 조성이 어려움.
- 부모의 독선적인 간섭과 일방적인 생활 유도.
- 왜곡된 자녀 사랑 : 자녀의 인생목표와 삶의 목적을 위해서 도와주기 보다는 부모의 목표와 목적에 맞추어서 자녀가 생활하도록 강요함.
- 자녀의 요인
  ‣ 갈래요인의 외적 현상 : 공감과 소통이 어려워, 주의 산만하게 상태변환하기 쉽고, 외부 잡음에 대해서 부정적으로 반응하기 쉬어서 갈래요인이 나타나게 된다.
  ‣ 갈래요인의 내적 현상 : 잡다한 생각과 주의 산만하여 마음속에 갈등이 많고, 학습의 성과가 오르지 않는다. 몸과 마음의 일체감이 부족하여 인생과 삶의 동기가 희미해진다. 부모의 생각과 기대를 자녀에게 강요하면 갈래요인이 발생하기 쉽다.

(6-4) (증상) 자녀의 주의 집중력 결핍증상

(6-5) (장애증상) 과잉행동, 공격성

(6-6) (회복 - 주의 집중 훈련) 몸과 마음의 일체화로 상태를 인식하고, 판단하여, 행동할 수 있으며, 주의 집중력을 발휘할 수 있는 훈련을 목표로 한다. 몸과 마음의 소통으로 다음과 같은 일체화를 이루어 행동한다.

- 감성 : 자기인식과 자신감으로 감정을 통제하고, 가족 간에 공감적인 이해와 소통을 위한 노력으로 자녀의 개성을 바르게 인도한다.

- 감정 : 가정에서 아름다운 말 사용하기, 즐거운 식사, 휴식, 소통을 위한 노력.
- 뇌 : 인지능력을 높여서 주의 집중력을 강화시키고, 명상, 독서, 음악 감상 등으로 이 완력을 강화시킨다. 주변의 사람과 사물, 사건에 대한 관심을 높인다.
- 몸 : 건강한 식사아 운동, 적당한 휴식으로 건강한 신체를 유지한다.
- 행동 : 적극적인 학교생활, 친구들과 소통할 수 있는 여건을 조성하고, 선한 일을 하면서 서로 칭찬하는 습관을 자주 한다.

(6-7) (회복 - 주의 집중 훈련) 몸과 마음의 일체화로 체인화 된 주의 집중 훈련을 할 수 있고, 몸과 마음을 채널화 시켜서 공감하고 소통하기가 쉬워 진다. 자폐증 상태가 보인 자녀에게 필요한 회복훈련을 실행한다.

(1) 채널화 된 주의 집중 훈련 : 주의 집중에 관한 세 가지 행동형태의 분할 기반으로 채널 화된 훈련을 실행한다. 세 가지 행동형태는 선택적 주의, 분할적주의, 지속적 주의 중심으로 주의 집중에 관한 우선순위와 집중도를 주의행동 요소별로 구분하고 서로 소통할 수 있도록 훈련한다(표 2.2).

(2) 체인 화된 주의 집중 훈련 : 학습을 위한 주의 집중과 이완훈련을 목적으로 몸과 마음의 일체감을 높여서 감성과 감정, 몸과 뇌, 그리고 행동을 체인화 시킨다.

(3) 갈등요인 때문에 발생한 주의 집중력의 결핍 : 정상요인과 갈래요인의 경계점을 관찰하여 회복을 위한 이슈를 작성한다.

- 정상적으로 주의 집중하여 공부할 때 잡음이 발생하면 부모의 짜증스러운 꾸중은 자녀 자신의 장래를 걱정하는 사랑의 표현이라고 생각할 수 있도록 일상생활 중에 사랑으로 자녀를 돌볼 수 있는 회복모델을 택한다.

갈래요인과 편향요인의 경계점을 관찰할 때 편향이 나타나지 않도록 대비한다. 평소에 자녀의 편향성을 체크하고 있다가 경계시점을 판단하여 대비한다. 6.2절을 참고하고, 다음과 같은 항목을 택하여 이슈를 작성한다.

- 산만한 생각과 잡념이 많은 자녀는 현실을 왜곡시키는 이야기 편향을 갖기 쉬우므로 분할적 주의에 중점을 두고 공부할 과목과 내용을 선택할 수 있는 이슈를 작성한다.
- 연상편향이 심한 자녀를 위해서는 게임이나 놀이에 빠지지 않도록 유도할 수 있는 이슈를 선정한다.
- 부모의 꾸중에 대응해서 너무 많은 사소한 일을 연관시키는 연상편향이 심한 자녀를 위해서는 다음과 같은 사항을 고려하여 이슈를 작성한다.
  ‣ 조급하게 생각하고 판단하여 행동하는 자녀를 위한 이슈를 작성한다.
  ‣ 친구들 간에 상호작용하는 학습과정과 방법을 가볍게 생각하는 자녀를 위한 이슈를 작성한다.
  ‣ 공부하는 동기와 목표를 뚜렷하게 정하여 무기력해지는 마음을 통제할 수 있는 이슈를 작성한다.
  ‣ 자신의 체험과 실력만을 고집하는 자녀를 위한 이슈를 작성한다.

(6-8) (회복 - 갈래요인 중심의 이슈)
다음에 열거하는 표를 참고하여 갈래요인 중심으로 이슈를 작성한다.

- 표3.2 갈래요인의 특성
- 표3.5 주의 집중력 결핍에 때문에 발생하는 청소년의 ADHD 장애
- 표3.6 청소년의 ADHD 장애증상으로 끌고 가는 부모의 사소한 일
- 표3.7 주의 집중력을 기르는 훈련 리소스
  ‣ 갈래요인이 두 가지 이상으로 갈라져서 상태변환되어 장애증상으로 끌고 가는 이슈를 작성 한다. 스트레스의 부정적인 대응 중심으로 발

생하는 상태변환을 예방하고 회복할 수 있는 이슈를 작성한다.

‣ 급성적인 스트레스와 만성적인 스트레스를 구분하고, 급성적인 스트레스 증상에 나타나는 신체적 상태와 행동적 상태가 일상생활 중에 나타난 이슈를 작성한다.

‣ 만성적인 스트레스 증상이 나타나는 인지 상태와 일상생활 중에 나타난 이슈를 작성한다.

(6-9) (회복– 육하원칙의 스토리텔링으로 작성한 이슈)

일상생활 중에 체험한 사실 중심의 이야기는 스토리이고, 스토리에 살을 붙여 가는 디테일은 텔링이다. 스토리텔링은 6하 원칙에 따라서 작성한다. 스토리텔링으로 작성하는 이슈는 소설, 음악, 사진, 그림, 영화, 신문기사로 작성한 체험 이야기이다. 6하 원칙 뒤에 숨은 땀과 눈물, 희생, 배려까지 상세하게 텔링으로 작성해야 한다. 이러한 이슈는 인생의 삶을 의미 있게 살아가는 방법을 제안하는 삶의 가치자산이 될 수 있다. 가정에서 발생하는 스트레스에 긍정적인 대응을 함으로서 가정 안에서 일어난 갈등을 회복할 수 있는 이슈를 다음과 같이 작성할 수 있다.

▪ 6하 원칙으로 작성하는 이슈는 상태변환 추적을 목적으로 한 이진 트리를 그리고, 이를 참조하여 회복 이슈를 작성한다.

▪ 자녀를 즐겁게 할 수 있는 프로그램을 탐색하여 회복이슈를 작성한다.

▪ 부모의 짜증 때문에 발생하는 잡음을 자녀를 위한 사랑과 관심의 표현이라고 느낄 수 있는 가정 분위기를 형성해 나가야 한다. 가족 간에 공감적인 이해와 소통을 도울 수 있는 이슈를 작성한다.

7) 이슈 작성 : 증상과 함께 살아가는 상태변환 이슈

증상의 속성을 이해하고 판단한 후에 항상성이 나타날 시점을 관찰하여, 증상의 정상상태를 유지할 수 있는 이슈를 작성한다.

7-1 (회복 : 증상의 악화시점 관찰)

- 7.2절에서 설명한 상태변환 노드 간의 거리감 측정을 활용하여 증상의 확산에 대비한다.
- LW.GQM과 EQ.GQM 응답지를 참고하여 환자와 증상의 유형을 분석한다.
- 환자와 증상에 관한 상태변환 객체(STO)의 속성을 식별하여 활용한다.
- 분석한 결과를 종합하여 항상성이 나타날 수 있는 시점을 예측한다. 사전 항상성을 식별하여 다음에 나타날 항상성을 예측하여 대비하고, 사후 항상성을 예측하여 증상이 악화될 수 있는 시점과 요인을 분석하여 예방한다.

7-2 (회복 : 거리감 측정모델을 활용하여 회복모델의 투입계획 수립) 6장과 7장에서 설명한 상태변환 집합의 요소를 참고하고, 환자와 증상의 유형을 분석하여 증상의 확산시점을 예측한다.

- 환자의 유형 분석 : 환자가 수행한 사소한 일 중심으로 증상의 원인과 연관된 정체성을 찾아서 상태변환의 유형을 만들고 유형별로 속성을 조절하여 회복모델을 선정한다.
- 증상의 유형 : 원인의 속성, 변환된 결과의 수준, 촉매나 끌개의 영향정도를 판단하여 증상의 확산시점을 예측하고 회복모델을 선정한다.

7-3 (회복 : STO속성 기반 회복모델의 선정과 활용) 환자 증상의 상태변환 객체(STO)를 다음과 같이 식별하여 항상성의 시점에 맞추어서 다음의 세 가지 절차에 따라서 훈련한다.

- 상태변환의 통제 : 원인통제를 위해서 아주 가벼운 교란을 투입하고, 증상의 상태변환을 통제할 수 있는 회복모델을 선정한다.
- 상태변환의 전제조건 파악 : 상태변환이 발생한 환자의 여건과 증상의 조건을 거리감 측정에서 확인한 유형 중심으로 분석한다.

- 노드 간에 교환된 데이터의 논리적인 절차 분석 : 상태변환된 노드 간에 교환된 원인의 데이터, 또는 촉매로 작용한 데이터가 변환된 논리적 절차를 분기집합의 네 가지요인 중심으로 분석하고 속성을 파악하여 회복모델을 선정한다.

7-4 (회복 : 회복모델의 선정) 본 이슈와 관련하여 적용할 수 있는 회복모델은 가벼운 멀티미디어 모델(District Multimedia)로서 단순한 기능을 가진 콘텐츠와 앱이다. 스넥컬처와 같이 단순한 기능의 콘텐츠와 앱을 선택하거나 신 스틸러 등을 사용할 수 있다. 단순한 기능은 일상생활의 사소한 일을 소재로 한 스토리와 텔링으로 제작할 수 있다.

□ @요약문 중심으로 회복을 위한 이슈작성

본서는 "100세 유산"의 핵심 요약문을 장별로 "@요약문"으로 정리하였다. @요약문은 클립과 스피커로 나누어서 설명하였다. 클립은 체험중심의 격언이고, 스피커는 클립으로 체험할 수 있는 사실 중심의 아름다운 이야기(telling)를 추가하여 작성한다. 이 요약문을 활용하여 사소한 일에 관한 상태변환 이슈를 작성하는 방법을 소개하고자 한다.

이슈는 일상생활 중에 체험한 사소한 일이 어떻게 상태변환되어 장애증상으로 나타나는지?

그 원인과 변환추적, 예방과 회복에 관한 생활체험을 LW.GQM이나 분기집합의 요인 중심으로 설명한 요약문이다. 요약문에는 각 장별, 특히 절에서 강조하고 있는 예방과 회복을 위한 이슈를 체험 중심으로 작성한다.

"클립, 🏛과 스피커, ◀))"에서 제시한 삶의 체험상태를 참고하여, 내가 체험한 내용 중심으로 설명하고, 나 자신의 "100세 유산"을 작성하는 방법을 다음 세 가지로 요약하여 설명한다.

(1) 일상생활의 체험 중심으로 LW.GQM을 작성한 후에, 그 내용과 유사한 @요약문을 선정하여 이슈를 작성한다.

⑵ 사소한 일의 체험 중심으로, 유사한 @요약문을 선정하고 참고하여 분기집합 요인 중심으로 체계화 시켜서 이슈를 작성한다.

⑶ 일상생활 중에 자신이 체험한 사소한 일을 사실(fact) 중심의 스토리로 정하고, "클립의 격언" 중에서 가장 유사한 내용을 선정하여 이야기 (telling) 중심의 텔링으로 정한 후에 스트리텔링의 형식과 내용으로 이슈를 작성한다.

@요약문 중심으로 이슈를 작성할 때 그 방법과 주의해야 될 점은 다음과 같다. 8장에서 소개한 이슈작성은 가장 핵심적인 사례이다.

해당된 페이지를 찾아서 참고한다.

⑴ 건강관리를 위한 패턴과 주제 선정을 위해서 @요약문을 참고한다.

⑵ 분기집합 요인의 특성을 참고하고, 사소한 일 중심으로 체험한 상태변환을 추적하는 내용으로 이슈를 작성한다.

⑶ 이슈작성을 위한 다음 네 가지 절차를 준수한다.
- 패턴영역 안에서 참조모델 선정
- 참조모델 중심의 이슈모델을 선정하고, 분기집합 요인의 체계에 맞추어서 이슈를 작성한다.
- 이슈에 대한 자체평가를 하여 가치인증에 대비한다.
- 8.2절에서 설명한 7가지 이슈작성 기준에 유의한다.

□ 이슈의 활용

LW.GQM이나 분기집합 모델 기반으로 작성한 이슈를 회복을 위해서 활용하는 방법을 다음의 세 가지로 설명하고자 한다.

- 확산상수 D 값이 0에 가까울 때, 미분방정식 (1)을 사용한다.
- 상태변환의 추적과 급변시점을 조기예측 한다.
- 확산상수를 0에 가까이 가져갈 수 있도록 일상생활을 선하게 살아간다.

1. D=0 가 될 수 있도록 일상생활을 선한 영과 동행하면 미분방정식 (1)은,

(3) $\dfrac{\partial S(x,y;t)}{\partial t} = a(x,y;t) + 0$

이 되고, 촉매나 끌개에 이끌리어 발생한 상태변환의 가속도를 무시할 수 있고, 다음과 같이 상태변환을 추적할 수 있는 곡선이 된다.

- 상태변환의 원인 노드의 수를 확산시키고, 그 속도를 가속화시키는 D 값이 0에 가까워지면 상태변환의 가속도가 없어진다.
- 건강의 상태변환 속도는, 원인 때문에 상태변환된 증상의 노드 값만으로 정해진다.
- 사소한 일에 대한 상태변환은 변환에 상호작용한 노드 수와 그 변환 속도만을 추적할 수 있다.

  그림 3.1에서 보여준 짜증의 요소 STG에 속한 노드, 스트레스와 압박, 불안, 스트레스 장애증상, 주의력 결핍, 그리고 인지력 저하 요소만 상호촉매 작용하여 상태변환하고, 그림 7.3에서 보여준 촉매, 주의 산만과 끌개인 근심과 걱정, 그리고 집중의 방해자는 작용하지 않게 된다. D=0가 되어서 촉매와 끌개가 작용하는 확산 기능은 소멸되었기 때문이다.

  사소한 일을 상태변환시킨 원인은, 요소 STG의 5개 요소만이 내적요인과 외적요인으로 상호 작용하여 장애증상으로 상태변환 시키고 있다.

  ‣ 내적 요인은 스트레스 반응, 우울, 불안, 주의력 결핍, 인지력 저하와 같은 인지 증상과 감정적 증상에 속한 요인들이다.
  ‣ 외적 요인은 요소 STG의 외부에서 발생한 사건과 사고에 의한 신체적, 행동적 증상에 속한 요인들이다.
  ‣ 요소 STG의 요소 외에는 주변에서 발생할 수 있는 다극성, 잡음 확산현상, 연상현상, 특이성 등은 외부의 촉매와 끌개 작용이 없어지므로 확산상수는 무시할 수 있다.

▸ 상태변환하는 노드들만의 공간적인 일관성 발생여부를 관찰하여 상
태변환 곡선을 추적할 수 있기 때문에 비교적 단순해진다.

즉, 사소한 일을 수행하는 과정에서 발생하는 장애증상의 원인만을 체
크하여 상태변환을 추적할 수 있기 때문에 비교적 단순한 일이 된다.

□ 상태변환 추적과 급변 시점의 조기예측

▪ LW.GQM 응답지 중심으로 상태변환의 패턴을 식별하고, 삶의 가치자
산을 패턴별로 구축하기 위해서 그룹을 구성한다.

▪ 분기집합 요인 중심으로 이슈를 작성할 때, 상태변환의 STO속성 중심
으로 그룹을 식별한다. 유사한 STO속성을 가진 노드(원인 또는 증상)의
공간적인 일관성은 비교적 높다. STO속성은 상태변환의 통제 흐름
(ToC), 통제의 전제조건(AoC), 상태변환 중에 STO의 데이터 교환을 위
한 논리적 절차(LAM) 등으로 정한다.

▪ 그룹별로 상태변환 추적을 위한 데이터를 추적하고, 미분방정식 (1)과
같은 모델을 그룹별로 개발한다.

▪ 급변시점의 조기예측을 위한 수학 모델을 개발한다.

▪ 정상요인(a), 갈래요인(b), 편향요인(c), 나비요인(d)의 네 가지 요인을
상수로 하고 원인(x)와 증상(y)를 변수로 하여 급변시점을 조기 예측할
수 있는 방정식을 개발한다. 이와 같은 방정식은 a(x,y;t)를 모델로 하여
개발되어 있는 7가지 형식의 방정식을 이용할 수 있다.

산봉우리와 골짜기가 연결된 형태의 상태변환 형상을 나타낸 포물선
배꼽형의 곡선은 방정식 (2)와 같은 상태변환 곡선의 방정식으로 표현
된다. LW.GQM응답지의 데이터를 수집하여 통계분석하면 환자의 일상
생활 상태에 따라서 더 복잡한 다항식이 될 수도 있다.

▪ 이와 같은 상태변환 곡선을 급변 시점으로 끌고 가는 끌개의 다항식 A는,

(4) $A = \pm \frac{1}{6}x^6 - ax - \frac{1}{2}bx^2 - \frac{1}{3}cx^3 - \frac{1}{4}dx^4$

과 같이 보고되어 있다. 방정식 (4)는 급변한 상태변환에 관한 7가지 다항식 중에서 네 개의 제한 변수로 표현한 방정식이다.

☐ 사소한 일을 사랑으로 행할 수 있게 하고, 일상생활을 선한 영과 동행할 수 있도록 노력한다.

표 7.1의 사랑의 속성을 보면 일상생활의 사소한 일을 선한 영과 함께 동행 하면서 수행할 수 있는 방법을 터득할 수 있다.

확산상수 D를 0 가까이 끌고 가기 위해서, 사소한 일을 사랑으로 수행하는 일상생활을 다음과 같이 몸과 마음의 일체감으로 지켜 나간다.

1. (오래 참고) 인내하고 희생하며, 배려함으로서 공감 얻기.
2. (온유하며) 친절하게 소통하면서 중용의 도를 가꾸어 나가기.
3. (시기하지 않고) 칭찬하고 고마워하면서 감동하는 관계개선.
4. (자랑하지 아니하고) 자랑하지 아니하고 겸손하도록 기분통제하기.
5. (교만하지 않고) 겸손한 마음으로 섬기면서 감동 만들기.
6. (무례히 행치 아니하고) 양보하고 희생하면서 중용의 가치 쌓아가기.
7. (자기 유익을 구하지 않고) 양보하고 절제하면서 배려 심과 자존감 쌓아가기.
8. (성내지 아니하며) 기분을 통제하면서 친절하게 이웃과 소통하기.
9. (악한 것을 생각하지 않고) 사소한 일을 선하게 행하면서 삶의 목적 달성하기.
10. (불의를 기뻐하지 않고) 정의롭게 생각하고 바르게 판단하여 부여된 인생의 동기를 향하여 나아가기.
11. (진리와 함께 하며) 인생의 목표와 삶의 목적을 위해서 일상생활에 선한 영과 동행하기.

12. (모든 것을 참으며) 인내하고 시련을 극복하면서 삶의 목적을 이루어
    나가기.
13. (모든 것을 믿으며) 일상생활 중의 자극에 긍정적으로 대응하여 자신과
    이웃에 대한 신뢰 쌓아가기.
14. (모든 것을 바라며) 소망을 가지고 삶의 목적을 이루면서 인생의 목표
    로 나아가기.
15. (모든 것을 견디며) 절제하고 시련을 극복하면서 삶의 가치 쌓아가기.

본 절에서는 업무 스트레스를 중심으로 하여 상태변환의 추적을 살펴보았
다. 육아, 콜센터 업무, 가정, 그리고 사회적 스트레스에 대응한 회복훈련 모
델도 이와 같은 절차로 개발할 수 있다. 이슈 작성 사례를 SNS 서비스를 통
해서 지속적으로 공개할 예정이며 독자들도 이슈에 대한 댓글작성에 참여하
면서 100세 유산이 될 수 있는 이슈를 작성하게 될 것이다.

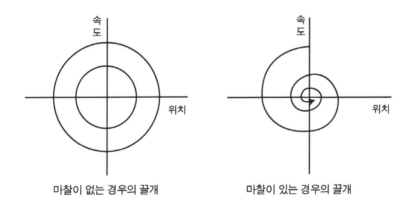

마찰이 없는 경우의 끌개   마찰이 있는 경우의 끌개

삶의 가치자산 쌓기

일상생활 중에 체험한 사소한 일 중심으로 몸과 마음의 건강관리를 위해서는 사소한 일의 상대변환을 추적하고 관리해 나가야 한다. 상태변환의 추적과 관리는 몸과 마음의 장애시점을 조기예측하고 예방과 회복훈련을 일상생활로 정착시켜야 한다.

인생의 목표와 삶의 목적을 달성하기 위해서 사소한 일 중심의 상태변환을 추적하는 이슈를 찾아내서 제안하고 많은 사람들이 공동으로 활용할 수 있게 하는 것은 나의 체험을 사회적 가치자산으로 만드는 중요한 일이다.

내가 체험한 사소한 일에 관한 상태변환 이슈를 사회적 가치자산으로 만들기 위해서는 이슈에 대한 가치평가와 공동으로 활용할 수 있는 틀을 만들어야 한다. 공동으로 활용할 수 있는 틀은 이슈제작에 참여하는 스택홀더들을 위해서 윈윈할 수 있는 체계와 규정이 필요하다. 이러한 체계와 규정은 윈윈 게임과 참여한 공헌도를 평가하여 개발할 수 있다.

1. 이슈선정을 위한 윈윈 게임

윈윈게임은 스택홀더들을 영역이나 속성별로 나눈 그룹별로 이슈를 제안하고, 인증하고, 활용하는 서비스를 제공할 수 있도록 뿌리 깊은 공동체(Rooted Network Partnership)를 조직하고 운영하는 협동 게임이다.

□ 윈윈 조정 모델

윈 조건을 만족하기 위해서 협정사항을 만족시켜야 하며, 협정사항을 토대로 옵션을 식별하고 이슈를 제안하여 윈윈 조정을 이룩해야 한다.

- 윈 조건 : 건강관리 모니터링을 목표로 하고, 상태변환 추적과 회복을 위한 조건

- 이슈 : 건강관리 모니터링을 목적으로 하고, 일상생활 중에 체험한 상태 변환의 추적과 회복을 위한 의견을 제안하고 토론하여 이슈를 제작한다.
- 옵션 : 건강관리 모니터링을 위한 시간과 비용, 및 효과를 분석한다.
- 협정 : Bin 모델 기반 우선순위 투표를 위한 가치평가와 참여자의 동의를 받아서 정한다.
- 참여자 그룹(Stakeholder) : 이슈에 관심 있는 모든 참여자, 즉 투자자, 제안자, 토론자, 사용자, 운영자를 스택홀더로 하고 전문영역, 활용영역, 패션모델에 따라서 구분한 참여자 그룹으로 나누어 이슈와 그 가치를 평가하고 활용한다. 제안자는 일반 독자와 이슈관리자를 포함한다.

□ 윈윈게임 모델
- 투표방법
  ‣ 이슈별로 X_Y 좌표 상에 품질과 활용성의 등급을 정하여 투표한다.
  ‣ 모든 이슈는 X_Y좌표 상에 백분율로 표현한다.
  ‣ X 좌표는 어려움, 투자, 비용의 점수를 백분율로 표현한다.
  ‣ Y좌표는 중요도, 이익, 보상의 점수를 백분율로 표현한다.
  ‣ 위험분석을 위한 Bin모델은 X축 상에서 위험 때문에 발생한 손실, Y축 상에 위험이 발생할 확률을 기록한다.
- Bin모델은 다음과 같이 네 가지로 나누어서 평가하고 그 성과를 분석한다.
  ‣ Diagonal : 이익 분석
  ‣ Average : 밸런스 유지 분석
  ‣ Ratio : 보상 분석
  ‣ Risk : 위험 분석
- 상태변환의 이슈선정을 위한 투표
  이슈선정을 위한 투표는 표 8.3과 같이 상태변환 이슈를 대상으로 하여 Diff와 Impo로 나누어 점수를 기록하면 그 합계를 계산하여 이슈를 선정한다.

표 8.3 이슈 선정을 위한 투표

번호	상태변환 이슈	Diff	Impo
1	갑자기 우울증이 심해졌다. 신체적인 스트레스를 받았고, 2, 3일 전 부터는 초조하고 의기소침한 일이 자주 발생한다. (Diff ; 빈도, 발생 가능성) (Impo ; 장애증상의 핵심 요소)	80	65
2	최근에 과로, 야근, 과식, 과도한 운동을 자주 했너니 스트레스가 발생했다. (Diff ; 다극 성을 가진 항목 수, 비도, 다극성은 과로, 야근, 과도한 운동 등. (Impo ; 장애의 핵심 요소)	70	85
3	(전전두엽의 기능) 전전두엽은 상황판단, 논리적 판단, 문제해결 능력, 추리력과 같은 행동 예측을 한다. 사건에 관한 감각정보를 분석 이해하여 다음 행동을 예측한다. (회복) 공부와 운동을 조정하여 실행하면 공감적인 이해와 소통 능력이 높아진다. (회복) 교사와 부모 간에 사랑으로 이해하고 소통하면서 양육하면 내 아이의 장래를 보장 받을 수 있다.	85	85

윈윈게임은 참여자들이 제안한 상태변환 이슈를 대상으로 그룹별 소속 회원들이 투표하는 일부터 시작된다. 투표하기 위해서 작성한 표 8.3 은 제안된 이슈를 대상으로 하여 100점 기준으로 투표한다. Diff는 이슈의 실행이 어려움을 의미하는 비용, 시간, 노력 등을 고려한 점수이고, Impo는 이슈의 중요도를 의미하는 이익, 보상, 활용성 등을 고려한 점수를 기재한다. 기본적인 개념 중심으로 이슈의 특성에 따라서 식별하면 판단하기가 쉬워진다.

이슈를 작성할 때는 패턴이나 모델을 선정한 다음에, LW.GQM 또는 분기집합 모델을 선택하여 작성하지만, 회복을 중심으로 한 이슈를 작성할 경우에는 자유스럽게 작성한다. 다만, 사용하는 용어는 전문적인 용어를 중심으로 하고, 본서에서 사용한 용어, 특히 상태변환 집합의 요소를 사용하는 것이 검증하거나 활용하기에 편리하다.

2. 기여도 평가

이슈의 가치평가는 이슈를 제안하는 자와 활용하는 참여자가 기여할 수 있는 기여도를 평가하여 보상을 목적으로 한 마일리지를 제공하기 위해서 실시한다.

□ 평가보상

보상을 위한 평가는 게시판이나 지식 평가란을 이용하여 사용호감, STG 의 다른 사례 및 추천 등으로 지식의 활용도를 높이고, 이슈의 질을 높여서 보다 높은 명성을 가진 이슈제작과 등재, 그리고 효율성을 높여서 활용할 목 적으로 실시한다. 활용도에 따라서 보상체계도 갖추어 서비스할 수 있다.

■ 이슈에 관한 지식 통계분석
  ‣ 지식의 생성 및 검색, 링크 단위로 통계분석
  ‣ 여러 가지 서비스 제도의 기반 제공
  ‣ 이슈의 패턴과 모델별, 그룹별 순위를 정하여 보상하고, 활용도를 확 대시켜 나간다.

■ 지식 기여에 대한 평가

이슈가 기여한 지식에 관한 평가는 표 8.4와 같이 평가기준을 정해서 평가 한다. 평가기준은 지식의 질, 활용도, 그리고 상품가치에 따른 기여도에 의 해서 계산한 마일리지 점수로 계산한 공유비율에 준해서 보상한다. 보상기 준은 원인을 분석하여 대안을 개선하는 과정을 반복할 수 있다. 기여활동은 이슈제안, 활용, 기여도 평가 분석과 대안개선을 위해서 참여하는 활동이다. 각 그룹은 생활 협동조합의 목적에 준해서 활동한다.

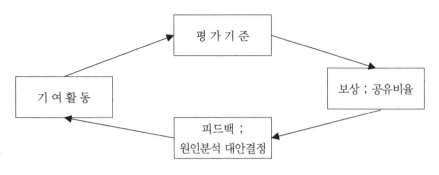

그림 8.1 지식기여 활동에 관한 평가의 흐름

■ 평가 기준

이슈에 대한 기여도는 이슈별로 계산한 기여율을 인용회수 및 그룹별 수익가치 대비 참여자의 수익 가치를 계산하여 평가한다.

표 8.4 기여도의 평가기준

평가	지식의 질	활용 정도	상품기여도,%	마일리지
Q&A	학습 지식; 2	x 조회 수	x 기여비율	기본 점수
레벨 3	질문 ; 1 응답 ; 3	x 조회 수	x 기여비율	기본 점수
레벨 2	STG 관련지식 ; 3	x 조회 수	x 기여비율	기본 점수
레벨 1	단순 정보 ; 3	x 조회 수	x 기여비율	기본 점수

◀» 블록체인 기반 참여와 공유 서비스

다음과 같이 서비스 체계를 만들고, 회원, 전문 서비스 회사, 그리고 SNS 서비스 내용을 기획하여, 뿌리 깊은 공동체를 운영할 수 있다.

이슈를 중심으로 삶의 가치자산을 생산하고 서비스하는 참여와 공유 서비스 체계는 서비스 회사, 회원, 그리고 금융기관으로 구성된다.

- 회원 : 일상생활의 사소한 일 중심으로 체험한 건강 데이터와 정보를 수집하고, 제안하여 검증받고, 회원이 속한 그룹 안에서 공유한다. 정보는 이슈와 관련된 정보를 포함한다.
  - 건강 데이터는 GQM 응답지, 인체 센서를 통해서 수집한다.
  - 건강 정보는 이슈 제안을 중심으로 하여 체험한 정보를 활용하여 회복이슈로 작성한다.
  - 데이터와 정보는 서비스 회사의 규정과 전문가에 의해서 검증을 받는다.
  - 회원은 건강 데이터와 GQM응답지의 내용을 규정에 따라서 구분한 대등한 속성 중심으로 구성한 그룹에 속한다.
  - 회원은 윈윈게임의 투표와 자산평가를 위해서 협력한다.
  - 그룹별 회원은 데이터와 정보공유의 협약에 의해서 데이터와 정보 생성에 참여하고, 그 결과를 공유한다.
  - 회원은 그룹 내의 협약에 따라서 서로 간에 데이터와 정보를 공유한다.

- 서비스 회사 : 회원, 블록, 그룹의 구성과 지원 및 관리를 한다.
  - 전문가 풀(Pool)을 구성하고 이슈에 관한 패턴, 모델, 이슈제안 등을 지원하는 전문적인 기술을 제공하고, 데이터와 정보를 검증하여 보증한다.
  - 이슈제안을 지원할 수 있는 전문적인 기술을 개발한다.
  - 전문가 풀은 윈윈게임과 기여도를 평가하기 위한 개발과 운용기술을 지원한다.
  - 서비스를 위한 플랫폼과 앱을 구현하여 회원의 참여와 공유를 지원하는 활동을 한다.
  - 블록체인 기반으로 보안 관리를 하고, 블록 단위로 회원 간의 정보 교환을 지원한다.
  - 비회원은 정보서비스를 받기 원하는 일반인으로 이루어진다. 비회원을 위한 정보서비스는 블록이나 그룹의 규정에 따른다.
  - 모든 서비스는 가능한 SNS 서비스 기능을 활용한다.

- 모든 가치의 단위는 코인으로 정하고 블록체인의 관리체계와 기술을 도입한다.
- 금융 : 서비스 회사와 회원 상호간에 금융 서비스를 한다.
- 금융 서비스는 신용보증, 보험, 금융거래를 위한 서비스를 포함한다.
- 블록체인의 코인 가치를 평가하고 거래 서비스를 한다.

■ 플랫폼 : 이슈에 관련된 가치자산을 관리하는 컴퓨터 시스템이다.
- 서비스 회사가 지원한다.

■ 그룹과 블록 : 참여와 공유에 관한 운용규정 중심으로 그룹과 블록을 구성한다.
- 그룹은 일상생활 형태와 GQM응답지를 분석하여 대등한 속성 중심으로 구성한다.
- 블록은 필요에 따라서 그룹을 세분하여 구성하고, 개인정보와 가치의 보호를 위한 대책이다.
- 그룹은 회원관리를 목적으로 하고 블록은 가치자산의 거래와 보안을 목적으로 한다.
- 블록은 증상과 상태변환에 관련하여 패턴, 모델, 이슈를 기반으로 하여 구성한다.

■ SNS서비스
- 블록단위로 건강관리를 위한 정보교환 협약을 맺고, 그 안에서 서비스한다.

일상생활 속에서 체험한 100세 유산

1판 1쇄 인쇄 2020년 05월 15일
1판 1쇄 발행 2020년 05월 25일
저　　　자 이경환
발 행 인 이범만
발 행 처 **21세기사** (제406-00015호)
　　　　　　경기도 파주시 산남로 72-16 (10882)
　　　　　　Tel. 031-942-7861　　Fax. 031-942-7864
　　　　　　E-mail : 21cbook@naver.com
　　　　　　Home-page : www.21cbook.co.kr
　　　　　　ISBN 978-89-8468-870-4

　정가 20,000원

일상생활 속에서 체험한

100세의
유산

이경환 지음

건강한 사람들은 정의사회를 키워 나가고
사람들을 사랑으로 감동시킨다.

Experienced In The Trivial Lives
Legacy of The 100 Ages

21세기사

100세 유산 제작 : 이슈와 댓글

"100세 유산"은 일상생활 속에서 체험한 사소한 일을 가치 있는 유산으로 만들어서 후손들에게 상속하는 안내서이다. 이슈를 제작하여 많은 사람들로부터 가치인정을 받아 격언을 선정하면, 후손들을 위한 가치자산을 만들어 갈 수 있다.

이슈를 제작하고 댓글을 달아 가치자산을 만들어 가면서 몸과 마음이 건강해 지고 정의로운 사회를 만들어 갈 수 있다.

이슈작성 사례 21과 22는 본서와 함께 출판하고 나머지 이슈는 월간 1회 정도 웹에 소개하고 독자에게 이메일로 전송한다. 모든 독자들이 이슈를 이슈 사례집 출판에 참여할 수 있도록 이슈제작과 댓글활용을 지원하게 된다.

독자의 이슈 사례집 출판 : 100세의 유산

- 1 페이지부터 100 페이지 : 이슈사례 제작을 위한 수학논리 설명.
  - ▸ LW.GOM 응답내용을 정상요인, 갈래요인, 편향요인, 나비요인으로 나누어서 이슈제작을 위한 수학논리를 설명한다.
  - ▸ 저자가 감수하고, 100명 이내의 공동 저자로 출판한다.
- 101 페이지부터 300페이지 : 100명의 독자를 저자로 하여 제작한 이슈를 소개함.

6. 증상의 정상요인 수준에 대한 예방과 회복을 위한 이슈작성 사례 21 : 이슈작성 훈련용

가. LW.GQM(신체적, 행동적 증상)의 응답지

LW.GQM의 확장된 응답지를 사용하고, 분기집합 모델 기반으로 상태변환 이슈를 작성한다.

1. LW.GQM의 확장된 응답지를 사용한다.
2. 확장된 응답지는 신체적 증상과 행동적 증상 항목만을 먼저 체크한다.
3. 분기집합 모델 기반 이슈 작성 ; 일시적, 다발적, 지속적, 장기적 증상수준으로 응답하고, 정상요인과 갈래요인에 대응해서 이슈를 작성한다.
4. 이슈사례 1의 사례를 작성하는 훈련교제용으로 이슈사례 21를 작성한다.

표 1. LW.GQM의 확장된 응답지, 단위 ; %

증상 \ 수준	일시적, 간혹	다발적, 하루3회	지속적, 3일이상	장기적, 1주 이상
1. 신체적 증상				
손발저림				
자주 넘어짐				
온몸이 쑤심	60	20		
식욕부진	50	10		
소화불량	50	10		
이명				
어지러움				
노곤함				
피곤함	60	20		
근육통	60	20		
두통				
현기증				
2. 행동적 증상				
서동증				
일상생활불편	40	10		
안절부절	60	20		
폭언				
과잉행동	50	10		
공격성	50	10		
흡연				
음주				
손발떨림	50	10		
손톱깨물기				

- 증상수준의 구분
  - 일시적 : 초기증상으로 나타나는 정상요인으로, 일주일 동안에 하루 1회 이하 나타나는 증상수준
  - 다발적 : 두 가지 이상의 원인과 증상으로 갈라져서 발생하는 갈래요인으로, 일주일 이상 계속해서 하루 3회 이상의 비율로 나타나는 증상수준
  - 지속적 : 자신의 편향요인이 나타날 수 있는 증상수준으로, 일주일 동안에 3일 이상, 그리고 일주일 이상 계속해서 나타나는 증상수준
  - 장기적 : 여러 가지 증상으로 확산되어 가는 나비요인으로, 일주일 이상 지속하면서 어떻게 상태변환 될는지 예측하기 어려운 수준

나. 이슈작성 사례 21 : 이슈사례 1 작성을 위한 훈련교제용

1) 신체적 증상과 원인

[원인]

중년이 지났으니 일상적인 일이겠지만 요사이는 신체적 아픔이 더욱 심해진 것 같다. 매일 운동을 계속하지만 세밀한 계획을 세워서 운동규칙을 엄격하게 지키지 못하는 생활태도가 원인 같다. 전염병 확산 후에 나타난 사회현상이 생활상태의 변화, 의식변화, 국가 사회적인 갈등으로 나타나서 개인, 가정, 직장, 사회에서 다양한 모습으로 확산되고 있다.

[증상]

- 온 몸이 쑤신다. 우중충한 날씨에는 더 심해져서 하루에도 2~3회 나타난다.
- 식욕이 떨어진다.
- 소화가 안 된다.
- 봄철이 지났는데도 자주 피곤해 진다.

‣ 어깨, 다리, 허벅지에 근육통이 나타난다. 살림하면서 조금만 무리해서 행동해도 통증이 더 심해지고, 횟수도 증가한다.

2) 행동적 증상과 원인

[원인]

‣ 코로나 19 때문에 재택근무를 하면서 업무처리의 만족도가 낮아졌다.
‣ 원격 업무처리에 능숙하지 못한 점도 있지만, 가정살림과 회사업무를 병행하는 일이 쉽지는 않다.
‣ 직장생활 때문에 소홀했던 가정살림에 조금 더 충실하다보니, 원격업무에 집중 할 수 없기 때문이다.
‣ 회사업무 중심으로 일상생활을 유지하면서 짬을 내서 처리한 살림의 성과도 보이지 않지만, 회사업무 역시 매끄럽지 못하다.
‣ 회사업무와 가정살림을 조화 시킬 수 있는 방안이 필요한 것 같다.

[증상]

‣ 원격업무와 가정살림을 병행하는 조절이 어려워서 생활리듬이 깨어지고 업무성과도 낮아져서 안절부절 하는 삶의 상태가 나타난다.
‣ 일상의 사소한 일을 기대한대로 수행할 수 없어서 근심걱정이 된다.
‣ 몸과 마음의 일체화가 어려워 나의 역량만큼 일의 성과를 거둘 수 없다.
‣ 일상생활이 짜증스럽고 가족관계에서도 퉁명스러운 말투와 행동이 나타난다.
‣ 원격업무 중에 동료들과의 관계에서 과잉반응을 하게 되고, 변명과 방어적인 말을 하게 된다.
‣ 짜증과 스트레스 압박을 받으면 몸에 이상이 발생한 것 같다.

[증상]

‣ 아침에 잠을 깨어 침대에서 내려오면서 갑자기 허리가 뻐근했다.

‣ 허리 굽혀 세수하기가 힘들고, 바닥에 떨어진 물건 줍기도 불편하다.

‣ 앉았다가 일어나는 일이 쉽지 않다.

‣ 사회적 거리두기의 생활지침을 지키는 것이 신체적, 행동적으로 불편하다.

‣ 싸증과 스트레스가 심해지고, 불안증상과 스트레스 장애증싱을 정상요 인상태로 지속시킬 수 있도록 주의해야 한다.

[신체적, 행동적 증상의 예방과 회복]

다음과 같은 항목 중심으로 이슈를 작성한다. 이슈 모델은 원인과 증상의 설명을 참고할 수 있다.

‣ 코로나 19를 예방하기 위해서 취한 사회적 거리두기의 생활수칙은 날 렵하면서도 유연한 삶의 상태를 요구하고 있다.

‣ 날렵하고 민첩한 행동으로 여러 가지 업무를 교대하여 조절해야 하고, 사람간의 관계와 부딪힌 문제해결을 위해서는 기다리고, 양보하고, 배 려함으로서 겸손하고 유연한 생활상태를 유지해야한다.

‣ 일상생활 중에 발생하는 생활상태의 변환에 대응하여 사소한 일 중심으 로 쉽고 빠르게 대처하고, 단순하고, 편한 삶의 상태를 유지해야 한다.

‣ 스마트 폰과 같은 생활도구의 활용도를 높여서 가정살림, 문화생활, 교 제활동에 효율적으로 사용해야 한다.

‣ 이와 같은 일상생활에서는 자기인식을 통한 자존감을 확립하고, 삶의 동기를 정확하게 인식하여 사람과 문제, 그리고 환경과 공감하고 소통 할 수 있도록 관계를 유지해야 한다

‣ 유연한 생활상태는 부딪힌 사람과 문제, 환경에 대응해서 여러 가지 규 범과 규칙, 조건과 제약, 생활기준과 방식을 유연하게 대처하고, 항상 긍정적인 대응관계를 유지해야 한다.

- 날렵하면서도 유연한 생활 방식은 삶 속에서 사회적 변화에 긍정적으로 대응할 수 있는 생활규범의 논리체계에 맞추어서 이루어진다.
- 생활규범의 논리체계에 맞추기 위해서는 창조섭리와 자연현상의 변환 법칙에 일관성있게 대응할 수 있는 생활규범을 준행해야 한다.
- 신체적, 그리고 행동적 논리체계를 만들어서 살아가야 한다.

[스트레스 압박의 예방을 위한 이슈작성]
- 가족, 이웃, 직장동료들에게 짜증내고 불평하지 않도록 몸과 마음의 일체감을 유지할 수 있도록 훈련한다.
- 스트레스에 긍정적으로 대응할 수 있는 요인을 살림과 업무, 교제와 관련된 사소한 일을 찾고, 이벤트를 만든다.
- 교제와 봉사를 위한 이벤트를 만들고 몸과 마음을 다해 즐기면서 삶의 보람을 찾는 사소한 일을 만든다.
- 이벤트를 실행하면서 자기인식과 자존감을 발휘할 수 있고, 인생의 동기와 삶의 동기를 발견할 수 있도록 노력한다.
- 가족과 이웃, 동료들과 공감하고 소통하여 어려운 문제를 해결하고, 함께 즐길 수 있도록 교제한다.
- LW.GQM응답지 중심으로 스트레스를 통제할 수 있는 이슈를 작성한다.
- 짜증에 대응하여 긍정적인 생각과 행동을 찾아서 동기화에 맞추어 기뻐한다.
- 사회적 거리두기의 답답한 생활 중에서도 삶의 새로운 동기화를 다음과 같이 이루어 나가야 한다.
  - 음식을 비롯한 생활 자원의 낭비를 줄이고 절약할 수 있는 생활 방법을 찾았다.
  - 가족과 공감하고 소통할 수 있는 삶의 방법을 찾았다.
  - 청결을 유지할 수 있는 삶의 방법을 찾아서 습관화 하였다.
  - 등, 등!
    두통과 같은 사소한 증상에 긍정적으로 대응하여 힐링과 휴식, 산보와 같은 이벤트를 만들어 즐기면서 두통을 잊게 한다.

- 가정살림과 업무활동을 긍정적으로 유연하게 실천할 수 있는 환경과 기회를 만든다.
- 근심걱정을 잊을 수 있는 휴식을 자주 취하여, 초조하고 조바심이 발생하지 않도록 마음을 달래면서 위로한다.

[불안을 예방하는 이슈작성]

LW.GQM응답지를 분석하면, 신체적, 행동적 증상에 대한 수준은 일주일에 한 두 번 나타나는 정상요인에 의해서 상태변환되고 있다. 갈래요인이 되는 근육긴장을 풀고, 이완시킬 수 있는 스트레칭 같은 가벼운 운동을 즐기면서 피로가 쌓이지 않도록 하고, 마음이 불안하지 않도록 조심해야 한다.

‣ 몸과 마음의 일체감을 유지하고, 안정된 상태를 지속하기 위해서 유연한 생활상태를 유지한다.
‣ 마음속에 숨어 있는 편향요인을 식별하여 편견을 통제하고, 편향된 행동을 억제한다.
‣ 스트레스 장애와 불안한 마음 상태의 쌍갈래 현상을 통제하여 갈래요인으로 상태변환되는 것을 예방한다.
‣ 긍정적인 마음 갖기, 몸과 마음의 일체감을 유지하기 위해서 유연성 발휘, 불안과 걱정을 분리하여 상호 작용을 억제한다.

[스트레스 장애증상을 예방하는 이슈작성]

‣ 가정살림과 직장업무의 짜증나는 사소한 일들이 선형적으로 연결되지 않도록 조심한다. 선형적인 연결은 상태변환하는 노드들이 시간적, 공간적으로 연결되어 가까운 공간 안에서 연속하여 나타나는 것이다.
‣ 즐겁고, 보람되는 이벤트를 만들어서 이웃들을 감동시킨다.
‣ 가족, 이웃, 동료들과의 관계, 부딪힌 문제에 공감하고 소통할 수 있는 일과 이벤트를 찾아서 실천한다.

7. 증상의 갈래요인 수준에 대한 예방과 회복을 위한 이슈작성 사례 22 : 이슈작성 훈련용

가. LW.GQM(인지적, 감정적 증상)의 응답지

LW.GQM의 인지적, 감정적 확장된 응답지를 사용하고, 분기집합의 갈래요인 중심으로 상태변환에 대응하기 위한 예방과 회복의 이슈를 작성한다.

1. LW.GQM(인지적, 감정적 증상)의 확정된 응답지를 사용한다.
2. 분기집합 모델 기반 이슈작성 : 갈래요인의 회복과 편향요인의 예방을 목적으로 이슈를 작성한다.
3. 이슈사례 3과 4의 사례를 작성하기 위한 훈련교제용으로 이슈사례 22의 작성방법을 설명한다.

표 7.1 LW.GQM(인지적, 감정적 증상)의 확장된 응답지, 단위 %

증상항목 \ 수준	일시적	다발적	지속적	장기적
3. 인지적 증상				
기억력 감퇴		60	20	
주의력 부족		70	30	
집중력 부족		70	30	
상황적응부족		70	30	
문제해결부족		70	30	
주이산만		70	30	
과잉행동		40	10	
불안(직장)		70	30	
공포				
분노				
공격성				
4. 감정적 증상				
짜증		70	30	
스트레스		70	30	
불면		70	30	
우울		60	20	
감정조절		70	30	
의기소침		80	40	
부정적 생각		80	40	
흥분		60	20	
좌절감		40	10	

[응답 내용]

응답에 따른 상태변환은, 증상의 다발적인 상태, 즉 분기집합의 갈래요인에 의한 상태에서 편향요인의 상태로 변환될 수준에 있다. 이와 유사한 증상에 관해서는 이슈사례 4에서 가정 중심의 일상생활을, 이슈사례 3에서 업무 스트레스를 중심으로 설명하였다. 이슈사례 3과 4 그리고 나머지 이슈는 웹을 통해서 공개하고 독자들에게 이메일로 전송하게 된다.

▸ 사례 22에서는 업무 스트레스를 중심으로 하되, 인지적, 감정적 증상 중심으로 작성하고, 업무와 연관된 일상생활에 관한 이슈를 사례로 작성한다.
▸ 이슈사례 3의 표 3.1 인지력을 저하시키는 분기요인의 특성과 표 3.2 TLX척도를 참조한다.
▸ 이슈사례 3의 내용을 참고하고, 본서, 100세 유산, 표 7.3의 클러스터 STG를 중심으로 인지적, 감정적 증상과 관련된 예방과 회복이슈를 작성하기 위한 사례를 작성한다.
▸ 이슈사례 6, 연구개발 업무와 관련된 스트레스 예방과 회복을 위한 이슈로서 상세하고, 일상의 사소한 일 중심으로 실천할 수 있는 이슈작성의 사례 중심으로 설명한다.
▸ 본서 8장의 방정식 (1)을 이슈모델로 하고, 그림 7.3의 클러스터 STG의 속성 중심으로 작성하되, 다음과 같은 표를 보면서 이슈를 작성한다.
  - 표 8.1, 응답지 중심의 스트레스 상태변환에서 나타나는 증상의 갈래요인과 편향요인.
  - 표 8.2, 스트레스 중심의 응답 내용.
  - 표 8.3, 감성역량에 의한 회복이슈.
  - 표 8.4, 분기집합 모델 중심의 주의력 결핍증상으로 향하는 상태변환.

표 7.3에서 설명한 촉매와 끌개상태를 통제하여 증상을 예방하고 회복하기 위한 이슈를 작성한다.

[이슈작성 목적]

표 7.1의 LW.GQM 응답지와 그림 7.3의 클러스터 STQ를 비교하여 보면, 스트레스의 압박을 받고, 요소 STG의 네 개의 노드, 불안, 스트레스 장애증상, 주의력 결핍, 그리고 인지력 저하 등이 다발적(갈래요인) 70% 이상의 증상을 보이고 있다. 이들 4개의 증상들은 상호 촉매로 작용하여 주의력과 인지력 결핍으로 끌고 가고, 집중의 방해자가 주의력 결핍의 장애증상으로 가까이 끌고 가게 되면, 최종적인 노드의 장애증상으로 상태변환하기 쉬워진다. 이와 같은 상태변환을 예방하고, 정상요인으로 회복할 수 있는 이슈를 작성하는 것이 본 이슈사례 작성의 목적이다.

나. 이슈작성 사례 22 : 이슈작성 사례 4를 위한 훈련 교제용

이슈작성 사례 4는 인지적 · 감정적 증상용인의 갈래요인 상태를 회복하고 유지하기 위한 이슈이며, 인터넷을 통해서 독자들에게 전달될 것이다.

[원인을 통제하여 예방하는 이슈작성]

- 그림 3.1에서 보여준, 짜증의 요소 STG를 관찰하면서 스트레스 압박을 받지 않도록 예방하는 이슈를 작성한다.

1) 짜증나게 하는 사소한 일을 식별하여 긍정적으로 생각할 수 있도록 하고, 행동한다.
  ‣ 코로나 19를 예방하기 위하여 실천하고 있는 사회적 거리두기의 자가격리는 건강을 위한 생활방식을 만들어 가는 훈련이라고 생각하자!
  ‣ 지금까지 누려왔던 일상생활의 시간과 공간, 생활자원을 아끼면서 좀 더 효율적인 삶을 유지하기 위한 교육이라고 생각하자!
  ‣ 일상생활 중에 나타났던 교만과 탐욕을 억제하기 위한 훈련이라고 생각할 수 있다.
  ‣ 바이러스가 확산되어 생명을 빼앗아 가는 상태를 자연법칙에 대응하여 예방하고자 하는 노력이다.

12

- 코로나 19에 긍정적으로 대응하여 삶의 변화를 만들어 보자!
- 짜증나고 스트레스가 압박하는 것에 긍정적으로 대응하여 일상생활의 새로운 성취감을 느끼면서 감동할 수 있는 사건으로 바꾸어 보자.
- 나와 가족, 이웃, 동료들에게 사소하지만 기쁨을 줄 수 있는 일을 찾아 보자.
- 엘리베이터의 문을 잡아주고, 작은 짐을 들어주고, 웃음으로 인사하는 것이 기쁨을 만들어낸다.
- 등, 등!

2) 정의롭고 유리한 여건을 만들기 어려운 사소한 일은 일상생활에서 보류하거나 중단해 보자!

3) 요소 STG는 사소한 일의 상태변환을 옳고 정의롭게 끌고 갈 수 있는 속성의 요소가 되거나, 불의한 상태로 끌고 가는 기본 STG가 될 수 있다.

- 그림 7.3에서 보여준 짜증의 클러스터 STG는 요소 STG가 상태변환할 때, 촉매나 끌개 옆으로 끌고 갈 수 있는 집약된 행동속성을 가지게 된다. 집약된 행동속성은 장애증상 옆으로 끌고 가는 강한 속성을 의미한다.

1) 촉매, 주의산만이 발생하지 않도록 주의집중력을 높일 수 있는 회복이슈를 작성한다.

2) 끌개, 근심걱정과 집중의 방해자가 사소한 일을 하고 있는 상태 가까이 오지 못하도록 예방하는 훈련이슈를 작성한다.

3) 근심걱정을 일으키는 원인요소가 삶 속에 들어오지 못하도록 몸과 마음을 추스른다.

4) 소음이나 잡음, 공상과 같은 집중의 방해자가 일상생활 중에 나타나지 못하도록 몸과 마음을 격려한다.

- 스트레스와 압박의 상태가 촉매, 주의산만 가까이 가지 않도록 일상생활 중에 유의한다.
1) 100세의 유산, 4장의 스트레스를 읽으면서 일상의 사소한 일에 적용할 수 있는 생활방법을 강구한다.
2) 스트레스를 받았을 때, 대응방법을 분별하여 대처할 수 있도록 2진트리 중심으로 관찰한다.
3) 스트레스 관리 체계를 읽으면서 증상의 상태변환을 추적하여 예방하는 이슈를 작성한다.

- **촉매, 주의산만을 예방하는 이슈작성**
  ‣ 주변에서 발생하는 소음과 잡음을 관찰하고, 차단할 수 있는 방법을 찾는다.
  ‣ 몸으로 차단 : 소음을 일으키는 원인을 제거하여 귀에 들리지 않게 한다.
  ‣ 마음으로 차단 : 귀에는 들리나 마음속으로는 들어오지 못하게 한다.
  ‣ 몸과 마음을 일체화 시켜서 소음과 잡음 때문에 나타나는 감정을 통제할 수 있도록 감성역량을 발휘한다.
  ‣ 감성역량을 높이기 위해서는 100세 유산, 그림 5.1과 5.2를 보면서 일상생활과 연관시켜 생각하고, 이슈작성 사례 훈련에 참여하자!
  ‣ 생각하는 전과 후에 감성지수(EQ)를 측정하여 예방하고 회복하는 역량이 높아진 것을 확인하고, 마음속에 자신감을 가질 수 있다.
  ‣ 깊이 생각할 때, 좋아하는 음악과 미술을 감상하고 시와 수필을 읽으면서 마음을 평안하게 하고 안정시킨다.
  ‣ 업무에 집중할 때는 사소한 일을 할 때보다 주의집중이 높아지므로 주의 산만한 상태의 촉매가 나타나서 인지력을 저하시키는 원인을 제공한다. 업무 중에 발생하는 주의산만 상태를 예방할 수 있는 이슈를 작성한다. 그림 5.3과 5.4를 보면서 EQ의 융합모델을 업무에 맞추어 감성역량을 발휘할 수 있는 훈련이슈를 작성한다.

- TLX척도 기준에 의해서 부딪힌 문제점에 대응해서 주의 집중할 수 있도록 조정한다.
- 팀원들과 공감할 수 있는 감성역량을 높여서 체화된 인지능력을 발휘할 수 있는 훈련이슈를 작성한다.
- 체화된 인지능력을 팀원들이 공감하고, 소통하는 회복이슈를 의미한다.
- 몸과 마음의 일체감으로 팀원들이 공감하고, 소통하여 세 가지 주의 집중력 중에서 선택적으로 주의하고, 집중할 수 있는 훈련이슈를 작성한다.
- 등, 등!

■ 끌개, 근심걱정과 집중의 방해자에 대비하는 이슈작성

그림 7.3의 클러스터 STG의 끌개 상태가 가까이 오지 못하도록, 표 8.4를 보면서 주의력을 방해하는 상태변환 요인을 찾아서 분기집합의 요인별로 예방할 수 있는 이슈를 작성한다.

‣ 정상요인을 오래도록 유지할 수 있는 이슈 : 운동, 식사, 휴식, 팀워크 이벤트, 등, 등!
‣ 갈래요인을 억제할 수 있는 이슈 : 근심걱정 억제, 생각하여 말하고 행동할 때 갈팡질팡하지 않도록 통제, 몸의 통증이 심해지지 않도록 배려하고, 갈래요인의 빠른 동태성이 나타나지 않도록 예방한다.
‣ 편향요인의 확산 방지 : 갈래요인의 회복이 늦어지면 몸과 마음의 편향요인이 발생한다. 스트레스가 장애증상으로 상태변환 않도록 회복이슈를 작성하고, 자신감과 긍지를 가질 수 있는 보람된 일을 실천한다.

■ 주의집중 회복을 위해서 분기집합 모델 기반으로 작성하는 이슈
‣ 클러스터 STG는 상태변환 주변에 존재한 모든 노드에게 작용하여 장애증상으로 끌고 가려는 특성이 강하므로 이를 억제할 수 있는 이슈를 작성한다.

- 일상생활 속에서 인생과 삶의 동기화 요소를 찾아서 활성화 시키고, 현실화 시키는 이슈를 작성한다.
- 회복하기 위한 선수 조건을 인지하고, 호기심을 유발하여, 관심을 유도하고 장시간 유지할 수 있는 동기화 요소로 식별하여 삶 속에 융합 시킨다.
- (이슈작성 예) 민간요법과 생활습관 요법의 활용
- (격언) 심장박동이 갑자기 불규칙적으로 요동칠 때, 오른 손으로 왼쪽 가슴, 심장 위, 어깻죽지의 바로 밑을 강하게 10회 이상, 그리고 강도를 줄여 가면서 회복될때 까지 두드린다.

[회복을 위한 분기집합의 논리체계]
- 격언을 믿고 행하면 회복된다. 창조섭리를 믿으면 신체의 자연현상 법칙을 깨닫게 되고, 격언이 나의 삶 속에서 실현된다.
- 믿어지지 않을 경우에는, 분기집합 모델 기반으로 전개된 논리를 이해하면 건강에 대한 창조섭리와 자연법칙을 깨닫게 된다.
- 분기집합 모델은 자연법칙을 적용하는 논리체계로 전개할 수 있다.
- 모든 동적 시스템은 분기집합 모델 기반으로 상태변환 한다.
- 건강관리와 같은 동적 시스템은 시간 t 동안에 연속해서 상태변환 한다.
- 등, 등!

일상생활 중에 부딪힌 문제 앞에서 업무와 삶의 동기화를 인식하는 것도 중요한 생활습관이 된다. 인생의 동기와 삶의 동기를 찾으면 주의 집중할 수 있는 의지를 발견하게 되고, 자존감이 발동하여 몸과 마음이 건강해 진다.

그림 7.3의 클러스터 STG는 시간과 공간적으로 가까운 요인들, 즉 스테레스 압박, 불안, 스트레스 장애증상, 주의력 결핍, 인지력 저하와 같은 클러스터링 요인들은 서로 대등한 속성을 가지고 있어서 더욱 강한 상태변환 특성을 가지게 된다. 클러스터 STG의 요소들을 판단하는 기준은 상태변환, 객체, STO, State Transition Object 이다.

[대체끌개가 발생하는 시점을 예측하여 회복이슈를 작성한다.]

- 대체끌개는 증상 노드에서 조금 떨어져 있고 간접적으로 영향을 준다.
- 느리지만 오래 지속적으로 작용하면 강한 끌개가 되어 짜증이나 스트레스와 같은 가벼운 증상을 주의 결핍이나 인지력 저하와 같은 장애증상으로 끌고 갈 수 있다.
- 몸과 마음속에 잠재되어 있는 편향요인은 대체끌개 역할을 할 수 있다.
- 몸과 마음의 상태변환은 환경조건이 점진적으로, 그리고 오래 지속될 때, 국면전환이 발생하고 국면전환이 특별한 시점에서는 대체끌개 현상이 나타날 수 있다.
- 사소한 일이 서서히 나타나지만 많이, 다방면에서 발생하면 몸과 마음의 여러곳에서 사소한 아픔이 발생하고 대체끌개 현상이 나타난다.
- 대체끌개 상태는 건강상태의 노드를 더욱 심한 증상으로 끌고 갈 수 있는 특성을 가지게 된다.
- 염려와 걱정, 고통과 근심, 불편과 공격성, 자기주장, 고집, 갈등과 같은 사소한 일은 대체끌개가 좋아하는 서식처 이다.
- 대체끌개가 발생하면 상태변환의 국면이 갑자기 전환될 수 있다. 생태계의 환경조건과 자연법칙이 급변하거나 점진적으로 오래 동안 지속하면, 국면전환이 발생하고 급변시점으로 끌고갈 수 있다.
- 주의력 결핍과 인지력 저하가 상호작용하여 상태변환할 수 업도록 차단할 수 있는 이슈를 작성한다.
- 등, 등!

- **짜증의 원인을 통제하면서 예방하는 회복이슈 작성**

4.3 절의 스트레스 관리체계에서 설명한, (2000) 증상의 상태, (3000) 장애증상의 상태를 분별하여 장애증상으로 끌려가지 않도록 이슈를 작성한다. 일상생활이나 업무 중에 나타나는 연상현상은 근심걱정이 장애증상 상태로 끌려가기 쉬운 편향요인이 될 수 있다. 사소한 일이나 업무성과에 대한 근심걱정이 연상편향에 끌려가서 불안 상태 옆으로 가지 않도록 예방하는 이슈

를 작성한다.

- ‣ 연상은 공상을 만들고, 공상은 편향을 끌어 들인다. 본서의 4장, 스트레스 관리체계의 넘버링에 맞추어서 생각해보자.
- ‣ (1400) 감정적인 요인 중심으로 일상생활에 적용하면서 짜증을 통제할 수 있는 이슈를 작성한다.
- ‣ (4100) 클러스터 STG 및 (4200) 정체성을 중심으로 예방과 회복이슈를 작성한다.
- ‣ (4300) ABC 모델 중심으로 예방과 회복이슈를 작성한다.
- ‣ (4400) ACER 모델 중심으로 예방과 회복이슈를 작성한다.

- ■ 스트레스 원인을 통제하는 예방과 회복이슈 작성
- ‣ 그림 4.1을 보면서 일상생활의 사소한 일에 부정적으로 대응하는 것을 억제하는 예방과 회복이슈를 작성한다.
- ‣ 그림 4.2를 보면서 스트레스에 긍정적으로 대응할 수 있는 예방과 회복이슈를 작성한다.
- ‣ 등, 등!

- ■ 편향을 통제하는 이슈작성
사소한 일을 실행하고 있을 때, 정의롭게 생각하여 결단하고, 사랑하는 마음을 가지고 실천할 때 마음속에 편향이 파고들어 선한 일을 방해하게 되면 몸과 마음을 아프게 하는 사건이 발생하여 짜증이 나고 스트레스가 쌓이게 된다. 편향을 억제하는 이슈를 작성하면 회복 성과가 높아진다.

- ‣ 6.2절에서 설명한 13 가지 편향의 속성 중에 마음속에 잠재하고 있는 편향을 식별하여 관찰한다.
- ‣ 사소한 일 중에 숨어 있는 편향을 관찰하고 업무 중에 나타날 수 없도록 주의한다.

▸ 악한 영은 선한 영을 방해하는 상태집합이므로 그 요소들을 식별하여 억제한다.

▸ 선한 영과 동행하는 중에 게을러지고, 무기력해 지고, 근심걱정하고, 정의롭지 못할 때, 옆에 있던 촉매와 끌개가 악한 영를 끌고 와서 선한 영을 밀어낸다.

▸ 악한 영의 옆에는 항상 편향요인이 존재한다. 짜증과 스트레스, 고통과 근심, 실망과 좌절, 교만과 심판, 비관과 우울 등은 악한 영과 함께 한다.

▸ 사소한 일을 하면서 안정 상태를 유지할 수 있는 요소를 체험 중심으로 식별하는 이슈를 작성한다.

▸ 악한 영과 선한 영에 속한 요소의 특이성, 항상성, 이력현상 등을 식별하고, 악한 영의 요소는 억제하고, 선한 영의 요소들을 활성화 시킬 수 있는 회복이슈를 작성한다.

▸ 등, 등!

■ 사소하지만 정의로운 일을 선하게 실천할 수 있는 훈련이슈를 작성한다.

사소한 일을 선하게 행할 때, 방해하는 요인, 즉 짜증난 일이 발생하거나 스트레스를 일으키는 사건이 발생하여 선한 일을 방해하면 악한 영이 마음 속으로 들어와서 선한 일을 방해하게 된다. 악한 영은 스스로 존재할 수 없고, 선한 영의 의지가 약해지거나 편향요인이 발생하면 그 틈새를 파고 들어와 선한 영을 밀어낸다. 악한 영은 대체끌개의 역할을 하면서 틈새에 들어와서 선한 영을 방해한다. 이럴 때, 사랑의 강한 힘이 몸과 마음을 강하게 붙잡아 주어야 한다.

▸ 사도 바울이 고린도 교인들에게 권면한 15가지 사랑을 실천함으로써 악한 영에게 틈새를 주지 않고, 편향을 억제할 수 있는 이슈를 작성할 수 있다.

▸ "오래 참고, 온유하며"의 속성을 식별하여 편향을 억제하고, 악한 영을 통제할 수 있다. 표 7.1의 사랑의 속성을 식별하여 활용하면 짜증이나

스트레스 압박을 예방하고 회복할 수 있는 이슈를 작성할 수 있다.

▸ 가정살림, 직장업무와 관련된 사소한 일 중심을 가족과 이웃, 동료들과 공감하고 소통을 원활하게 하는 이슈를 작성한다.

▸ 공감하고 소통하는 일은 가족, 이웃, 동료들을 감동시키게 되고 사랑의 관계를 이루게 한다.

▸ 선한 일을 사랑으로 행할 수 있는 요인은, 인내, 온유, 겸손, 섬김으로 행하면서 몸에게 조그마한 고충을 참아달라고 부탁하고, 마음에게 참으면서 다정하라고 격려하는 것이다.

▸ 일을 함께 행하는 주변의 모든 사람과 함께 주어진 환경과 여건에 맞추어 가면서 감동을 만들어 가는 사랑을 실천하는 이슈를 작성한다.

▸ 행하는 일에 주의 집중하여 성실하게 임하는 태도와 격려가 필요하다.

▸ 자기인식에 의한 자존감을 성취하면서 감동을 만들어 가야 한다.

▸ 짜증나는 일과 주변 여건의 문제점에 공감하고 소통할 수 있는 이슈를 작성한다.

▸ 이어령 박사의 "나에게 이야기하기"와 같은 시를 낭독하면서 몸과 마음을 일체화 시켜나가야 한다.

▸ 1.3절에서 소개한 김창식 선교사와 그 가족 이야기, 그리고 1.4절에서 소개한, 미국에서 파견된 우광복 선교사와 그 가족 이야기를 되풀이 하고, 사랑하는 상태를 깊이 생각하면서 감동하는 시나리오를 만들어 본다.

▸ 등, 등!

■ 연관된 상태변환 집합의 요소들을 활요하는 이슈작성
8.4절을 참고하여 육하원칙의 스토리 텔링으로 이슈를 작성한다.

▸ 육하원칙으로 작성하는 이슈는 일상생활의 상태변환 추적에 대한 2진 트리를 그리고 그 트리를 쫒아서 이슈를 작성한다.

▸ 가족, 이웃, 동료를 즐겁게 할 수 있는 이벤트를 사소한 일 중에 끼어 넣는다.

- 8.4절의 끝 부분의 설명을 읽고, 증상과 함께 동행할 수 있는 생활방법에 관한 이슈를 작성 한다.
- 나의 생활 스토리를 작성하고, 일상생활 중에 체험한 감동을 텔링으로 추가한다.
- 등, 등!

■ **감성역량을 발휘하여 회복할 수 있는 이슈작성**
- 표 4.1절과 4.2를 참조하여 짜증과 스트레스에 긍정적으로 대응할 수 있는 사소한 일을 만들어 본다.
- 부딪힌 문제에 대해서 공감하고, 소통하는 시나리오를 만들어 본다. 시나리오는 나의 스토리와 텔링으로 만들어 이웃을 감동시킨다.
- 상대방의 입장, 상황, 상태를 심도 있게 관찰하여 배려하고 양보하는 이슈를 작성한다.
- 정상요인의 장기간 유지를 위해서 공감하고, 소통할 수 있는 리소스를 수집하고 일상생활에 받아 드린다.
- 스트레스를 받은 원인을 분석하여 해당된 감성요소를 높이는 훈련이슈를 작성한다.
- 박완서 씨의 시, "일상의 기적"을 낭독하면서 몸과 마음을 일체화 시킨다.
- 그릿(GRIT)으로 즐기고, 즐기면서 일하고, 일상을 즐겁게 하고, 인생과 삶의 동기를 달성하기 위한 나의 EQ를 높이면서 긍정적인 소망을 날마다 바라보는 이슈를 작성한다.
- 등, 등!

다. 이슈를 읽으면서, 그리고 작성하면서 회복력이 향상 된다.

■ 이슈작성과 회복훈련

1. LW.GQM 응답지 작성: 건강상태 측정
2. EQ의 사전 측정: 회복하기 전의 감성지수 평가
3. 회복훈련
   3.1 이슈작성, 스피커 작성
   3.2 댓글작성, 이슈에 대한 가치평가, 이슈와 격언 선정
   3.3 콘텐츠 개발 : 스토리 작성, 텔링 작성, 사진, 동영상 제작
4. EQ의 사후 측정: 회복한 후의 향상된 감성지수 평가

■ 이슈작성 방법

‣ LW.GQM 응답내용과 일상의 체험을 토대로 하여 작성한다.
‣ 이슈사례를 참고하여 핵심 단어를 바꾸어서 작성한다.
‣ "등, 등!"으로 끝나는 이슈사례를, 내가 체험한 일 중심으로 추가한다.
‣ 분기집합에 관해서 이해했다고 판단되면 자신의 스토리와 텔링을 작성하여 감동적인 내 인생의 시나리오를 만들어 보자.
‣ 이러한 시나리오는 이슈이고, 댓글이며, 격언이 된다.
‣ 귀하께서는 후손들게 거룩한 유산을 상속하였습니다.
‣ 이슈화 댓글작성, 격언을 평가하는 윈윈 게임에 참여하면서 건강의 회복역량이 높아진 것을 체험할 수 있다.